社会福祉研究法

現実世界に迫る14レッスン

岩田正美・小林良二・中谷陽明・稲葉昭英 [編]

はしがき

　本書は，社会福祉系の大学や大学院で研究を志している学生・院生，若い研究者ばかりでなく，社会福祉の実践「現場」に関わっている専門職業人，当事者，市民など，多様な人々の研究的作業＝課題の発見，観察，分析や考察，の一助となることをめざして企画されたものである。

　従来，社会福祉は多様な社会科学，人間科学の学際的な研究フィールドとして理解されてきた。したがって社会福祉の研究方法は，それを研究する人の背景となる学問の方法であるという意味で，独自のものはなく，多様性にその特徴がある，といってよいかもしれない。たとえば，日本社会福祉学会の機関誌への投稿原稿を見ても，医学，看護学，保健学，建築学から，法学，経済学，政治学，社会学，教育学，歴史学などさまざまなバックグラウンドをもった論文がある。この学際性が社会福祉学の特徴だ，と考えれば，とくに社会福祉の研究法などを考える必要もなさそうである。

　だが，社会福祉研究は，具体的な「社会福祉という現実世界」を解明することを共通基盤としている。この共通基盤に目を向けると，「社会福祉という現実世界」の特徴から，使える方法や，使うべき方法があるということにも気がつく。言い換えると，「社会福祉という現実世界」と取り組むための，研究方法の独自性というものが考えられるはずである。たとえば，「社会福祉の現実世界」は平均や標準といった考え方で捉えられる事象の周辺にある，あるいはそれとはかけ離れた多様な事実を含むし，その実践現場の規模も小さい。「現場」に蓄積された記録や資料はまさに独自のものである。これらは，しばしば既存の学問や統計がその視野から落として

きたようなものである。こうした現実と格闘するためには、単なる既存学問の応用で終わらせることはできない。社会福祉研究は、多様な学問の方法に学びつつ、この「社会福祉という現実世界」に導かれて、これを解明するために、さまざまな研究方法を修正し、あるいはそこに新しい手法を付け加えていくようなものではないだろうか。

以上を前提に、私たちは、できるだけ「社会福祉の研究にとって必要な」という観点から本書の構成と内容を考えることとし、具体的には、①「社会福祉という現実世界」に取り組むという共通基盤から、実証的な研究方法にウエイトを置く、②研究者の研究ばかりでなく、現場の研究という視点を入れる、③大学院の修士論文の作成を１つの基準として、研究する意義から研究の設計と手順、資料の入手、分析までのプロセスを解説する、④その際、「今さら聞けない基本」について、あらためて丁寧に解説する、⑤研究事例をできるだけたくさんあげ、しかもその著者本人に研究設計の角度から解説をしてもらう、ことを考えた。⑥また、先行研究のレビューの方法や研究倫理など、とかく忘れられがちなものについても章を設けることにした。

この結果、本書は当初想定したものより多めの14の章立てとなり、これらを以下の３部に構成することにした。第１部「社会福祉研究とは何か」では、社会福祉を研究することの一般的意味、とくに「現場」にある人が研究することの意義、研究レビューの意味と方法、研究の倫理の４つが述べられている。いわば総論部分である。第２部は、具体的な「研究の設計と手順」が示されるが、ここでは研究が社会的な営みであることを確認したうえで、研究課題の設定とその手順、仮説の構築と検証の手続き、研究資料の収集と分析が説明される。第３部は「研究事例に学ぶ」として７つの研究事例

が著者本人によって解説されている。ここでは，社会福祉の学際性や，政策から臨床までのレベルの違いを考慮し，できるだけ異なった領域や手法の研究を事例として選択した。自分の研究を研究方法から解説するというユニークなやり方であったため，担当者にははじめとまどいも少なくなかったと思われるが，研究論文を研究方法の角度から読むことは，もっともよい研究方法の学習であると考えた。なお第1部の *Lesson 3*「先人に学ぶ」研究レビューにおいても，担当者自身の書いたレビュー論文の解説がある。あわせると8つの事例が本書で解説されていることになる。

　本書を *Lesson 1* から *Lesson 14* まで順序よく読んでいただくのはむろん歓迎であるが，必要に応じて，拾い読みをしていただいてもかまわない。とくに第3部は事例なので，興味のあるところだけをじっくり読んでもらってもよいと思う。なお，本書では，理論研究それ自体への言及が少ないが，それらと共通する事象の認識や概念定義など，基本的なことは研究設計で述べられているし，文献の扱いは研究レビューで触れられている。また，第2部では，研究方法を，順序よく解説していくことをめざしたが，複数で担当していることもあって，重複や繰り返しがある部分も少なくない。それはむしろ重要点として理解してほしい。また，本書は先に述べたとおり「今さら聞けない基本」を丁寧に解説しようということから，それらにかなりの頁を費やしている。研究の最初の段階では，概念の使い方や調査方法の選択といった基本において，誤解や混乱がかなり見られるからである。調査方法や統計分析それ自体の詳しい使い方等は，本書で大まかな目安を付けたうえで，より詳しい統計や調査の教科書を併せて参照していただきたい。

　本書の企画が持ち込まれたのは2003年のことである。大学院の指導や学会機関誌の査読などを通して，自分の研究時間より若い

人々の論文指導の時間のほうが多くなっていた，という事情もあって，社会福祉研究法のテキストをつくる必要性は感じていた。だが，じつは私は研究方法をきちんとトレーニングされた経験はない。指導教授の調査にくっついて回ってなんとなくやってきたという，いわば徒弟的鍛錬時代の生き残りである。自分自身については，そのつど必要に応じて，研究方法の文献も参照したが，どちらかといえば古典や感銘を受けた研究書の熟読が支えとなってきたという実感がある。そうした意味でこのようなテキスト執筆の適任者とはいえない。そこで，まずもう1人の編者として小林良二先生を巻き込んで，何回かの研究会を重ねた。この研究会には，当時の東京都立大学大学院，日本女子大学大学院の院生，および現場研究者の方たちにも参加していただき，興味深い報告をいただいた。その後，さらに中谷陽明先生，稲葉昭英先生にも編者に加わっていただき，なんとかテキストの輪郭が見えてきた。さらに，研究レビュー，倫理，研究事例を分担していただいた先生方のご助力によって，ようやく出版にこぎ着けたという次第である。

　本書が，冒頭に書いたような社会福祉研究法としての独自性をどこまで指摘できたかは心許ない。むしろ本書で述べた多くは，多くの学問に共通する基本である。だが，もし本書のそこかしこに，とりわけ研究事例を熱く語る著者の言葉から，社会福祉研究の独特のおもしろさ，可能性を感じ取っていただけたなら，編者としてこれ以上の喜びはない。

　最後に，有斐閣の伊東晋常務，書籍編集第2部の松井智恵子さんには，長期間辛抱強くお待ちいただき，また適切な助言をいただいた。記して感謝申し上げたい。

　　2006年10月　　　　　　　　　　　　　編者を代表して

　　　　　　　　　　　　　　　　　　　　岩　田　正　美

執筆者紹介

執筆順，※は編者

※岩田 正美（いわた まさみ）
日本女子大学名誉教授

🌀 *Lesson 1*，*Lesson 5-2*，*Lesson 13*

主著　『ホームレス／現代社会／福祉国家』明石書店，2000 年。『貧困と社会的排除』（共編）ミネルヴァ書房，2005 年

※小林 良二（こばやしりょうじ）
東京都立大学名誉教授

🌀 *Lesson 2*，*Lesson 5-3*

主著　『新しい社会福祉の焦点』（共編）光生館，2004 年。『自治体・住民・地域社会（地方自治政策2)』（共編）放送大学教育振興会，2004 年

平岡 公一（ひらおか こういち）
東京通信大学教授

🌀 *Lesson 3*

主著　『高齢期と社会的不平等』（編）東京大学出版会，2001 年。『イギリスの社会福祉と政策研究』ミネルヴァ書房，2003 年

米本 秀仁（よねもと ひでひと）
北星学園大学名誉教授

🌀 *Lesson 4*

主著　『社会福祉援助技術演習』（共編）建帛社，2003 年。『事例研究・教育法――理論と実践力の向上を目指して』（共編）川島書店，2004 年

※稲葉 昭英（いなば あきひで）
慶應義塾大学文学部教授

🌀 *Lesson 5-1*，*Lesson 6*，読書案内

主著　『現代家族の構造と変容』（共著）東京大学出版会，2004 年。『SASプログラミングの基礎』（第2版）（共著）ハーベスト社，2004 年

※ **中谷 陽明**(なかたにようめい) 　　　　　　　　　　　　松山大学人文学部教授

🍀 *Lesson 7*, 読書案内

主著　『高齢者福祉とソーシャルワーク』(共編) 有斐閣, 2002 年。『介護保険制度の評価——高齢者・家族の視点から』(共編) 三和書籍, 2005 年

石川 久展(いしかわひさのり) 　　　　　　　　　　　関西学院大学人間福祉学部教授

🍀 *Lesson 8*

主著　「ケアマネジメントの評価」白澤政和ほか編『ケアマネジメント』中央法規出版, 2002 年。『介護保険制度の評価』(共著) 三和書籍, 2005 年

田川 佳代子(たがわかよこ) 　　　　　　　　　　　愛知県立大学教育福祉学部教授

🍀 *Lesson 9*

主著　「痴呆性高齢者の介護における倫理的諸問題——家族介護者による自由記述回答の内容分析」『社会福祉学』第 40 巻第 1 号, 190-208 頁, 日本社会福祉学会, 1999 年 6 月。「高齢者ケアマネジメントにおける倫理的意思決定——ソーシャルワークにおける道徳的推論の適用に関する議論からの一考察」『社会福祉学』第 42 巻第 2 号, 155-60 頁, 日本社会福祉学会, 2002 年

三原 博光(みはらひろみつ) 　　　　　　　　　　　県立広島大学保健福祉学部教授

🍀 *Lesson 10*

主著　『介護の国際化』学苑社, 2004 年。『行動変容アプローチによる問題解決実践事例——障害者福祉への導入を目標に』学苑社, 2006 年

高山 恵理子(たかやまえりこ) 　　　　　　　　　　上智大学総合人間科学部教授

🍀 *Lesson 11*

主著　『保健医療ソーシャルワーク実践』(共編), 中央法規出版, 2004 年。『ソーシャルワークの業務マニュアル』(新版)(共著) 川島書店, 2004 年

平野 隆之（ひらの たかゆき）　　　　　　　　　日本福祉大学大学院特任教授

🌀 *Lesson 12*

主著　『コミュニティとソーシャルワーク』（共編）有斐閣，2001 年。『社会福祉キーワード』（補訂版）（共編）有斐閣，2002 年

所 道彦（ところ みちひこ）　　　　　　　大阪市立大学大学院生活科学研究科教授

🌀 *Lesson 14*

主著　「比較の中の家族政策」埋橋孝文編『比較のなかの福祉国家』ミネルヴァ書房，2003 年。「少子化社会政策と経済的支援――国際比較からみた日本的特徴」『少子化・家族・社会政策』（社会政策学会学会誌第 14 号）52-74 頁，法律文化社，2005 年

Information　本書の使い方

●**本書の特徴**　本書は，社会福祉の卒業論文やレポートを書く前に読んでほしい研究案内です。研究で言いたいことを的確に伝えるための基礎知識を，わかりやすく解説します。この本を読んで，福祉の現実世界に迫る研究へ歩み出してください。

●**本書の構成**　全体を大きく3つの部に分け，全14 *Lesson* から構成されています。第1部「社会福祉研究とは何か」では，社会福祉研究の特徴，援助実践と研究との関係，研究に必要な倫理と手続きを解説します。第2部「研究の設計と手順」では，研究の進め方を実践的に解説します。第3部「研究事例に学ぶ」では，さまざまな研究事例を，研究の舞台裏の苦労や工夫も含めて，研究者本人が解説します。

●**イントロダクション**　各 *Lesson* の冒頭ページには，その *Lesson* の内容を表すイラストと導入文があります。

●**キーワード**　第1，2部の本文中で重要なキーワードはゴチック（太字）で表示しています。

● *Column*　本文は文章の流れを重視し，本文の理解を助けるトピックスはコラムとして別に抜き出しました。

●**読書案内**　さらに学びたい読者のために，参考文献をコメントを付けて紹介しています。

●**引用参考文献**　本文中の引用参考文献の出所は，巻末に「引用参考文献」として，章ごとにリストを載せています。本文中には，基本的に（著者名［出版年］）で表示しています。

●**索　引**　巻末に，基本的な用語が検索できるよう索引が収録されています。同じ用語の現れ方をみると，理解の幅が広がります。

目次

第1部 社会福祉研究とは何か

Lesson 1　なぜ，何を研究するのか　3
学問の一分野としての社会福祉研究

1　研究とは，疑い，観察し，考えること …… 4
実践としての社会福祉　4　　市民の「実体験」としての社会福祉　5　　研究とは　6　　研究は「役に立つ」　7　　「やらずにはいられない」からやる研究　8

2　社会福祉研究の特徴 …… 9
社会福祉は学問の一分野か　9　　社会福祉研究の特徴　10

3　社会福祉研究の分野と範囲 …… 14
社会福祉研究の具体的範囲　14　　社会福祉における理論研究と実証研究　15

Lesson 2　現場の視点と研究の視点　19
現場における研究の意味

1　実践に役立つということ …… 20
●現場と研究

「現場」とは：社会福祉研究の特徴　20　　研究のタイプ：研究における立場の違いと共通性　21

2　現場からの研究 …… 22
現場からの研究への動機　22　　研究環境の難しさ　24

3　研究の可能性 …… 26

ix

客観的視点の獲得　26　　モニタリングの社会福祉研究へ：現場と研究の往復運動　27

Lesson 3　先人に学ぶ　31
研究レビューの進め方とレビュー論文の書き方

1　研究レビューとは …………………………………… 32
研究レビューの重要性　32　　研究レビューの概念　32　　研究レビューの2つの形態　33

2　研究レビューの目的と意義 ………………………… 34
すでに明らかにされたこととまだ明らかにされていないことの区別　35　　研究レビューによる研究の正当化　35　　先行研究の展開過程とその成果の全体像の理解　37　　着想を得て考察を深める過程としての研究レビュー　37

3　研究文献の探し方 …………………………………… 38
取り上げる文献の範囲　38　　文献探しのツール　40

4　文献の読み方と研究レビューの書き方 …………… 44
文献の読み方　44　　研究の評価の視点　44　　研究レビューのまとめ方　46　　研究の流れがわかるように書くには　47

5　レビュー論文のまとめ方 …………………………… 48
レビュー論文の特徴　48　　執筆時に考慮すべき点　49　　政策のためのレビュー論文　50

6　レビュー論文の例 …………………………………… 50
論文執筆の背景・目的　50　　取り上げる文献の決定　51　　文献の分類と論文の構成　52　　執筆の方針と手順　53　　この事例の特殊性と意義　54

7　おわりに ……………………………………………… 55
　●研究レビューとは何か

Lesson 4 研究の倫理　　　　　　　　　　　　　　　　　　57
　　　　　　　　　　　忘れてはならないこと，してはいけないこと

1 「研究の倫理」とは何か …………………………………………… 58
権利侵害の防止　58　　研究と価値判断　59　　社会福祉実践と研究　59

2 研究は社会の中で行われている …………………………………… 60
●研究者の倫理

「問い」の倫理性　60　　研究の公共性：問いと発表　61　　研究における不正行為　62

3 調査を行ううえで必要な手続き …………………………………… 63
調査の意味　63　　研究成果の新規性を示すに際して　65
研究上の倫理的ディレンマ　66

4 論文作成上してはいけないこと …………………………………… 68
各種研究指針　68　　何を分離（峻別）すべきか　69　　研究倫理の細部　70　　研究倫理違反へのサンクション　71

第 2 部
研究の設計と手順

Lesson 5 研究をどう設計するか　　　　　　　　　　　　　75
　　　　　　　　　　　　　　　　　研究課題の設定とその手順

1 研究の前提 …………………………………………………………… 76
研究の社会性　76　　事象の認識　76　　主観的・客観的とは何か　78　　概念・文・仮説・命題　79　　概念定義　80
概念の操作的定義　82　　仮説の種類と因果関係　83　　統制的仮説　85

2 一般的な社会福祉研究のデザイン ………………………………… 86
研究課題の設定：何を明らかにするのか　86　　課題の「絞り込

み」と焦点化 87　関連文献を調べる＝先行研究をたどることの意味 94　アプローチの方法と資料 97　資料を整理し分析する：分析の枠組みとカテゴリー 100　よい論文を手本にする 104

3 現場データを用いた研究 ……………………………………………… 105
データが作成された目的は何か 105　現場のデータを加工する：データの種類 107　現場の研究のおもしろさ 112

Lesson 6　仮説の構築と検証の手続き　　115
仮説を作ること，データから確かめること

1 科学的方法の論理 ………………………………………………………… 116
●科学的方法における仮説の承認基準

2 仮説の構築 ………………………………………………………………… 118
演繹法 118　帰納法 119　転想法 121

3 理論とモデル ……………………………………………………………… 123
理論 123　モデル 124　分類・類型 126　類型をつくる 126

4 仮説検証の手続き ………………………………………………………… 128
用いるデータ 128　仮説の操作化 131　測定の信頼性・妥当性 132　標本抽出 133　仮説の検証 134　統計的検定 136　統計的統制 137　計量的研究に慣れるには 139

Lesson 7　研究資料の収集と分析　　141
「研究方法」の選択

1 どのような資料（データ）を集めるのか ……………………………… 142
一次資料と二次資料 142　量的データと質的データ 143

2 資料を集める対象はどのようなものか ………………………………… 146
研究単位としての個人 146　研究単位としての集団 149

研究単位としての Social Artifact　150　　研究単位としての既存データ（二次的使用）　151

3　どのような方法で資料を収集するのか ……………………… 152
インタビュー（面接調査）　152　　質問紙調査　154　　電話調査　156　　観察　156

4　どのようにして分析を進めるのか ……………………… 157
分析のための資料の整理　157　　量的データの分析　160　　質的データの分析　165

5　研究成果の報告 ……………………………………………… 168
報告書の作成　168　　雑誌掲載論文への投稿　169

6　研究方法に関する若干の論点 ……………………………… 171
研究手法を決めてから研究課題を決めるのは，おかしいのか　171　　仮説は必ず設定すべきなのか　172　　社会福祉研究には「事例」が必要か　172　　社会福祉研究でも統計学をマスターして使うべきなのか　173

第3部
研究事例に学ぶ

Lesson 8　量的調査データの実証分析　　177
多変量解析を用いた介護保険制度評価

1　研究の枠組み ……………………………………………… 178
研究の目的　178　　理論と仮説　178

2　研究の方法 ………………………………………………… 179
対象者　179　　従属変数　179　　独立変数　180　　調整変数　180　　分析方法　181

3　分析の結果 ………………………………………………… 181
単純集計の結果　181　　平均の差の検定　184　　2項ロジス

ティック回帰分析　186

4　結果の考察と今後の課題 ……………………………… 189

結果のまとめと考察　190　　今後の課題　190

Lesson 9　インタビューによる質的研究　193

高齢者介護の現実世界へのアプローチ

1　ケアマネジャーへのインタビューから再構成する介護の多元的現実 ……………………………………………………… 194

本論文の要約　194　　研究の問い　195　　これまでの研究の経緯との関連性　195

2　どのようにフィールド（現場）にアクセスしたのか ……… 197

インフォーマント（情報提供者）を探すこと　197　　倫理的配慮をすること　198

3　どのようにデータを収集したのか ………………………… 198

フィールド（現場）に足を運ぶこと　198　　文献を利用すること　199　　テープによる録音とメモを取ること　200　　問うこと　201

4　どのようにデータを分析していったのか ………………… 202

インタビュー・ノーツを書くこと　202　　データの意味について考えること　203　　データを比較すること　205　　主要なカテゴリーを見出すこと　207

5　そして，それをどう論文として書こうとしたのか ……… 209

データに浸ること　209　　論理を構成すること　210　　研究の限界と課題について　212

Lesson 10　ミクロレベルの評価分析　215

障害者の行動療法の有効性

1　研究の枠組み ………………………………………………… 216

2　障害者の行動変容の理由 …………………………………… 217

3 障害者援助実践としての行動療法の利点 ……………… 218

4 介入効果測定 ………………………………………………… 220
反転実験計画法（ABAB デザイン） 221　　多層ベースライン実験計画法 222

5 知的障害者授産施設における行動療法の実践事例 ……… 224
はじめに 224　　介入方法 226　　結果および考察 230　　結論 236

6 残された課題 ……………………………………………… 236
●行動療法のソーシャルワークへのさらなる発展的な導入のためには

Lesson 11　メゾレベルの評価分析　239
医療機関の現場から応用可能な概念を引き出す

1 実践者，研究に携わる ……………………………………… 240
●研究と実践のはざま

2 医療機関における多専門職の協働 ………………………… 242
●医療機関における現象を「研究」する

要約：課題・分析枠組み・考察・結論 242　　研究プロセス 243　　研究の意義 249

3 医療ソーシャルワーク実践の変遷 ………………………… 251
●現場のデータを研究対象にするということ

要約：課題・分析枠組み・考察・結論 251　　時系列のグラフから，概念を生成した分析へ 252　　現場の記録を分析可能にする 252　　現場のデータを読み解くということ 256

4 そして今考えること ………………………………………… 257
●実践と研究

メゾレベルの調査 257　　実践と研究の協働 258

Lesson 12　計画研究　261

地域福祉のフィールドから

1　計画策定「現場」と計画研究 ･･････････････････････ 262
●新しい「現場」としての計画

「現場」をもつ計画の研究　262　　新たなフィールドとしての計画研究　263　　メゾ研究としての計画研究　265

2　「計画空間」という枠組み ････････････････････････ 267
●ガバナンスの実験空間

計画策定「現場」の特性　267　　「計画空間」という研究対象の枠組み　269

3　地域福祉の「計画空間」への接近 ･･････････････････ 271
●地域福祉計画研究への着手

「計画空間」のマネジメント：コミュニティワーク実践研究　271
「計画空間」への研究者の参加　272

4　地域福祉の「計画空間」の分析 ････････････････････ 274
●高浜市地域福祉計画のプロセス研究から

「計画空間」における策定委員会の分析　274　　インターグループワークの視点から　275

5　「計画空間」における計画の技術 ･･････････････････ 277
●ニーズ把握・推計の課題

地域福祉計画では何を把握するのか　277　　地域福祉実践の集計と推計　279

Lesson 13　問題を政策と結ぶ研究　283

ホームレス政策の分析

1　社会福祉「対象」研究といわゆる「問題論」について ････ 284

2　個別施設の退寮者記録を素材にした研究 ･････････････ 286
●『戦後社会福祉の展開と大都市最底辺』ミネルヴァ書房，1995年

本書の要約　286　　研究のきっかけ　288　　研究課題の設定　289　ケース記録分析の問題と再加工　291　　使用する概念と分析の枠組み　292　　個別施設におけるケース分析と歴史研究の必要　293　　限界　294

3 問題論＝政策「対象」批判としてのホームレスのインタビュー調査 ……………………………………………………… 295
● 『ホームレス/現代社会/福祉国家』明石書店，2000年

本研究の要約　295　　研究のきっかけと経緯　297　　インタビュー調査について　298　　概念装置と仮説　301　　残された課題　303

Lesson 14　外国研究・国際比較研究　305
外国研究者との協力による子育ての経済支援策の評価

国際比較とは　306

1 外国研究の意義 ……………………………………………………… 306

2 外国研究の類型 ……………………………………………………… 309

3 国際比較研究 ………………………………………………………… 311

4 外国研究の手法 ……………………………………………………… 312

文献を通じて　313　　国際機関のデータや資料を活用する　314　　海外でのフィールドワーク　315　　整理の仕方，まとめ方　316

5 国際比較研究の例 …………………………………………………… 317
●子育て支援策の比較

研究の位置づけ　317　　研究の手法　318　　結果の紹介　322　筆者の体験から　325

6 これからの外国研究 ………………………………………………… 326

Column

❶ 電子化された文献データベースの利用　42

❷ 科学の進歩　117

❸ 公共利用データの利用　130

❹ 尺度の水準　144

❺ 共分散構造分析　164

❻ グラウンデッド・セオリー・アプローチ　167

読 書 案 内 —————————————————— 329
引用参考文献 —————————————————— 333
索　　引 —————————————————————— 341

第1部　社会福祉研究とは何か

Lesson 1 なぜ，何を研究するのか

学問の一分野としての社会福祉研究

研究のスタートは，福祉の現実世界との距離を確認すること

あなたはなぜ，何のために社会福祉を研究しようとしているのだろうか。

この章では3つの問いに答えながら，社会福祉研究について考える。

① 「社会福祉は実践である」とよくいうが，それに対して研究にできることは何だろうか。
② 社会学や政治学，経済学など他の学問が社会福祉を研究するなかで，社会福祉学のアプローチはどのような特徴をもつのだろうか。
③ 社会福祉研究はどのような分野と範囲をもつのだろうか。

研究とは，疑い，観察し，考えること。あなたの社会福祉研究を始める前に読んで考えてみよう。

1 研究とは，疑い，観察し，考えること

> 実践としての社会福祉

社会福祉がなんらかの社会問題の解決に関わっているとすれば，その解決へ向けた実践こそが，求められているものである。「社会福祉は実践である」という，よく言われるフレーズは，今，ここで，困っている人への，速やかな対応や，逆にその援助への苦闘の中にこそ，社会福祉の意味があることを示している。

社会福祉研究というのは，すぐ後で詳しく述べるように，このようなカッコ良い社会福祉実践に疑義を提示し，あるいは批判的な観点を外側から持ち込むものである。それは，「役に立つ」はずの実践にクレームをつけたり，屁理屈を持ち込んだりするような，野暮な行為でもある。なにやら，えらそーな数字，横文字の理論などは，「現場」を知らない研究者が，机上でこねくり回しているもので，そのようなものはあってもなくても，現実の問題解決にすぐには結びつかない。実践の場にいる人々が欲するのは「役に立つ」数字や技術であるから，たとえば，「介護保険制度の変更点」とか「困難ケースの処遇方法」，といったテーマならともかく，「ポスト工業社会と貧困リスク構造の変化」とか「社会福祉のパラダイム転換」などは空理空論，まったく意味のないことだと感じるのは当然であろう。筆者が実践者を前にして講演をするときに浴びる退屈そうな視線は，まさに「まったく，役に立ちそうもないことばかり言っているなあ……」という意味に違いない。現代社会とホームレスの関係がわかっても，うちの福祉事務所に押し寄せる彼らをどうやって減らせるかにはつながらない，というわけである。

まして「現場をわかっちゃいない」研究者が，「現場」に入って研究をする，ということになるとなかなか難しい拒否反応が起こりやすい。とくに，実践の困難があればあるほど，それが「外」から入ってきた人にわかるわけはないと思われるからである。

> 市民の「実体験」としての社会福祉

　他方，社会福祉はあまりに私たちの生活の端々に関連しているために，多くの人々はなんらかの福祉に関わる体験やそれに基づく「意見」をもっている。「うちのおばあちゃん」の介護問題，自分自身の不登校や学校でのいじめの経験，障害をもった兄弟や友人の存在，離婚の経験と児童扶養手当の問題，失業の経験，アルバイト先で知り合った外国人の友人の経験等々。社会福祉は，実践者や研究者だけでなく，むしろ多くの市民にとっての「語るべきもの」である。

　とくに「当事者」と称される人々は，当然多くの福祉の事実を体験し，これについてのまとまった意見や鋭い批判をもっている。政策変更はしばしばこれらの重い体験からの「声」を直接の動機としてなされることが少なくない。「生の声」という言い方がしばしばなされるが，「生の声」は，何の理屈も分析も介さないで，「生の声」であるがゆえに，政策やサービスを批判し，あるいはその立案に大きな影響を与えることができる。

　社会福祉研究はこれらの「生の声」や実体験を解体し，理屈や分析を持ち込んで，これらの体験をもっと一般的な，広い文脈の中に引きずり込もうとする営みである。したがって，ここでも「実体験」を「わかっちゃいない」研究者が，わかっているような顔をして聞き取り，解体していくことへの嫌悪や反論に出会うことがある。筆者は学生の頃に日雇労働者の労働現場でのアンケート調査に参加した経験をもっているが，その時浴びせられた「ふん，学生のあんた

たちに私らの生活の何がわかる」という罵声は，今でも耳の奥に残っている。

研究とは

個々の体験の重さ，実践現場での日々の格闘に対して，屁理屈ばかりこねて「わかっちゃいない」研究者は，途方に暮れる。途方に暮れて，あるときは実践者に「社会福祉は実践である」と再確認して媚びを売り，他のときは当事者をただあがめ奉ってしまいたい気持ちになることもある。だが，実践者や体験者との，そのような距離は，おそらく，研究と実践との次のような根本的な違いに基づいており，研究はこの根本的な違いを確認することから出発するしかないのである。

研究とは，おそらく，「疑うこと」，「観察すること」，「考えること」である。社会福祉研究は，すぐ後で述べるように，社会福祉という現実の世界，つまりそこでさまざまな実践が行われ，個人的な体験が積み重ねられているような，現実の世界を対象として，ここでなされていること，その結果生じていること，なされようとしていること，になんらかの疑念を挟み，一定の研究的な手続きに従って現実をよく観察し，それらの原因や因果関係等を考え，合理的な説明や批判を試みようとする，一連の作業である。実践が信念に基づく行動であるとすれば，研究はそれらに対する基本的疑いである。実践が，ある目標を設定して，そこに達成する合理的な方策を追求するものだとすれば，研究はそのような目標の設定自体に疑義を差し挟み，合理的な方策が必ずしも1つではないこと，あるいは意図されない結果が生み出されていること，などに目を向けるようなものである。経験や実践が今ここで見，感じ取っていることに足場を置いているとすると，研究はそれらの狭い経験から離れて，それをもっと広い文脈の中に置いて捉え返すことを試みようとするものである。

社会福祉研究は，実践や体験とはこのように根本的に異なったものであることを理解することから，出発する。

> 研究は「役に立つ」

　社会福祉の実践や生活の中でのさまざまな体験に対して，社会福祉研究の意義を主張する場合，それが社会問題の解決や福祉実践の改善に，究極的には「役に立つ」からだ，と説明するのが一般的である。たいてい，研究者が調査を行うような場合，「市民生活の改善やよりよい社会福祉の実現に寄与するために行う」というようなことを書く。実際，研究が役に立つことは，案外たくさんある。

　第1に，市民や「当事者」の個々の体験は，それがいかに重くとも，それだけでは社会問題にすらならない。問題として社会に提起し，社会が納得してこれを社会の問題として受け取るためには，個個の体験を寄せ集め，それらを適切な手続きで記述分析して，社会全体の文脈の中に置き直していくことがどうしても必要である。当事者団体や市民グループが社会調査を試みたり，研究者と共同研究を行おうとするのはそのためである

　第2に，実践の現場においても，たとえば福祉課題の取り上げ，政策の策定，方法の選択，対象者の範囲の限定，水準の確定，実施体制，専門家の役割や技法，連携，などの一連の過程においてなされる「判断」について，社会を説得する客観的なデータや理論などの「根拠」をもつことが必要である。もともと，実践の場には調査部のような部署があったし，近年ではコンサルタント会社へ依頼したニーズ調査がおおはやりである。またこれとは別に「証拠に基づく実践」がますます求められる傾向にある。つまり，実践は信念に基づく行動であるにしても，その信念の判断や手続きにおいて，社会は合理的な説明を求めているのである。ひとりよがりな実践，個別的な経験を超える根拠の重視は，必然的に客観的なデータや研究

の必要性にたどりつく。

　第3に、社会福祉実践はやりっ放しというわけにはいかない。「社会福祉は実践である」といった場合も、その実践の帰結への社会的責任が当然含まれていると解釈すれば、行ったことへの冷静で客観的な評価の必要が生じる。評価は、実践機関や実践者による自己評価、第三者評価、利用者評価などとして行われるが、さらに研究による本格的な評価検討がここに加わる可能性が生まれてくる。もともと評価は、疑念や観察に基づくという意味で、それ自体研究的な作業である。さらに、評価基準の設定やその結果の解釈は、まさに社会福祉研究の一分野をなすといえよう。

「やらずにはいられない」からやる研究

　もちろん、研究は、今すぐ「役に立つ」というものばかりではない。「現場の役に立たない研究はだめだ」というように狭く解釈すると、本来の研究の意義はそこなわれてしまう。ましてや、当事者や市民団体の要求する事柄だけをことさら強調したり、不都合な事実の記述を隠すような方向で「役に立つ」ことが咀嚼されてしまうと、それは研究ではなくなってしまう危険がある。

　研究は、繰り返し述べるように、疑念、観察、考察という一連の作業である。したがって、社会福祉研究も、その入口にある疑念によって強く動機づけられ、それを解明するために「どこに役立つかはさしあたりわからないけれども」、行うということがある。何か知りたいことがある、何か疑問をもったことがある、それをはっきりさせたい、というような、研究一般を成立させる動機づけの重要性は、社会福祉研究の場合にも当てはまる。たとえて言えば、そこに山があるから登るとか、リンゴが木から落ちるのを見て考えたニュートンの例と同じである。このような根本的疑念に突き動かされて、それをはっきりさせたいから行うというような社会福祉研究

は，直接どこかの実践に役に立つというわけではないけれども，社会福祉という現実世界や，これを一要素としている現代社会とそこでの人々の生活を広く解明していくうえで，大きな意義をもつものといわなければならない。

　この意味で，社会福祉研究は「面白いからやる」でもよいのである。ただし，こう言ってしまうと「知りたいこと」「興味があること」なら研究の名において何でもできる，というようにも受け取られてしまうかもしれない。それは，むろん正しくない。どのような研究も社会の中で行われるものであり，社会の人々の生命や生活になんらかの影響を与える。人々の生に直結した社会福祉研究の場合は，とりわけ「社会の中の研究」「人々の生活に関わる研究」であることに留意しなければならない。*Lesson 4* で述べるような研究者の倫理は常に念頭に置くべきである。

2　社会福祉研究の特徴

社会福祉は学問の一分野か

　社会福祉を研究するということに意味があることがわかったとして，社会福祉研究者には次の障壁がある。社会福祉研究は，独自の体系だった学問の一領域なのだろうか，それともさまざまな学問の知見や方法を応用する一場面にすぎないのだろうか，という問題である。

　社会福祉に限らず，さまざまな学問の分野がどのように確定できるかという問題は，なかなか難しいが，おおまかにいえば，1つの知識や方法の体系をもっている分野と，これらを応用して特定の対象の解明に向かうものとがある。前者は学問の一領域，すなわち

「○○学」であり，後者は学際的な領域で「○○論」と区別される場合もある。もっとも，顔学，都市学などという場合もあって，「学」か「論」かの区別もそうたやすいことではなく，論者によってその仕分けが異なる場合もある。知識や方法の体系といっても，「学」の内部でその論争が行われる場合はしばしばあるし，またそれ自体変化していくようなものである。

社会福祉は，一方で研究の独自の領域を主張し，学会を形成し，大学・大学院における教育・研究の一部門として展開されているが，同時に多様な他領域が参入する学際的な分野でもある。日本の場合，歴史的には社会政策学の系列と社会福祉事業の従事者養成の系列の2つの出自をもち，戦後の高等教育・研究機関での区分としては，一方で社会福祉学科・学部の著しい発達をみると同時に，社会学の一部門，経済学部における社会政策論，法学部における政治・行政学，さらに新しい政策学部，保健学部などにおける一部門としての扱いなど，その位置づけは必ずしも定まらない。日本の社会福祉学は，ソーシャルポリシーとソーシャルワークに区分されていないから混乱があるのだ，という説もある。ところが，これが区分されている国々でも，たとえば英国では，ソーシャルポリシーをめぐって，固有の学か学際領域かといった類似の論争がある。

「学」か「論」かの論争は，1つの学問体系という場合に，どの程度の知識や方法の整合性を求めるのかが必ずしも明確ではないし，学際的研究が発展すれば，それが新たな学問分野として認知される可能性もあるので，あまり生産的とはいえない。

ここではむしろ次のような社会福祉研究の特徴を指摘しておきたい。

社会福祉研究の特徴

社会福祉研究は「**社会福祉という現実世界**」を明確な対象とする学問分野である。この

場合,「社会福祉という現実世界」は,人々がなんらかの「価値判断」を媒介として社会の中に積極的につくりだしてきたものだということを前提に置く必要がある。だから,社会福祉研究は,一方で,他の社会科学と同様に,特定の政策や援助実践の意図そのもの,また動員された資源や方法,意図した帰結,意図しなかった帰結,など,社会福祉という名で出現している多様な事象の正確な把握とその意味の探求を行うが,他方で,その評価（価値判断）や別の選択肢の提示がもう1つの大きな課題となる。後者の評価（価値判断）については,評価自体をできるだけ客観的な尺度で行う評価研究分野を発達させるが,最終的には,どのような社会と人間生活が好ましいのか,という規範や倫理の研究と関わることになる。

そこで,社会福祉研究は大まかに次の6つの要素を含むと考えられる。

第1に,社会福祉が課題としている,あるいは「すべき」問題の解明。

第2に,社会福祉の複雑に絡み合った「現実世界」を解きほぐし,「であること」（事実）,の意味や矛盾,なぜそうなるのかを,解釈可能な形で提示し,説明していく。

第3に,事実の背後にある意図や価値を解明する。さらに社会福祉を一般的に説明する理論枠組みの生成,また社会福祉と関わる規範や倫理に関する研究。

第4に,「なされたこと」の効果測定や評価。「なされたこと」を適切とする規準,あるいは適切としない規準それ自体も検討される。

第5に,社会全体への影響。

第6に,解決策や別の選択肢の提示。現実世界の課題や矛盾に対する「あるべき」選択肢や解決策を一定の証拠や予測を背景に研究者自身が提案すること,も含まれる（含まれなくてもかまわない）。

以上の社会福祉研究を行う際には、たしかに多くの他領域の学問の知見や方法を動員する必要があるけれども、それらの他の学問の理論モデルや方法を単に試すための研究ではない。上に述べたような社会福祉の現実世界を解きほぐし、説明し、評価・批判、展望するためには、「使える」理論や「適切な」方法の取捨選択が不可欠であり、これらを社会福祉研究の方法として統合していこうとする試行錯誤を多かれ少なかれ含まざるをえないのである。

　では「使える」方法や理論はどのような規準で導入されなければならないだろうか。

　社会福祉研究には、その対象となる社会福祉という現実世界の特殊性から、次のような特色がさらに指摘できる。「使える」方法や理論は、このような特色との関係で取捨選択され、できれば統合されていく必要がある。

　(1) 多様性と複眼的視点　　社会福祉は、一方で個人生活の諸問題の解決に軸足を置き、他方で社会によるこの解決を通しての、社会の目的達成という側面をもつ。したがって、社会福祉の現実世界における「事実」の絡み合いは、「生産・供給」から「消費・利用」に至る社会福祉のプロセスの各レベルにおいて複雑な姿で現れる。またその適切さの評価基準は、多様な「利害関係者」において、しばしば一致しない。したがって、社会福祉研究には、絡み合った事実を、たとえば供給者側からみると同時に利用者側からみる、あるいは個人、家族、地域社会、国家というレベルの違いによるニーズ解釈の違いを意識するというような、複眼的視点がたえず要求され、これを可能にするような多様な研究方法の統合が促される。

　(2) 「標準」だけでは捉えられない「事実」と小規模性　　社会福祉の「現実世界」は、一方で福祉国家というような大きな枠をもつが、その日々の政策や援助の実践は、比較的小規模な場の中で、

ボランタリー組織を多く含んで営まれている。

　また，社会福祉の「対象」となる問題を抱えた利用者は，しばしば「標準」家族や「標準」の職業，「標準」の住居からはかけ離れた状態で生活していることが少なくないし，特殊な難病や障害を抱えている場合がある。

　社会福祉は「普遍的な人々」の定型的なリスクへの「普遍的な手法」による援助である一方で，「標準」からはかけ離れた人々やその生活への，標準的な原理では解決できない多種多様な問題への対処をも現実に迫られている。これらの人々や組織の実態は，通常の社会科学が利用する統計などの主たる対象とはなりにくく，一般的な手法では把握できないということがある。社会福祉研究は，とくにこのような「標準」の周縁にある「事実」や小規模な「現場」に切り込む手法を必要としている。

　なお，社会福祉研究が通常の統計や学問から見落とされがちな部分をすくいあげ，記述，説明していくという点では，社会福祉研究は社会や人間を，いわば陰の部分，周縁的な部分から記述説明して，従来の社会科学では漏れやすい部分への積極的な解明の役割を担っている，ともいえるのではなかろうか。

　(3)　**変化と再定義**　　社会福祉は，人々が特定の価値に基づいて社会の中に創り出したものであり，したがってその「事実」や「規準」は次の2つの点からたえず変化し，創り直されている。

　1つは，社会福祉が生み出されている社会そのものの変化，あるいはそこにおける人々の価値基準の変化によって，社会福祉の意味や位置づけは大きく変わっていく。

　もう1つは社会福祉の内部から，その目標，方法に対する異議が生まれ，これを変革していこうとする動きが出てくることがある。ここでも社会福祉の実体や目的はたえず再定義され変更されていく

可能性をもつ。

これらは，社会福祉を現在のある社会の「事実」や「規準」に焦点を合わせて把握するだけでなく，時間的な経過（歴史的な方法），また異なった社会との比較といった手法の取り入れが不可欠であることを示している。

これらを取り込んだ具体的研究法については第2部，第3部で述べよう。

3 社会福祉研究の分野と範囲

社会福祉研究の具体的範囲

それでは，社会福祉研究には具体的にはどのような分野や範囲があるだろうか。

社会福祉の研究分野として，いわゆる福祉6法などに基づいた社会福祉の分野区分が研究にもそのまま用いられることが少なくない。現実の政策や援助の実践がこれらを基盤としてなされているので，これを対象とする研究も同じ分野を形成しやすいのであろう。

日本社会福祉学会の専門分野・領域分類は，関連領域を除いて，現在以下の24に区分されている。

1 社会福祉理論，2 社会福祉哲学・思想，3 社会保障，4 社会福祉政策，5 社会福祉行政・財政，6 社会福祉の歴史，7 ソーシャルワーク理論（総論），8 ソーシャルワーク方法論，9 ソーシャルワーク実践モデル理論，10 貧困と排除，11 児童福祉，12 障害者福祉，13 高齢者福祉，14 家庭・家族福祉，15 地域福祉，16 司法福祉，17 ジェンダー・セクシュアリティ（女性・婦人福祉），18 保健医療福祉，19 産業福祉，20 国際福祉，21 介護福祉，22 居住福祉，23

社会福祉教育，24 福祉工学

先に述べた社会福祉研究の6つの特徴を考慮すると，次のような区分も可能であろう。

① 広く社会福祉の前提となる「福祉課題」についての研究（問題論）。
② 社会福祉の現実世界の各プロセスの記述や説明。ここでは，政策の目標設定から計画，実施プロセス（手段や資源の動員），運営組織，対象規定と利用過程，援助過程，援助技法，専門職，当事者や市民の参加などの異なったレベルがある。
③ 上記各レベルの実績の評価とその評価規準に関わる研究。
④ 解決策の提案。
⑤ 予測や社会への影響。
⑥ 社会福祉の価値，あるいは一般理論についての考察。
⑦ 研究の研究（社会福祉という領域の存在そのものの意味の解釈），固有性論（原理），学説史，社会福祉調査論など。

> 社会福祉における理論研究と実証研究

ところで，日本社会福祉学会の分類のうち，1 社会福祉理論，2 社会福祉哲学・思想，7 ソーシャルワーク総論，8 ソーシャルワーク方法論，9 ソーシャルワーク実践モデル理論などの分類，あるいはその後に示した別の分類のうち，⑥社会福祉の価値，あるいは一般理論についての考察，⑦研究の研究などは，いわゆる **実証研究** とは区別される **理論研究** の分野である。

理論研究と実証研究の区別は，必ずしも社会福祉に固有なものではなく，多くの社会科学に共通のものであるし，この区別によって別々の研究分野が形成されるということが決まっているわけではない。だが，しばしばこのような分野の識別がなされる。社会福祉研究の多くは，社会福祉の現実世界の事象を直接対象とし，なんら

かのその解明をめざす経験＝実証的な研究を指向しやすいが，理論研究は，その現実世界の事象を認識し，解釈していく概念について，またいくつかの概念と概念の関係をよりどころに，より多くの現実世界の事象を首尾よく説明できる一般理論の構築をめざす研究分野といえる。とくに，これまでにも指摘してきたように，社会福祉の政策や援助は，それ自体特定の価値判断に枠づけられたものであるから，この価値判断の基礎となる社会思想や基礎概念についての深い洞察は，きわめて重要なものとなる。

社会福祉の理論研究としては，たとえば自立，自由，権利，平等，公正，効率，貧困，障害，援助などの基本概念と社会思想をめぐる研究があり，また，日本では社会福祉の本質や固有性をめぐる研究の系譜がある。ソーシャルワークの分野では，援助技術のいくつかのアプローチ理論，たとえば課題解決アプローチ，家族療法アプローチ，危機介入アプローチ，統合アプローチなどの理論が，その基礎となる社会学・心理学等の理論とともに研究されている。

これら理論のみを研究している，いわゆる「理論家」もいれば，これらの理論を，実証研究のための道具として研究し，理論の抽象世界と現実世界を行ったり来たりしながら，その妥当性を検討している研究者もいる。たいていの場合，実証研究においてもその分析の枠組みとなるのは，一定の概念やこれに基づく理論であるから，無意識のうちにも，理論研究を行っている研究者は多い。このような場合は，理論研究という分野として意識されないだけである。本書の第2部，第3部に取り上げられる研究の方法や研究事例は，おもに実証研究を中心としたものであるが，その中にも理論研究の要素は不可欠であることをとくに強調しておきたい。

また，実証研究では，社会福祉の現実世界を縦断的に捉える歴史などの方法に基づく研究（学会分類の 6 社会福祉の歴史）と，横断的

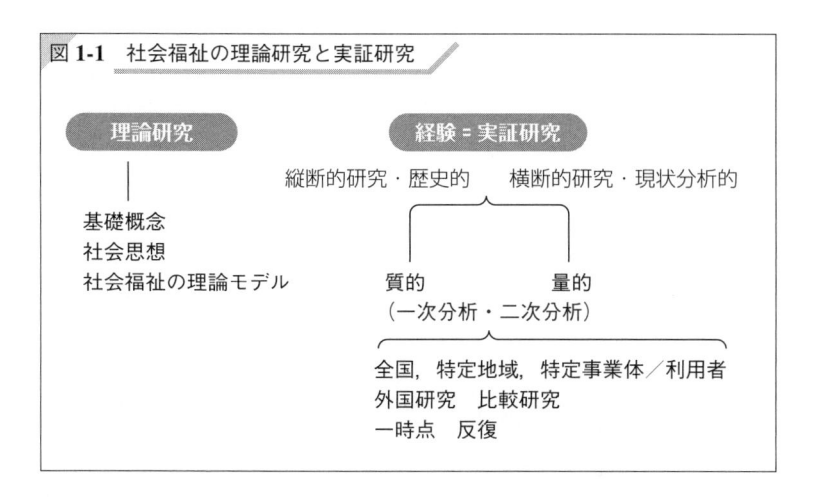

図 1-1 社会福祉の理論研究と実証研究

```
    理論研究              経験 = 実証研究

                  縦断的研究・歴史的    横断的研究・現状分析的
  基礎概念
  社会思想
  社会福祉の理論モデル     質的           量的
                        (一次分析・二次分析)

                  全国, 特定地域, 特定事業体／利用者
                  外国研究  比較研究
                  一時点  反復
```

に現在の事象を捉える,現状分析研究は,別分野として区別されることが少なくない。縦断的な方法では伝統的な歴史学の方法のほか,最近ではパネル調査など縦断的な統計調査が注目されている。

　なお,実証研究は,よく「質的」調査によるもの,「量的」調査・統計に基づくもの,というように仕分けされることもあり,またその現実世界の範囲をどの程度の広がりで捉えるか,地域研究なのか,全国研究なのか,外国研究なのか,さらにはそれらの比較研究なのか,といったことでも区別されることがある。もちろん,ある課題に取り組むためには,1つの研究方法では不十分なことがしばしば経験される。したがって,研究方法でその研究の範囲や分野を固定的に捉えてしまうのは危険であるが,あくまで1つの目安として,研究方法で自分の社会福祉研究の位置づけを行うことはできる。

　これらの研究方法そのものについては,第2部に詳しく述べるが,上記の点を簡略な図にすれば**図 1-1** のようである。

Lesson 2 現場の視点と研究の視点

現場における研究の意味

　社会福祉研究は，社会福祉の「現場」を重視する。社会福祉研究の特徴は，「現場」で生じているさまざまな事象を取り上げ，それを整理・解釈し，その矛盾・問題点を明らかにし，評価・予測し，問題解決の方向を示唆することにある。

　社会福祉研究は，「現場」と「研究」が相互に影響を与えながら，福祉の現実世界がどのように変わっていくのかをじっくり観察していく「モニタリング」の作業とも言えるだろう。この章では，とくに「現場」の人が「研究」することの意味について考えてみよう。

1 実践に役立つということ

●現場と研究

> 「現場」とは：社会福祉研究の特徴

社会福祉研究は、社会福祉の世界を、外部からだけでなく、内部から批判的に検討することによっても成し遂げられる。ここに社会福祉研究のおもしろさと難しさがある。

社会福祉の世界の内側を、ここでは社会福祉の「**現場**」という言葉で説明してみたい。「現場」は通常イメージされるような対人援助の場だけではなく、政策立案や事業の運営実施をも含む、広い福祉の供給活動の「現場」を含む。社会福祉という世界は、いわばこの「現場」に凝縮され、体現されていく。「現場」を構成する一方の側である利用者の生活は、社会生活の平均像では把握されにくい部分も含むために、一般の統計などには反映しにくい側面をもつ。他方、「現場」の従事者は定型的な事業報告や統計以外に多くのことを「経験」しながらも、それらは通常個人的な経験として沈殿していく。

こうした、利用者と従事者の双方に経験されながら、そのままにしておいては浮かび上がってこない「現場」で繰り広げられる社会福祉の営みを分析的に理解し、その背後にある仕組みや機能、あるいは原理を批判的に把握することは、1つの社会科学の研究として意味があるばかりでなく、具体的な社会福祉活動や事業を改善したり、利用者自身がサービスの提供される背景を理解するという意味でも有益である。

社会福祉研究は、社会福祉の「現場」を重視する。社会福祉研究の特徴は、「現場」で生じているさまざまな事象を取り上げ、そ

れを整理・解釈し、その矛盾・問題点を明らかにし、評価・予測し、問題解決の方向を示唆することにある。現場からの発信という視点があることが、社会福祉研究の特徴の1つである。

> 研究のタイプ：研究における立場の違いと共通性

社会福祉の研究は現場を重視し、実践に役立つことを目的とするという特徴がある。ただし、現場と研究への志向性は、それぞれの研究者によって異なる。

たとえば、大学院に所属する学生でも、福祉の仕事をもちながら研究しようとする者と、実務の経験をもたない者とでは、現場と研究に対する志向が異なる。前者を「兼業学生」、後者を「専業学生」と呼ぶとする。

この2つのタイプの学生は、同じようにゼミに出席して討論に参加し、論文を書こうとするのであるが、単純化していえば、実務経験をもつ学生は、その研究がどのような意味で現場、あるいは問題の解決に役立つかという観点が強いのに対して、実務経験をもたない学生は、より純粋な知識や理論をめざすことが多いように思われる。

この2つのタイプは、どちらが優れているということではなく、それぞれが重要な意義をもっているのであるが、問題解決を志向する社会福祉の研究においては、「兼業学生」の発言力が強くなるようである。

以上を踏まえてみると、現場との関係については、次のような研究のタイプがあると考えられる。

① 現場の実務に直接役立つ研究
② 現場の実務に直接役に立つのではないが、関連する知識を体系化する研究
③ 現場の実務とは直接的な関連をもたない研究

もちろん，①のように現場における実践に役立つ研究であっても，それが「研究」である以上，やはりなんらかの形で実務から一定の距離を置いて研究を行うことは必要であろう。

2 現場からの研究

> 現場からの研究への動機

社会福祉の「現場」で働く人たちが，「研究」を志向する動機は何であろうか。

社会福祉の仕事に就いて一定の期間を経過し，職場の環境にも慣れた人々が，「現場」を少し離れて「研究」をしてみたいと思う動機は何であろうか。

社会福祉の現場においても研究は行われている。たとえば，施設ケアであれ在宅ケアであれ，現場では処遇方針や運営方針に関するさまざまな研究が行われており，その成果は関連する事業分野における研修，地域あるいは全国大会，あるいは機関誌において発表され，注目されることによって大きな影響力をもつ可能性があるし，また，政策的に注目されることもある。

しかし，現場で実務に携わる人々が「研究」をしたいという場合，これとはやや異なる動機がみられるようである。たとえば，これまでの自分の仕事を振り返って理論的に整理してみたい，職場で部下を指導するにあたっての理論的根拠を勉強してみたい，大学院の修士あるいは博士の学位をとることによって別の職場や職業を考えたいなど，さまざまである。

現場の人が「研究」を進めるうえで，突き当たることになるいくつかの壁がある。

Aさんの場合，職場においては文献や資料には恵まれており，か

なり自由にこれらを利用できる環境にいるので，その意味では研究の条件には恵まれているが，これらのデータの処理の仕方がわからないため，体系化が困難であるという。手当たりしだいに資料を集めるだけでは，研究にならないことを認識しており，やはり，仮説とかモデルをどのようにつくっていくかが難しいとのことであった。

　Bさんは，ある施設で管理職の立場にあり，現場研修において部下の指導にあたることになる。ところが部下の職員の報告を聞いていると，個別の記録の発表で終わってしまうことがあり，これに対してどのような指導をしたら，より深い考え方を身につけさせることができるのかについて迷うことが多いという。ここでは，現場の職員が，自分の経験を一般化する方法，すなわち，事実の単なる記述の段階から，その背後にある課題を明らかにし，その原因や結果の考察に進むような思考が見られないことへの対応が問われているのである。

　Cさんの場合，在宅介護支援センターでかなりの期間勤務した後，社会福祉の通信制大学院修士課程に入学した。修士課程におけるレポートの作成にあたっては，文献を読んでそれを取りまとめればよく，自宅における勉強でなんとかなるが，論文を書くにあたっては，文献の収集の仕方，読み方，メモの取り方，データの分析の仕方，総合化の仕方，などについて教えてくれる指導者が必要であり，この意味での「研究」は現場においては困難であると語っていた。

　このように，社会福祉の現場で「研究」が必要であるとされる場合，自分のためであれ，部下の指導のためであれ，組織の将来のためであれ，現場における経験やデータの収集だけでなく，それらをある観点から整理して一般化し，課題の意義を問い直すことが求められており，そのためには，毎日の「実務」から一定の距離をとり，体系的・理論的な考察を行うことで，その「意味」を明確にすると

いうことが求められているようである。

> 研究環境の難しさ

現場で実務に携わる者が研究を志す場合，そこにはさまざまな壁があると考えられる。以下，そのいくつかをあげてみよう。

(1) 研究条件　第1にあげなければならないのは，研究環境における壁であろう。研究が現場と一定の距離を置いて行われるものであるとすると，研究のための資金，研究の場と設備，研究のための時間，そして最後に研究の指導者が必要になると考えられる。

このうち「資金」については，生活を支える資金（生活費）に対して，研究に必要な資金（研究費）をどの程度確保できるかによって研究の意味合いも変わってくるであろう。

必要な文献や資料を手に入れるには，近くの公立図書館を利用するという方法もあるし，また，大学でも図書館を一般に開放するようになったから，比較的容易に文献や資料が利用できるようになった。また，最近ではインターネットを用いた情報の収集がきわめて容易になったから，この面での研究環境はかなり改善したといえるであろう。ただし，専門的な資料や文献の入手については，やはり特定の研究施設を利用しなければならないであろう。

また，研究のための指導者については，やはり大学や研究所などの特定の研究機関とつながることがもっとも簡単であるが，そのためには，一定の資金や時間が必要であり，キャリア形成に関して，なんらかの犠牲を払わざるをえないというのが現状であろう。この点では，昔も今もそれほど変わらないのかもしれない。しかし，高度職業大学院が開設され，最近では「通信制大学院」が設置されるようになるなどして，現場と研究との敷居はかなり低くなったといえるだろう。

(2)「現場」の圧力　以上のように，研究の物理的な条件につい

ては，実務の現場に所属して研究する場合の外的な条件は改善しつつある面も見られるが，「現場」そのものが，そこから距離を置いて研究することを困難にしている面も見られる。

第1に，現場においては，援助やサービスの利用者と直接・間接に向き合って業務が行われており，その業務の遂行自体がうまくいっているかどうかがまず問われる。この意味では，現場で直接的なサービスや運営に対して責任をもつ職員の場合，「研究」的な志向をもつことがなかなか難しいということになる。

第2に，研究に必要な手続きを，特定のテーマに即して集中的に行うだけの時間的余裕があるかどうかが問題である。現場においては，その場その場で対応しなければならない業務をどのようにさばくかが最大の課題であり，しかも，できるだけ効率的に処理することが至上命令である。業務の効率性が現場の格率（かくりつ）であるような職場の場合，ある業務の遂行とは直接関連をもたない作業をすることについては，よほどの必要がない限り，意欲がわかないのは当然であろう。場合によっては，余計なデータがないほうが，後々面倒が起きなくてよいという事情もある。

第3に，業務が直接的であるということは，その業務に対する感情的関わりが強くなり，業務を対象化して捉えるような態度がとりにくいことを意味する。研究には，やはり対象から一定の距離を置く必要があり，そこにある程度の客観性が生じるのであるが，職員が直接的に関与している対象を研究対象とすることについては，抵抗感があるのは当然であろう。換言すれば，現場の当事者が巻き込まれている問題に，「評論家」風の意見を述べられることについて，周囲から抵抗感をもたれるのは当然である。ここでは，「研究」と「おせっかい」とは紙一重である。

いずれにしても，現場では，事務系であれ現業系であれ，毎日押

し寄せてくる業務を合理的・効率的に処理しなければならないのが実情であり,「研究」的な志向をもつこと自体がかなり困難であるといえるかもしれない。そのような状況において,なおかつなんらかの研究をしようとした場合,どのような意義が考えられるかということが課題になる。

3 研究の可能性

>客観的視点の獲得

研究機関の研究者であれ,現場の研究者であれ,研究に用いられる原則は同じである。他の章でも述べられているように,文献を読んで問題の所在や課題の立て方を検討し,一次資料や二次資料を収集してこれらのデータを整理し分析すること,これらを一般的な命題として記述することが求められる。

ところで,このような作業を行うにあたって,「現場」で研究を志向する者には,大学や研究機関に所属して研究を行う者にはない有利な条件がある。それは,現場の研究者には所属する組織で日々作成されるデータを研究に利用する可能性があるということである。

これらのデータとしては,Lesson 5 の第 3 節で述べるように,サービスの提供に伴う面接相談関連データ,詳細な訪問調査やアセスメントデータ,個別のサービス提供に関する経過記録など,さまざまなものがある。

これらのデータを適切に整理・分析し,一般的な課題や命題を引き出すことによって,現場の業務向上をはかることはその組織にとってきわめて重要な課題となるはずであり,そのことが現場における研究であるともいえるだろう。

すなわち，現場においては，第1に，組織の業務のパフォーマンス（実績）を取りまとめるための基礎データを作成することが必須事項である。たとえば，顧客（利用者）情報や，これに対する職員の対応状況の分析は不可欠の事柄であろうし，また，これらのデータを長期間にわたって収集し，時系列分析を行うことで，組織の将来構想に役立てることもできるであろう。

　第2に，大きな組織においては，通常の業務データの分析とともに，さまざまな調査を実施しており，これに基づいて，その組織としての対応が必要な潜在的，顕在的ニーズを読み取ることもできる。こうした調査は，大規模組織の場合，外部の調査機関（シンクタンク）に依頼することが多いが，そのデータを再分析して，興味深い知見を導き出すこともできる。

　第3に，これらの結果を踏まえて，組織の規則や細則，あるいはマニュアルを再検討することもできる。

　いずれにしても，現場に所属して研究を志向する者にとって，現場は情報の宝庫であり，このような環境を適切に利用することができれば，比較的容易に「研究」を行える可能性がある。

　ただし，このようなデータを使用するにあたっては，データの使用許可を得ること，個人情報保護に関する規則を十分踏まえること，現場に集積されているデータは必ずしも十分に標準化されていないので内容の精査が必要なこと，等の点に十分配慮する必要がある。また，ある職場環境においては，このようなデータの個人使用を認めていない場合があり，これに対してはなんらかの工夫が必要であろう。

> モニタリングの社会福祉研究へ：現場と研究の往復運動

　最後に，このような「現場」にとって「研究」とは何を意味するのであろうか。これにはさまざまな意味づけが可能であろうが，

ここではさしあたって次のような点を指摘しておこう。

第1は，日常生活のもつ現実性・実体性からの解放である。職場においてであれ，家庭においてであれ，規則化され常態化された生活は，強い現実的拘束力をもっているが，「研究」的な態度を採用することによって，そのような所与を一度括弧に入れて別の観点から見直すことが可能になり，個人や組織の将来の方向性を考えるうえで重要な示唆を与える可能性がある。

言い換えると，現実世界は複雑な要素の堅固な組み合わせによって成り立っており，私たちの思考の中で両者を切り離すことはなかなか難しい。このためには，「研究」的な思考様式を採用し，経験世界と観念世界とを分離するという思考方法を身に着けることによって，「現実」の再定式化をはかることができる。

第2に，社会福祉の現場における援助の提供者と対象者との関係についても，同様なことが言える。すなわち，援助関係が密接になるにつれて，援助者と利用者との関係はよりパーソナルなものに移行する可能性がある。これに対しては，自分を対象化し利用者との関係を客観化することによって，援助者としての役割の範囲を再定義することが求められる場合があり，これに際しては「研究」的な思考が役立つことになる。

第3に，こうした研究的思考は，職員間の関係を見直す際にも役立つ可能性があり，同僚の行っている業務を新しい視点から分析することによって，それまでとは異なる評価の視点を得られるかもしれない。

第4に，現場の研究者の所属する組織の業務の実態を客観的に分析して，データとして提供することにより，組織の将来の方向を決定する際に役立つ可能性がある。

いずれにしても，現場においては，業務をできる限り効率的・効

果的に実施することがもっとも重要なことであり，ここでは，現状の維持を優先させる「**自然的態度**」が支配している。これに対して，**研究的態度**とは，こうした現状に対して一定の距離を保つ態度をもつことを意味する。

　もし，自然的態度を優先すると，外的・内的環境の変化に対して適切な対応が不可能になり，個人としても組織としても機能不全を起こす可能性がある。このことを防止するためにも「研究的態度」をとることは必要であるといえるだろう。

　社会福祉研究は，「現場」と「研究」が相互に影響を与えながら，福祉の現実世界がどのように変わっていくのかを意識的に観察し，変化の意味を解明していく「モニタリング」の作業ともいえるだろう。

Lesson 3

先人に学ぶ

研究レビューの進め方とレビュー論文の書き方

　これから社会福祉の研究に取り組む学生は，だいたいの研究テーマが決まったら，まず研究レビューを行う必要がある。しかし，研究レビューの目的や意義，あるいは，それをどのような手順で進めたらよいのかということについて，体系的に学ぶ機会は意外に少ない。また，レビュー論文というものが，学術研究の発展にとって重要な役割を果たすことは，あまり知られていないのではないだろうか。本章では，研究レビューとは，どのようなものであって，それを行う目的・意義はどのような点にあるのか，研究レビューを行う際には，どのような点に留意する必要があるのか，研究レビューの結果の発表の1つの形態としての「レビュー論文」とはどのような性格のものかといった点について順次，解説を行い，さらに筆者自身が執筆したレビュー論文の内容や執筆の経過を紹介することにしたい。

1 研究レビューとは

> 研究レビューの重要性

学術論文を書くに当たって、**研究レビュー**（先行研究の批判的検討）が重要であることは、初学者（これから研究に取り組もうとする学生、院生など）に対して、研究指導者（指導教授等）が繰り返し指摘する事柄である。卒業論文に取り組む学部学生は、だいたいのテーマが決まったら、具体的な研究実施計画を立てる前に、まず研究レビューを行うよう助言を受ける。論文を学術雑誌に発表しようとする大学院生は、研究レビューが不十分であると、分析視角や研究の知見にオリジナリティを発揮しても、それが十分に評価してもらえないことや、投稿論文の査読の際には、研究レビューを適切に行っているかどうかが審査のチェック・ポイントの1つとなっていることを教えられる。

学術研究でこのように重視される研究レビューとは、どのようなものであって、それを行う目的・意義はどのような点にあるのだろうか。研究レビューは、どのような手順で、どのような点に留意して行えばよいのだろうか。研究レビューの結果の発表の1つの形態としての「レビュー論文」とはどのような性格のもので、どのような観点からその執筆に取り組めばよいのだろうか。本章の課題は、これらの点についての解説を行うことである。

> 研究レビューの概念

研究レビューとは、ある研究の分野もしくはテーマに関してこれまでに書かれた論文や研究書等の文献を読み、その内容を理解したうえで、批判的な検討を加え、その結果をなんらかの形で文章化すること、あるいは口頭で発表することをさす。ここでいう文献とは、おもに、学術雑

誌に掲載された論文，および研究書（およびその中に収録されている論文）をさすが，場合によっては，研究報告書や未公刊の論文などを含むことがある。「文献レビュー」，あるいは「先行研究の検討」という言葉も，研究レビューとほぼ同じ意味で使われる。

*なお，以下では，論述が煩雑になるのを避けるために，研究レビューが学会等で口頭のみで発表される場合や，文章化されても公表されない場合は論述の対象から外し，もっぱら研究レビューの結果が文章化されて公表される場合のみを論述の対象とする。ただし，口頭発表などの場合でも，以下の説明の大部分の事柄は同じように当てはまる。

研究レビューの2つの形態

研究レビューの結果はさまざまな形で発表されるが，その形態は大きく2つに分けることができる。その第1は，あるテーマについてのオリジナルな研究結果をまとめた研究書や論文の一部（1つの章や節など）を構成するものとして，そのテーマについての研究レビューの結果を記述する場合である。その場合には，研究レビューを扱う章や節は，具体的な分析の方法や結果を扱う章や節の前に置かれる。第2の形態は，研究レビューの結果が独立した論文とほぼ同等の形で発表される場合である。この場合には，それは，「レビュー論文」と呼ばれる。

この2つの形態の区別は相対的なものである。第1の形態の場合でも，かなり分厚い研究書の1つの章が研究レビューに充てられるような場合には，その章は，量的にも内容的にも「レビュー論文」に近いものになるであろう。

第1の形態をとって発表される研究レビューと，第2の形態をとって発表される研究レビューでは，その性格がかなり異なることが多い。第1の形態の研究レビューの場合には，レビューの対象とする文献は，おもに，その研究レビューの書き手が行う特定の研

究テーマに関する文献である。研究レビューは，基本的には，その研究の準備段階で行われ，その結果が研究の実施計画に反映される。一方，レビュー論文，すなわち第2の形態で発表される研究レビューの場合には，個別の研究テーマというよりも，それを含む特定の研究分野全体の文献を対象にし，その分野の研究の動向や到達点，課題などを，その分野の研究に関心をもつ人々（おもに研究者と学生）が理解することを助けるために書かれることが多い。そのような性格のレビュー論文は，多くの場合，学術雑誌の編集委員会からの依頼で，その分野の研究の実績を有する研究者によって執筆される。

社会福祉研究の初学者にとって，レビュー論文を読むことは，研究を進めるうえで有益なことであるが，そのような論文の執筆を依頼される機会は少ないであろう。そこで，以下，第4節までは，第1の形態をとって発表することを前提にして，研究レビューの進め方とまとめ方を解説することにする。そこで述べることは，レビュー論文を書く場合にも当てはまることが多いが，レビュー論文独自の問題は，第5節で扱うことにしたい。

2 研究レビューの目的と意義

研究レビューの目的・意義がどのようなものであるかと問われれば，専門の研究者は，即座にいくつかの点をあげて答えることができるだろう。その内容は，ある部分は必ず一致するだろうが，必ずしもすべて一致するものでもないだろう。研究レビューに関するある英文の教科書（Hart [1998], p. 27）では，文献レビュー（本章でいう「研究レビュー」とほぼ同義）の意義として，11もの点をあげて

いるほどである。しかし，ここでは，研究レビューの目的・意義を4点にまとめて解説することにしたい。

> すでに明らかにされたこととまだ明らかにされていないことの区別

研究レビューの目的・意義として，第1にあげられることが多いのは，ある研究テーマに関して，これまでの研究で明らかにされていることと，まだ明らかにされていないことを区別するという点であろう。学術研究では，研究の結果に価値が認められるのは，それまでの研究によって明らかにされていない事柄を明らかにした場合だけである。オリジナリティのある研究とは，そのことをさす。例外的に，自然科学では，他の研究者が行った実験をその通りに実施してみて同じ結果が出るかどうかを確かめることを「追試」と呼び，そのような内容の研究にも一定の価値が認められる。しかし，社会福祉に関する実証研究ではそのような研究は想定しにくい。まして理論研究では，他人と同じ議論を展開して同じ結論を得たとしても，その研究になんらの価値も認められないであろう。

学術研究にとって研究レビューが不可欠とされている最大の根拠は，この点にある。ただし，研究レビューの目的・意義は，この点だけではないということを知っておく必要がある。初学者が書いた研究論文を読むと，ひと通り先行研究を紹介し，自分が行った研究と同じ対象・方法による研究がないことが確認できたということを述べて研究レビューを終えるという例をしばしば見つける。せっかく多くの先行研究を検討しておきながら，「○○についての○○の方法による研究はない」というのがそこから引き出される唯一の結論であるとしたら，それはもったいないことである。

> 研究レビューによる研究の正当化

そこで少し視点を変えて，研究レビューの目的・意義が，自分がこれから行う（あるいは，すでに行った）研究の正当化

(justification) にあるという見方をとることにしよう (Hart [1998], p.19)。自分の研究を正当化するというのは、それが学術研究の前進につながる可能性のある研究であって、したがって学術雑誌に掲載されるに値するものであるとか、学位の授与の根拠となりうるものであるとか、研究費を優先的に配分する根拠になりうるものであるという主張の根拠を示すことである。

　研究の正当化の1つの方法は、すでに述べたように、同様の研究がこれまで行われていないということを示すことである。しかし、これまで明らかにされていないことを明らかにすることには、必ず学術的な価値があることだといえるだろうか。あるいは、常に同じ程度の学術的価値があるといえるだろうか。研究レビューによる研究の正当化は、次の点に留意し、このような問いに答えうるような形で行われなければならない。

　第1に、研究レビューは、これまでの研究の成果に照らして、自分が行おうとする（行った）研究が、実施可能なものであると同時に、学術的意義（学問研究それ自体にとっての意義と同時に社会的意義を含む）をもつものであることを示すものでなければならない。

　第2に、これまでの研究の成果とともにその限界を明らかにし、かつ、その限界を乗り越えるためにどのような手だてを講ずればよいかを示すことが重要である。

　そのような手だてとしては、1つには、研究の技術的方法の改善をはかること、たとえば、より高度の統計手法を用いるということが考えられる。あるいは、従来見過ごされてきた新たな要因に着目し、それを研究の枠組みに組み込むことが、研究の水準を高める場合もあるだろう。たとえば、介護者の負担感を軽減する可能性がある要因として、介護に関する知識という要因を組み込んだ分析モデルを新たに構築するというような場合である。さらにまた、複数の

研究で用いられてきた異なる研究の枠組みを統合することで，研究の前進をはかるということも考えられる。たとえば，社会学による生活構造の理論枠組みと，貧困研究における生活構造の研究の枠組みを統合するというような場合である。分析視角そのものに限界がある場合には，新たな分析視角を取り入れることが必要になる場合もある。たとえば，子どもに対する虐待の分析に関して，家族間の権力関係という新たな分析視角を導入するといった場合である。

> 先行研究の展開過程とその成果の全体像の理解

あるテーマに関する先行研究を，以上のような観点から綿密に検討していく作業を，それらの研究の相互の関連性に着目しながら行っていくと，ある学問分野におけるそのテーマに関する研究の展開過程がどのようなものであったのかがしだいに明らかになるだろう。あるいは，そのテーマに関して蓄積されてきた研究の成果の全体像を捉えることができるということになるだろう。これも，研究レビューの目的・意義として重要な点であり，とくに，初学者にとっては，これから取り組もうとする研究の基盤づくりをするのに等しい意味をもつといえる。

> 着想を得て考察を深める過程としての研究レビュー

以上述べてきた研究レビューの目的・意義が一応理解できたとしても，初学者にとっては，研究レビューとは，自分の考えを発展させることを後回しにして，ひたすら他人の研究を読み進める作業であって，必要だけれども退屈な作業のように思えるかもしれない。しかし，すでにある程度の研究の経験を積んだ者ならば，研究レビューを進める過程で，その研究テーマについての考察が深まったり，新たな着想が得られたりして，それがオリジナリティをもった研究計画につながることが少なくないことを知っている。先行研究を綿密に検討するということは，その学問分野で先人のたどった

思考の足跡をたどることであり，その過程で，新しい思考の道筋に気づいたり，ある事柄を見る際の新たな視点を発見したり，自分の研究に有益な情報や示唆を与えてくれる新たな知識の領域の存在を見つけることが期待できるのである。

次節では，研究レビューの目的・意義についての以上の点の理解を前提にして，研究レビューの具体的な進め方の解説に進むことにしたい。

3　研究文献の探し方

取り上げる文献の範囲　　研究レビューを進めるにあたっては，取り上げる文献の範囲をどのように決めたらよいのだろうか。その答えは，自分で行おうとしている研究テーマに関する文献ということになるが，実際には，以下の点を考慮する必要がある。

(1) テーマをどの程度特定するか　　研究計画を立てるにあたっては，テーマをできるだけ絞り込むことが望ましいが，実際には，テーマが決まってから研究レビューを始めるというよりも，研究レビューを進めながらテーマを絞り込むことが多いと考えられる。そこで，取り上げる文献の範囲も，最初はある程度広く設定し，テーマの絞り込みが進むとともに，範囲を狭めていくのが普通のやり方であろう。

(2) 関連するテーマ・分野の文献をどの程度取り上げるか　　研究のテーマからはやや外れるとしても，関連分野の文献が，そのテーマの研究に重要な示唆を与えてくれる場合がある。たとえば，「障害者のためのケアマネジメント」に関する文献の中に，「日本の介

護保険制度のもとでのケアマネジメントの専門性に関する研究」に重要な示唆を与えてくれるものがあるかもしれない。可能な限り，関連分野の文献にも目配りする必要がある。

(3) 社会福祉学以外の学問領域（ディシプリン）の文献をどの程度取り上げるか　これも(2)と同じ考え方で対応すべきだろう。ただし，研究テーマごとに事情が異なるという面がある。たとえば，ソーシャルワークの具体的な援助方法に関する文献については，他の学問領域の研究で参照しなければならないものは比較的少ないかもしれない。しかし，研究テーマが，「近年の社会福祉制度改革と社会福祉予算の研究」であれば，研究レビューの際に，財政学，行政学などの分野の研究を無視することはできない。「高齢者のためのケアマネジメントの研究」であれば，社会福祉学に加えて看護学の分野の研究はよく調べる必要があるが，他の学問分野の研究で参照が必要なものは少ないとみてよいだろう。

(4) 外国語の文献をどこまで取り上げるか　原則論から言えば，研究レビューは，すべての言語の文献をカバーする必要がある。しかし，現実にはそれは不可能であるから，社会科学では，特殊な分野を除き，少なくとも自国語と英語の文献をカバーするものとされている。しかし筆者を含め，大部分の日本人の研究者にとって，英語の文献を読むには日本語の文献を読む場合の数倍以上の時間を要するのであり，しかも英語の文献の点数は，同じテーマの日本語の文献の点数の数倍から数十倍であることが普通であるから，研究レビューで英語の文献をカバーするのは時間のロスが大きいという見方があるかもしれない。しかし，点数が多く，多数の国々の研究者が書き手となっているだけに，英語の文献から得られる情報量の総量は，日本語の文献のみから得られる情報量をはるかに上回るのが一般的であり，文献を読むのに要する負担の大きさを補って余りあ

ることが普通である。

ただし，英語の文献といっても，特定の国の固有の事情や独自の制度に関する分析に終始している論文は，日本の社会福祉に関する研究には，あまり有効性をもたないだろう。国際比較研究などの場合を別にすれば，優先的に取り上げるべき英語文献は，普遍性のある理論的問題や，多くの国に共通の問題を扱っている論文ということになるだろう。

なお，大学院で専門的な訓練を受けていない学部学生等の初学者に，英語の文献を読みこなすことを求めるのは無理な場合がある。その場合でも，日本語に翻訳されている文献や，海外の研究動向に言及している日本語の文献を読むなどの方法により，できる限り海外の研究の状況の把握に努めることが望ましい。

> 文献探しのツール

文献探しのツールとしては，次のようなものがある。

(1) 先行研究　先行研究の文献を探す第1の方法が先行研究だとは，おかしな話だと思うかもしれない。しかし，これが伝統的によく使われてきた方法なのである。

学術論文では，そのテーマに関する主要な文献が必ず言及される。したがって，あるテーマに関するもっとも新しい研究文献が手元にあれば，芋づる式に，そのテーマに関する過去の主要な文献が見つかるということになる。しかし，もちろんこの方法には限界がある。

(2) 専門雑誌　あるテーマに関する新しい研究文献を探し出す有力な方法は，そのテーマの論文が掲載される可能性がある専門雑誌の最新号と過去数年のバックナンバーを見ることである。これにより「芋づる式」の出発点となる文献が見つかる可能性が高い。

(3) 図書館の書架　重要な先行研究は，必ず雑誌論文や単独の研究書の形態をとって発表されているとは限らない。複数の著者が

分担して執筆している研究書(著者のうちの1人ないし数名が編者を務めている)の1つの章として,研究成果が発表される場合もある。その場合には,電子化された文献データベースでも,十分にカバーされていないことが多い。そこで,図書館の書架で,該当する分野の本を実際に手にとって,目次を点検し,関連しそうな頁をパラパラめくって内容を確認するとよい。なお,大学の図書館では,社会福祉の研究にとって重要な刊行物の形態である各種の政府文書(審議会の報告等)や調査報告書などはあまり所蔵していないことが多い。所属する学科や研究室などで閲覧できればよいが,そうでない場合は,社会福祉の専門の図書館・資料室や,官庁・自治体の図書館・資料室などを訪ねて閲覧する必要がある。

(4) 文献目録と電子化されたデータベース　若い読者なら,文献探しのツールとして,最初に思いつくのは,電子化された文献データベースということになるであろう(電子化された文献データベースの利用の方法について,*Column* ❶にまとめてあるので,参照されたい)。これは,現在ではもっとも強力な文献探しのデータベースとなっているが,その限界も知っておく必要がある。1つは,どのデータベースでも,収録されている文献の範囲には一定の限定があるということである。研究書の1つの章として発表されている論文や調査報告書などがそのデータベースでカバーされているかどうかは注意する必要がある。もう1つの問題点は,収録されている文献の数が膨大であるだけに,自分の研究テーマに関する先行研究をうまく探し出すのは必ずしも容易ではないということである。さらにもう1つの限界は,その文献の質(研究のレベルの高さ)についての情報が含まれていないことである。査読制の雑誌に掲載された論文かどうかという点が文献の質を測る1つのメルクマールだとも言われるが,日本の社会福祉研究では,優れた研究の多くが,査読制の雑誌

Column ❶ 電子化された文献データベースの利用

　電子化された文献データベースについての情報は，多くの大学図書館のウェッブサイトで提供されている。その図書館で契約している有料のデータベースは，その大学の教職員・学生でないと利用できないが，無料のデータベースへのリンクなどの有益な情報もあるので，自分が所属していない大学のウェッブサイトも参考にするとよい。

　オンラインで誰でも無料で利用できる日本の学術文献のデータベースとして代表的なものは，国立情報学研究所で提供している以下のデータベースである。

　① GeNii（NII 学術コンテンツポータル）に含まれている CiNii（論文情報ナビゲーター）
　② Webcat

①は，おもに日本の学術雑誌に収録されている論文のタイトル等の書誌情報を収録しているデータベースである。②は，日本の大学図書館等で所蔵している文献（図書・雑誌）の書誌情報と所蔵図書館の情報を収録してある。

　英文の論文のデータベースに関しては，有料のものでも，所属する大学の図書館で契約していれば学生や教職員は無料で利用できるので確認するとよい。無料で誰でもアクセスできる Ingenta Connect（http://www.ingentaconnect.com/）などのデータベースもある。

　学会や大学が電子ジャーナルをオンライン上で無料で提供している場合もある。日本の社会福祉分野では，大学紀要が中心であるが（上記の GeNii を通して利用できる場合が多い），学会誌に準ずる専門雑誌でオンライン上で全文を読むことができるものとして以下のものがある。

　①『大原社会問題研究所雑誌』（http://oohara.mt.tama.hosei.ac.jp/oz/）
　②『季刊社会保障研究』『海外社会保障研究』（ただし，全文が読めるのは刊行後3年くらい経過したもののみ）（http://www.ipss.go.jp/syoushika/site-ad/index-bj.htm）

研究機関や研究者個人がウェッブサイト上で公開しているデータベースで有益なものも多い。それらは，URL が変更になったり，公開が中止になったりすることも多いので，ここでは個別の機関・個人名はあげないことにするが，日本社会福祉学会や社会政策学会などのウェッブサイトでリンク

> が張られているので,活用するとよい。
> 　なお,ここで記した URL は,2006年5月13日現在のものであり,変更になっている場合もあるので,その場合は,機関名等で検索して探していただきたい。

の論文以外の形態で発表されているのが現実である。

　なお,電子化されたデータベースが一般化する以前には,分野別あるいはテーマ別の文献目録がよく利用されていた。紙媒体の目録には,一覧性に優れているという長所もあるので,今日でもこのような目録が刊行されることがある。それらの中には,Annotated Bibliography（注釈付き文献目録）といって,文献の概要などの紹介が含まれているものがある。こうした目録は,専門的な知識をもつ司書や研究者によって選ばれた文献を取り上げているので,特定のテーマに関する文献を探し出すうえで効率のよいツールである。

　(5) レビュー論文　研究テーマに関連する分野についてのレビュー論文を見つけることができれば,それは,文献探しの強力なツールになる。レビュー論文には,必ずその分野の主要な先行研究の文献リストが付いており,さらに,その分野の専門の研究者が研究の流れを解説したり,主要な文献の意義や問題点を検討したりしているので,研究計画を立てるうえで非常に参考になることが多い。日本では,社会福祉のさまざまな分野についてのレビュー論文が定期的に発表されるという状況にはなっていないが,学会誌『社会福祉学』では,レビュー論文の定期的掲載が計画されており,そのほかにも,レビュー論文,もしくはそれに近いものが掲載される雑誌がある（『社会福祉研究』『老年社会科学』など）。

4 文献の読み方と研究レビューの書き方

文献の読み方

研究レビューのために学術文献を読む場合に，通常とは違った特別な読み方があるわけではない。ただ，研究レビューの目的・意義を理解し，その趣旨にふさわしい読み方をする必要があるということはいえるだろう。まず当然のこととして，これまでの研究で何が明らかにされていて，何がまだ明らかにされていないのかが把握できるように，個々の研究の目的・方法・知見などを整理しながら読み進める必要がある。自分が立てつつある研究計画が，先行研究に照らして妥当なものか，学術的に意義があるものなのかを検討しながら，文献を読んでいくことも重要であろう。

先行研究のどの部分が学術的価値が高く，自分の研究の計画に取り入れられるものなのか，どの部分がむしろ改善を要する点なのかに注意しながら文献を読むことも必要である。その過程で，自分の研究の大幅な前進につながるヒントが見つかったり，先行研究の欠点を自分の研究では克服できそうな見通しがもてたりすることがある。これは，誰にとってもうれしい経験であろう。しかし，自分の研究にとってのヒントを探したり，先行研究の限界を見つけたりすることばかりに関心が向いてしまって，先行研究の展開過程やその成果の全体像を理解できないのでは困る。その点が理解できないと，どのような研究が，発展性があって，高く評価される可能性が高いのかという点の見通しがもてないことになる。

研究の評価の視点

文献をこのような観点で読み進めていくということは，先行研究に関して，なんらかの学術的な評価を行いながら文献を読み進めていくということを意

味する。読者がもし初学者だとすると，立派な実績をあげている研究者の仕事を，果たして自分が評価できるのだろうかと疑問に感じるに違いない。自分ができるのはそうした仕事から学ぶことだけだと思うかもしれない。

しかし，**研究の評価** とは，研究のできの良し悪しに関して百点満点の点数をつけるような性格のものではない。ここでいう評価とは，ある研究が，その他の研究，とくにそれより前に行われた研究と比較してどのような特徴をもつものなのか，何か新しい知見を生み出したのか，他の研究の方法や分析視角の限界を乗り越えているのか，あるいは，その後の研究の発展に影響を及ぼしたのか，社会福祉の政策や実践にとって重要な示唆や提言などを含むものなのか，などの点について，できるだけ客観的に分析していくことなのである。

評価を行う際には，初学者であれ著名な研究者であれ，自分の研究に役立ちそうだからとか，自分の価値観や関心に合っているからといった主観的な根拠に依拠することは避けなければならない。また自分の学問的知識の限界を自覚し，他の研究者による評価なども踏まえて評価を行っていく必要があるのである。

研究の評価に関して留意すべきもう1つの点は，過去の研究を，現在の視点のみから評価することは避けるべきだということである。10年前に発表された研究では，今日では初学者でも知っていることが看過されていたということもあるかもしれない。だからといってその研究に価値がないと決めつけるべきではない。今日から見れば欠点の多い研究でも，その当時の研究の水準を引き上げるのに寄与したかもしれないし，その当時の社会福祉をめぐる問題状況に関して，1つの重要な学問的な答えを提示しているものなのかもしれない。あるいは，その研究者は，自分の研究の限界に気づいて，新

しい方向を模索していながら、その限界を克服する一歩手前のところで挫折してしまったのかもしれない。現在の視点から一方的な評価を下すのではなくて、そのような観点から過去の研究の展開過程を見ていくほうが、その分野の研究に関する自分の思考を深めるのに役立つだろう。

研究レビューのまとめ方

研究レビューの書き方に決まった形式はない。しかし、それぞれの書き手がまったく独自の書き方で書いているというわけでもなく、研究レビューの部分が適切に書かれている論文（査読制の雑誌に掲載される論文はそうなっているはずである）を読み進めていくと、ある程度は共通のパターンが見出せるはずである。

文献を取り上げる順序は、発表された時間的順序に沿うことが多いが、まずテーマやアプローチ別に分類する場合もある。いずれにせよ、これまで行われてきた研究の方法や知見が整理して提示され、研究の流れがよく理解できるように説明することが重要であり、そのためには、論述の仕方においてさまざまな配慮をする必要がある。

また、研究レビューをまとめる際に、忘れてはならないのは、自分の研究のオリジナリティが認められて学術的に高い評価を受けるためには、先行研究との対比において自分の研究にどのような特徴があり、どのような新たな知見が得られた（得られる可能性がある）のかを示す必要があるということである。通常は、そのことは、論文の中で研究レビューよりも後の部分で記述することになるのだが、研究レビューの部分においても、そのような議論にうまくつながるような書き方をすることが望ましい。

なお、どのような書き方をするかという実際の問題になると、研究レビューに充てることができるスペース（字数）の制限に影響されることも多い。修士論文や博士論文では、他の部分とのバラン

スの問題もあるが,基本的にはスペースの制限はないと考えてよいだろう。これに対して,学術雑誌に掲載する論文の一部分を研究レビューに充てるような場合は,スペースはかなり制限されてくるだろう。その場合には,論述も,要点のみを記述するだけにせざるをえないかもしれない。参考・引用文献としてあげる文献の点数も無制限というわけにはいかなくなるだろうから,場合によっては,取り上げる文献は主要なものに絞り,レビュー論文や,先行研究を詳しく紹介している論文を紹介することでそれを補うということにせざるをえないかもしれない。しかし,スペースがいくら制限されていても,重要なポイントは落とさないように論述の仕方を工夫するべきである。

研究の流れがわかるように書くには

研究の流れがわかるように書くようにと言われても,どうしたらよいかわからないかもしれない。専門研究者が書いた研究レビューを実際にたくさん読むのが一番良いのだが,いくつかのポイントをあげておこう。

第1に,比較的書きやすいのは,研究の内容やアプローチ・方法の重点の変化を示すことであろう。その際には,なぜそのような変化が起きたかも検討する必要がある。その理由としては,ある研究方法の有効性が認められるようになったといった学問内在的な理由もあれば,ある福祉問題への社会的関心が高まったといった社会的理由もあるだろう。

第2に,先行する研究と後から行われた研究の間の相互関係,すなわち継承,部分的修正,全面的な批判と代替案の採用といった関係のあり方に着目することが重要である。学術研究は,先行研究の枠組みやアプローチを踏まえて,それを継承してさらに精緻化したり,それを部分的に修正しつつ利用したり,あるいはそれに対す

る根本的な批判に基づいて代替的な枠組みやアプローチを提示するといった形で，先行する研究となんらかのつながりにおいて展開されるのが一般的である。ある分野の文献を注意深く読んでいけば，こうしたつながりを明らかにすることは，そう難しいことではないだろう。

　第3に，社会福祉に関する研究は，政策や福祉問題の変化の影響を受けることが多い点に着目する必要がある。多くの社会福祉研究者は，政策や福祉問題の変化が提起する問題に対して，それなりの学問的な答えを出そうと日々努力している。政策や福祉問題をめぐる状況と研究動向の間にはかなり密接な結びつきがあると考えるべきだろう。

　第4に，すべての文献に同等のウェイトをかけて検討するのではなく，研究の流れの中で重要な意味をもったと考えられる文献（たとえば，研究の流れを転換させる契機になったと考えられる文献）は詳しく検討し，同じ研究の流れの中で同様のアプローチで行われた研究はまとめて列挙するなど，メリハリを利かせた書き方にする必要がある。

5　レビュー論文のまとめ方

レビュー論文の特徴　　本章では，研究レビューの結果が独立した論文とほぼ同等の形で発表される場合，それをレビュー論文と呼んでいる。レビュー論文は，前述のとおり，その分野の研究の実績を有する研究者が，依頼を受けて執筆する場合が多いので，一般的には初学者には執筆の機会は少ない。しかし，査読制の雑誌の中にはレビュー論文の投稿も受け付けているも

のもあり，レビュー論文を「研究ノート」として学術誌で発表する機会もあるだろう。また，研究プロジェクトで，若手研究者が研究レビューを担当し，研究報告書などでそれをレビュー論文の形で発表するという機会もあるかもしれない。

レビュー論文の形で研究レビューの結果を発表する場合でも，研究レビューの進め方の基本は，とくに変わるものではない。ただ，第2節であげた研究レビューの目的・意義という点でみると，「先行研究の展開過程とその成果の全体像の理解」という点のウェイトが圧倒的に高いのが，レビュー論文の特徴といえるだろう。

> 執筆時に考慮すべき点

このことを前提にすると，次の点を考慮すべきであろう。

第1に，研究論文の一部として研究レビューをまとめる場合には，論述が最終的に行き着く先が自分の研究計画になるような書き方になるのに対して，レビュー論文では，ある分野の研究全体の到達点の確認や，今後の課題の提示に最後に行き着くような書き方が期待される。端的に言えば，前者の場合には，自分の研究のオリジナリティを主張するための手段として研究レビューが行われるという面があるが，後者の場合は，そのような主張は抑制され，学界全体の立場から，これまでの研究の成果の整理や評価を行うのである。

第2に，「評価」という側面を，レビュー論文でどのように扱うかは，執筆の契機や，書き手の動機などにより異なる。依頼を受けてレビュー論文を書く場合には，研究の評価というより，研究動向の紹介や整理に重点を置くことが期待されている場合もある。その一方で，レビュー論文の執筆は，「研究の正当化」という目的を離れて，書き手の独自の視点と問題意識から，ある分野の全体的な研究動向の分析や評価を行うよい機会だという見方ができる。もっとも，その分析や評価を，確固たる理論的根拠に基づいて行おうとす

ると，研究レビューの域を越えて，学説史研究や理論研究の領域に入っていくといえるかもしれない。

> 政策のためのレビュー論文

レビュー論文の特殊な活用法として，政府の審議会や政策評価機関や議会の委員会などで，政策立案・政策提言・政策評価を行う際の基礎資料として活用するために，特定の政策分野に関する研究レビューを専門家に依頼し，その結果をレビュー論文として公表するということが行われることがあることを紹介しておきたい。

このようなレビュー論文の活用は，イギリス，アメリカ等ではよく行われているが，日本の社会福祉分野では，ほとんど行われていない。日本では，政策の立案や評価の際に，学術論文が根拠とされることは少なく，論文を取り上げる場合でも，特定の論文に限られる傾向がある。ただ日本の場合，政策立案等に活用できる政策科学的研究が少ないことも事実であり，今後，研究の進展とその成果の活用が並行して進むことを期待したい。

6 レビュー論文の例

さて，ここで筆者自身が執筆し，学術誌に掲載されたレビュー論文を例として取り上げ，論文執筆の背景や目的，方針や手順などを紹介することにしたい。この論文は，「介護保険サービスに関する評価研究の動向と課題」というタイトルで，日本老年社会科学会の学会誌『老年社会科学』第27巻第1号に掲載されたものである（平岡［2005］）。

> 論文執筆の背景・目的

この論文の執筆は，この学会誌の編集委員会からの依頼によるものであった。同

委員会は，4本のレビュー論文で構成される「サービス評価のあり方」というテーマの特集を企画し，4名の研究者に論文執筆を依頼した。筆者以外の研究者が担当した3本のレビュー論文のタイトルは，「高齢者保健福祉サービス評価研究の動向と課題」「認知症予防活動の効果評価と課題」「イギリス自治体社会サービスの行政評価」であった。筆者に与えられたテーマは，高齢者保健福祉サービスあるいは介護サービス一般についての評価研究ではなく，「介護保険サービス」についての評価研究のレビューであったという点に留意していただきたい。ここで「介護保険サービス」とは，日本の介護保険制度の枠内で提供されるサービスをさす意味で用いられていた。このようにテーマが指定されたということは，2000年4月からスタートした介護保険制度の設計や実際の機能との関連を考慮しながら介護サービスについての評価研究のレビューを行うよう要請されたということを意味するものと筆者は受け止めた。

取り上げる文献の決定

「介護保険サービスに関する評価研究」の研究レビューを行うということになると，カバーすべき学問領域の範囲はかなり広くなる。そもそも老年社会科学という学問自体が，独自の理論体系や研究方法をもたない学際的研究領域という性格が強い。介護保険サービスの評価に関する研究が，社会福祉学，医学・健康科学・看護学，経済学，経営学，財政学，社会学，行政学，地理学などさまざまな学問領域において行われていることは筆者も知っていた。そこで，研究レビューを行うにあたっては，まず，これらの諸領域の文献の中から，このテーマに関する論文を探し出すという作業をしなければならないということになった。

その作業は，本章第3節で紹介したさまざまな文献探しのツールを用いて行った。これはそれなりの労力を要する作業だったが，テ

ーマ自体はかなり絞り込まれており，また，おもに介護保険制度がスタートした2000年以降の日本の文献を探せばよかったので，それほど困難な作業ではなかった。ただ，自分が専門としている社会福祉学や社会政策学の文献はかなり網羅的に探し出すことができた（そもそもその大部分はすでに読んでいた）のに対して，専門外の学問領域の文献を探すのは必ずしも容易ではなく，多少の見落としが出たのではないかと考えている。

文献の分類と論文の構成

文献の分類としては，時期別の分類，学問領域別の分類，研究方法別の分類などが考えられるが，このテーマに関してはそのような分類では不適切だということがわかったので，次のような構成でレビュー論文をまとめることにし，それに即して文献を分類した。

まず論文の第2節で，介護保険サービスの総合的な研究プロジェクトの代表的なものをやや詳しく紹介することにした。そうしたプロジェクトは，今後のこのテーマの研究の方向を左右する重要な意義をもつものだと考えたので，まず，そのことについて読者の関心を喚起しようと考えたのである。

次にこのテーマに関する研究を4つのタイプに分類して，論文の第3節から第6節で，それぞれのタイプごとの研究のレビューを行うことにした。4つのタイプとして設定したのは，①サービス供給体制再編の経過と結果に関する研究，②介護保険サービスのアウトカムや費用対効果に関する研究，③サービス評価の制度化に対応した研究開発，④サービス開発とサービス供給体制再編に結びつく研究，である。この4つのタイプを設定した理由は単純なことではないので，ここでは説明は省略せざるをえないが，介護サービスの「評価」に関する多領域の文献を読み，「評価」に関する政策的議論をだいたい理解していれば，このような分類は，すぐに思いつくも

のなのではないかと思う。

そして，最後に論文の第7節では，このテーマに関する今後の研究の課題と展望に関していくつかの論点に即して考察を行うこととした。

> 執筆の方針と手順

この論文を執筆するに当たっての方針としては，本章の第4節・第5節で説明したような原則的な事柄に加えて，研究のさまざまな流れをわかりやすく提示することや，学問的にみて発展性のある研究テーマや政策・実践の観点から必要度の高い研究テーマを重点的に取り上げるという方針を取ることにした。それは，このテーマに関する研究が，政策的・実践的な必要度が高いものでありながら未開拓な部分が多いということや，多領域で研究が展開されていて全体像がわかりにくいという現実があることを考慮したためである。

レビュー論文の実際のまとめ方は，原稿枚数（字数）の制約による影響を受けることが少なくない。レビュー論文は，文献の内容の紹介やそれに対するコメントが中心になるので，原稿枚数が長ければ長いほど，多くの文献をより詳しく紹介でき，また詳しいコメントを付けることができて，より充実した内容のものになることは間違いないであろう。この論文の場合も，原稿枚数の制限がなければ，4つの研究のタイプのもとに，さらに細かなサブ・タイプを設定していただろうし，筆者の専門外の看護学や，経済学，地理学などについての文献ももっと丁寧に検討できたかもしれない。

しかし，雑誌等において発表されるレビュー論文には，厳しい原稿枚数の制限が設けられるのが普通である。与えられた原稿枚数の中で，必要にして十分な論述を展開するために，どのような点の論述にウェイトを置くのか，どのような文献を優先的に取り上げるのかという点について適切な判断を下すことが重要である。この論文

に関しても，そのような判断が，論文の構成や論述内容をかなり規定したといえる。

この事例の特殊性と意義

ここで紹介した筆者のレビュー論文は，レビュー論文として標準的，もしくは典型的とはいえないものである。とくに，①多くの学問領域の文献をカバーする必要があったこと，②研究の展開が，政策・実践の展開と密接に関連していること，③近年になって急速な研究の進展が見られる研究テーマであること，などの点からみれば，かなり特殊な論文ともいえる。

その特殊性は，論文執筆の困難性にもつながった。たとえば，幅広い学問分野の文献をよく読みこなしたうえでバランスよく取り上げるというのは容易ではなく，実際には，筆者が専門としている社会福祉学・社会政策学の研究に重点を置いた研究レビューになってしまった。

しかし，その特殊性をポジティブに捉えて，論文内容に特徴をもたせることもできる。この論文の場合，対象とする領域の研究の展開が政策・実践の展開と密接に関連しているという点は，研究の背景の理解や研究成果の評価の難しさにつながっていく面もあったが，筆者は，この論文の執筆の機会を，政策・実践と研究の関わりについての現状を分析し，その望ましいあり方についての問題提起を行う機会として活用したいと考え，その点を考慮しながら論文執筆を行った。

レビュー論文の執筆には，多かれ少なかれこのような特殊な事情がつきまとうものである。研究者は，その領域の研究者に有益な情報を提供し，研究の展開にとって有意義な問題提起を行うよう，与えられた条件の制約の中で最大限の努力と工夫をしながら，レビュー論文の執筆に取り組むものである。そのことを理解していた

だくための1つの事例として，本節では，筆者が執筆したレビュー論文を紹介した。

7 おわりに
●研究レビューとは何か

　最後に，これから研究レビューに取り組もうとする読者へのメッセージとして，筆者が，研究レビューをどのようなものとして見ているかをまとめておきたい。

　(1) 欠かすことのできないものとしての研究レビュー　　初学者に研究レビューの必要性が繰り返し説かれるのは，それなりの根拠がある。研究レビュー抜きで研究に取り組んだ場合，恐ろしい結末が待ち受けているかもしれない。オリジナリティのある研究成果が得られたと考えて論文を書き終えた後で，すでに同じ内容の優れた研究が発表されていることがわかったとすると，どうなるのだろうか。自分の研究が「正当化」されなくなるのである。

　(2) 先人から学ぶ過程としての研究レビュー　　しかし，研究レビューを，同じ研究がこれまで行われていないことを確認するという目的だけで行うとしたら，これほど退屈な作業はないだろうし，研究レビューのもつポテンシャル（潜在的可能性）を生かさない愚かな姿勢というべきであろう。丹念に研究レビューを行うことは，先行研究を行ってきた研究者の研究の過程を追体験することであり，そこから多くのことが学べるはずである。

　(3) 知的創造と発見の過程としての研究レビュー　　その一方で，研究レビューは，先人の研究を学ぶだけの受け身の過程でもない。先行研究との対話を通して，新しい思考のパターンと出会い，新たな知の領域を発見し，新しい着想を生み出す創造的な過程である。

研究に取り組む者が，潜在的に持っている豊かな着想や創造性，独自の思考法などが，研究レビューを経ることで，はじめて開花するのだともいえる。研究レビューについてのある英文の教科書の副題の表現を借りるならば，研究レビューとは，「社会科学研究の想像力を解き放つ」(releasing the social science research imagination) 過程である (Hart [1998])。

Lesson 4 研究の倫理

忘れてはならないこと，してはいけないこと

　社会福祉の研究をするときに忘れてはならないのが，研究というものがそもそも価値関係性によって支えられているということである。その主題が「知るに値する」という価値判断から出発する。以後の研究過程は研究の倫理に則ったものでなければ信頼されない。つまり，研究は学界の研究制度の中で行われるのであるから，この制度が要求する研究倫理規定を遵守する必要がある。さらに，研究は社会の中で行われ，社会福祉は究極的には利用者の最善の利益の実現をめざすものであるから，この利益に適うための倫理が要請される。研究の問い・調査・データ処理・考察の全過程に研究倫理の自覚的な遵守があってこそ，研究のオリジナリティも生まれるのである。

1 「研究の倫理」とは何か

　　権利侵害の防止　　　近年の研究論文を読むと，論文の研究方法についての記述の最後に「倫理的配慮」という一項が記されていることが目につく。たとえば,その論文の「研究対象としての協力には合意を得た」とか,「その人のプライバシーに配慮して匿名にする」とか,「対象者を特定できないように一部のデータを修正した」とか，あるいは「インタビューの録音は許可を得た後に行った」とか，種々の記載がある。ある意味では当然と思われることを，なぜわざわざこのように記載するのであろうか。

　それは,経験科学の領域において研究をする場合に,調査主体（調査する側）と調査対象（調査される側）の関係において前者から後者への権利侵害を防止し，当該研究においてその権利侵害はなかったことを宣言するためであり，一種の説明責任（アカウンタビリティ）を果たそうとするものである。研究におけるこの権利侵害は，経験科学領域に止まらず，理論研究や歴史研究においても十分にありうるのであって，時には訴訟問題へと発展することもある。

　ジャーナリズムや文学あるいはマスコミにおける盗作問題・プライバシー侵害問題・名誉毀損問題等ほど表面化してはいないが，学術研究においても権利侵害問題はありうる。

　本章においては，このような意味での研究における権利侵害を防止するためばかりでなく，研究が研究として公共的に承認されるために必要な倫理的事項を叙述する。その際に，現時点でさまざまに主張されている倫理的事項を概観するだけでなく，どのようにあるべきかに関する私見も付け加えるところがある。

| 研究と価値判断 |　科学というものは，ある意味では対象世界に関する方法的解明としての客観的「科学」ではあるが，じつはその科学自体が「価値関係的」でしかありえないというところに，研究の倫理が問われなければならない根拠がある。

とくに対象世界になんらかの変化をもたらそうとする意図をもった社会福祉領域の研究は，その問題把握・何ゆえにそれが知るに値するかという判断・どのような根拠（証拠）をもってある事柄を新しいものとして主張するか，何ゆえにその研究方法を採用するのか，何ゆえにその変化の方向を良しとするのか，など，研究のあらゆる過程で一定の価値判断あるいは（こうすべきであるという）ルールの採用の判断が要求される。このような **研究における価値関係性** に自覚的であることが，研究において倫理を問うことの根拠である。

| 社会福祉実践と研究 |　もう1つ重要な点として，社会福祉という実践的な性格をもつ領域においては，研究することが **倫理的義務** であるということ，言い換えれば必然的に「研究」が要請されるという点に触れておきたい。社会福祉実践は利用者の最善の利益の実現をめざすが，その利用者は常に新たな課題と姿をもって立ち現れる。これまでの実践経験からは説明しきれない部分を常にもっているのであるから，その新たな課題への解答を得ようとするならば，新たな問いを発し，探求しなければならない。

「全米ソーシャルワーカー協会倫理綱領」(1996)は，「ソーシャルワーカーは，専門職実践と専門職的機能の遂行に熟練し，それを保持しようと努力すべきである。ソーシャルワーカーは，ソーシャルワークに関連する新知識をたえず批判的に検討し続けるべきである。ソーシャルワーカーは，日常的に専門文献に目を通し，ソーシャ

ルワーク実践とソーシャルワーク倫理に関する継続教育に参加すべきである」(4.01［b］)と述べ,さらに「ソーシャルワーカーは知識の発達に役立つ評価と調査研究を増進し促進すべきである」(5.02［b］),および「ソーシャルワーカーはソーシャルワークに関する新しい知識をたえず批判的に検討し,評価と調査研究の結果を専門職上の実践に十分活用するべきである」(5.02［c］)と述べる。

また,日本の「社団法人日本社会福祉士会の倫理綱領」(2005)では,「Ⅳ専門職としての倫理責任」において,「社会福祉士は,すべての調査・研究過程で利用者の人権を尊重し,倫理性を確保する」と述べ,「社会福祉士の行動規範」ではさらに敷衍して,自己研鑽に努めること,「社会福祉に関する調査研究を行い,結果を公表する場合,その目的を明らかにし,利用者等の不利益にならないよう最大限の配慮」をすること,「事例研究にケースを提供する場合,人物を特定できないよう配慮し,その関係者に対し事前に承認を得」ることを述べている。この記述には当然のことながら,知識・技術への研究的アプローチが前提となっている。まさに倫理的義務としての「研究」という視点が浮かび上がるのである。しかし,その研究には一定のルールが要求されるのである。

2 研究は社会の中で行われている
●研究者の倫理

「問い」の倫理性　　研究は,「問い・疑問・問題意識」から始まることはすでに指摘されているが,その問いは今,この時代のある社会という現実から生まれる。その現実は,ある歴史をもつ社会に住む人々の「福祉の状況もしくは悲惨な状況」として研究者の前に現れるが,それを研究的に明らかにし,

克服する手立てを見出そうとすることの意味・意義・価値がまずは問われる。研究者の個人的な問いに見えるようでも，その問いには社会の現実への一定の態度決定がすでに含まれている。すなわちそれは社会に向けて発せられる「問い」であるから，個人的レベルに止まるわけではなく，問い方と問いの内容の倫理性自体が問われるのである。

しかし，その問いが倫理的であり，善意に溢れているとしても，それによって研究の欠点が免除されるわけではない。問いの倫理性に支えられて，根拠のある成果として主張したいとすることが，研究の成立する要件である。

研究の公共性：問いと発表

問いが社会に向けて発せられるということは，研究を私的な営みではなく，「公共的な営み」として捉えなければならないということを意味する。公共的ということは，その営みが他者に対してなんらかの影響を及ぼすこと，また及ぼしたいと意図することを意味する。知的生産物としての研究成果は，社会に対して新たな「知」を提出するものであり，以後なんらかの影響を残す。相手にされていないという場合でも，影響の1つであるといえる。つまり研究成果は情報公開されるべき作品であり，その公開される場を常に想定して作成されねばならない。その成果に対する他者からのアクセスを可能にするものでなければならないということは，責任ある形で成果が公表されねばならないことにもなる。

「研究」は公的に論議される1つの社会制度としてすでに成立しているから，制度的枠組みを無視できない。ただ，自然科学領域と社会科学領域，あるいは人文科学領域では大なり小なりその制度的枠組みは異なっており，同じ社会科学領域においても，その学問的伝統において研究のルールに細部の異なりはある。その学問領域の

ルールに従うことが重要である。ただし，成果を生み出すまでの過程とその成果を記述するための方法については，一定の普遍性があることも事実である。これもまた，科学が公共的方法を前提にするという意味で研究の公共性の一面である。

社会福祉学における研究のルールは，日本社会福祉学会の「研究倫理指針」や機関誌『社会福祉学』の投稿・執筆規程等に表現されている。とくに，投稿論文に対する査読システムの評価基準において，「倫理上の問題はないか」という一項が設定されているところにも，研究倫理の重要性が窺われる。

> 研究における不正行為

しかし，それでも研究における倫理にもとる行為や不正行為は後を絶たない。これまでの日本の学術研究のあり方を論議する中心的な組織であった(旧)日本学術会議「学術と社会常置委員会」は，2003年に「科学における不正行為とその防止について」を報告している。

そこで研究の遂行および結果の発表でみられる不正行為としてあげられている代表はFFPと呼ばれる。すなわち，「捏造(fabrication)：存在しないデータの作成，改ざん(falsification)：データの変造・偽造，および盗用(plagiarism)：他人のアイデアやデータや研究成果を適切な引用なしで使用」することである。このほかにも，不適切なオーサーシップ(誰を第一著者とするか等)，重複発表(同一論文を複数機関誌・紙に発表する)，引用の不備・不正，研究過程における安全の不適切な管理，実験試料の誤った処理・管理，情報管理の誤り，研究グループ内の人間関係や研究成果の帰属の問題などがあげられている。

委員会は，これらの不正が出現する要因として，「純粋な知的栄誉だけでなく，地位，研究費，世間の評判などの獲得」があり，さらには，新たな大型研究プロジェクト・研究費の獲得競争(その

中での誇大な研究計画書），非専門家の関与の功罪，御用学者の存在，マスメディアの影響の増大などがあるとしている。

　この委員会の報告は自然科学分野での実情を踏まえたものであるが，要は専門家の競争社会における業績主義の文化において，結果によって評価される研究を業績として積み上げるためには（これが就職や昇進・昇格・名声・評判にも影響する），研究過程の倫理を無視しても結果を生み出そうとする気持ちになるということである。この，「結果が過程を駆逐する」という落とし穴に落ち込まないためにも，倫理的自己統制（および相互規律）が必要であるということになる。

3　調査を行ううえで必要な手続き

調査の意味　研究はなんらかの調査を伴う。調査とは，研究関心に沿って，研究目的にふさわしい方法で対象に接近し情報を収集することである。その研究が，知的・理論的関心からのものであろうと，実践的・変革的関心からのものであろうと，事例調査や社会調査，あるいは文献・資料調査などが，研究計画と調査計画あるいは実験計画に基づいて実行される。これらの調査において倫理的に要請される原則は以下のとおりである。基本はデータ・ソースへのアクセスに際して対象から同意を取得することである。

　(1) 質問紙調査の場合には，調査用紙の質問項目のワーディング（質問文の用語・文章）に不適切さがないことを前提に，回答は自由意思に基づくものであり，拒否する自由があることを明示する。また，データの保存期間を明示する。

個人情報保護法との関連で言えば，調査対象者がどのようにして研究者に知られることになったのか，その情報源は何かを明示する必要が出てくる可能性がある。

　(2) 面接（インタビュー調査）の場合には，当該対象者に研究目的を告げ，本人もしくは他者の利益になること（少なくとも不利益や害にならないこと）を説明して，協力を依頼する。その際，インタビューに同意しようと拒否しようと自由であること，途中でインタビューから離脱することは自由であること，研究者がとった記録の開示を要求する権利があること，部分的に回答を拒否する権利があること，面接時のメモ録りや録音・ビデオ録画などは同意なく行われないこと，データは何年かに限って保存されることなどを告げて同意を得る。

　(3) 実践から得られるデータによって研究する実践研究の場合は，対象者が自験例であるとき（著者自身が実践者である場合）には研究目的を告げて協力を依頼するが，基本的には上記(2)の場合と同じである。対象者が他験例であるとき（ほかの実践者のデータを使用する場合）はその対象者を選ぶに至った経緯を説明して同意を得ることになる。

　(4) 実験研究の場合は，対象者（被験者）に研究目的を告げ，実験のリスクなども明らかにした同意を得る。細部は(2)と同じである。

　(5) 対象者に関する既存の諸記録を使用する場合は，本人に研究目的を告げたうえで同意を得るが，その際，記録がどのように活用されるか（匿名化されるなど）を告げる。

　(6) 施設・機関が保存している記録・データ類へ接近する場合は，当該施設・機関の情報開示の規定に従う。

　(7) 行政データなどのデータを使用する場合は，公刊済みの場合

を除いて，行政機関などの情報開示の規定に従う。

(8) 本人からの同意が本人の心身上の条件により直接に得られない場合は，後見人もしくはそれに準ずる保護者などからの同意を得ることになるが，その際の細部の手続きは(2)に述べたものが援用される。

> 研究成果の新規性を示すに際して

研究がなんらかのオリジナリティを主張しようとすれば，研究成果の新規性を主張できなければならないが，これは結局のところは「人は先人の肩の上に立つ」こと，すなわち先行研究をレビューすることで行われる（*Lesson 3* 参照）。この作業で留意しなければならない点は以下のとおりである。

(1) 研究計画や調査計画は，作品の中には直接表現されないが，研究過程の叙述に反映される。研究の「**客観性**」の問題は，再現性の問題，つまりその研究の過程を他の人がたどっていけば同様の結果を生み出すことができることを想定しているから，作品の研究過程は，採用された方法の研究目的に対する適合性の説明とともに，採られた手続き・手順についても綿密に叙述されるべきである。これは，他者からの追試に耐えられる研究であることを主張するために必要であり，とくに，事例調査や社会調査などの経験科学領域での研究では要求される事柄である。

(2) 調査結果の叙述については，調査結果の叙述と考察もしくは見解の叙述とが渾然となっている作品に出会うことがある。**考察**は，原則として多様な結果をそれらの相互関連の中で，どう解釈できるかという側面と，先行研究との対比で何が言えるかという側面をもつものであるから，1つひとつの結果ごとに考察や見解が述べられるのは原則として不適切といわねばならない。その意味で，結果の叙述と考察の叙述を分離するべきであろう。

> 研究上の倫理的ディレンマ

研究計画で研究倫理が明確に打ち出されているとしても、実際に調査を進めていく際にはさまざまなディレンマが表面化してくる。たとえば次のような場面や状況において直面する。

(1) 研究調査データの収集（アクセス）上のディレンマ　社会調査やインタビューにおいて、できれば純粋の（回答者に先入観のないナイーヴな、非汚染）データを収集したいと思う。しかし、研究目的や調査の意図を明確に伝えると、回答者は意図を察知して構えてしまい、建前なり、調査の意図に沿った回答をしてしまうことがある（汚染データ）。とすれば、研究目的・調査目的を開示せずに、本心の回答を得たいと思う。調査自体が教育的効果を及ぼしてしまう例でもある。これにどう対応するか。

(2) 「欺瞞」（騙し：deception）は倫理的に許されるか　おそらく現実の姿があらわになる「（偽患者での）潜入」あるいは「変装」によって現実を描くことは倫理的に許されるか。現地で研究者として入っていることを悟られないように身分を偽ることや、研究者自体は差別を受けているわけではないが、差別の実態を暴くために当事者に化けて研究することは、相互作用している周囲の人を欺いていることになる。このような研究方法は倫理的に許されるだろうか。ある目的を開示して被験者集団に実験を行った後に休憩に入り、皆がくつろいだが、そのくつろいだ姿を観察することが真の実験目的であったという場合はどうだろうか。

(3) 隠し撮りは倫理的に許されるか　観察データなりインタビュー・データをできれば正確に残したいと思うが、人の記憶力にも限りがある。しかし、記録のための機械器具（テープレコーダやビデオ等）を使用することは、対象者の許可を得ることが原則である。このとき、許可を得られなかった場合に、正確な記録は正確な

研究結果を生み出すのに必須の要件であるということで、隠し撮りをしたくなる。機械器具を使用しなくても、終了後どうせメモを取るのであるから、同じことではないか。それなら正確な記録のほうが対象者の利益にもなるであろう。これは倫理的に許されないのだろうか。

(4) 研究データを開示できるか　研究結果は追試に耐えるものでなければならない。それが研究の「客観性」を保障する1つの手立てであった。しかし、当該研究者がみずから行った研究についてあえて追試を再度行うとは限らない。ちょうど第三者評価があるように、他の研究者から「追試を行いたいので、使用したデータを第一次段階（いわゆる生データ）から開示して欲しい」と要請があったときに、果たして開示できるか、また開示すべきか。研究データはプライバシーを有しているから、それらを開示できないと言うことができるか。当該研究者は、自分が苦労して収集したデータであるから「横取りされたくない」と思うかもしれない。あるいはデータの分析に自信がないかもしれない。なお、この問題は、研究データの保存期間はどの程度かという問題にもつながる。日本社会福祉学会の「研究倫理指針」では、開示請求を見越して5年保存を謳っている。

(5) 二重盲検（無作為割付）法は可能か　社会福祉実践あるいはソーシャルワーク実践の効果測定を考える場合に、近年は単一被験者計画法の考え方が普及するなかで、1例の場合でも援助結果の効果が測定できるようになった。しかし効果測定の基本的原理が、援助Aを施行した場合に変化が有意に見られたという結果と同時に、同一状態の対象に援助Aを試行しなかった場合には同様の変化が見られなかったということも証明しなければならない、という論理に支えられているとすれば、果たして有効と予想される援助Aを後

者に試行しないことは倫理的に許されるだろうか。これは実践上のディレンマであると同時に研究上のディレンマでもある。

4 論文作成上してはいけないこと

> 各種研究指針

さまざまなディレンマを感じつつも研究は展開されるが，「その場合に何をしてはならないか」という点から細部まで理解しようとするならば，まずは研究者が所属する各種学会の規程・指針などを参考にしてそれを遵守すべきであることはすでに述べた。同時に，研究は「問い」から始まることを考えれば，「すべてを疑え」という金言も当てはまる。先行研究もそのデータも疑うべきであるし，対立する見解をもつ先行研究は必ず検討するべきであるし，質問紙調査における質問項目のイデオロギー性も疑ってみるべきであるし，……と疑うべき点は少なくない。

研究成果については専門雑誌の査読結果で最終的な評価を得ることになるが，この「査読制度」についても疑いうる。査読は専門家による双方覆面の審査（誰が誰の論文を審査したかがわからないようになっている審査）であり，客観性が保たれる方法として信頼を得ており，その成果は専門誌への掲載として現れる。専門誌を見れば，その学界でどのような研究主題と方法とスタイルが主流であるかがわかり，それに沿って研究を進めれば，査読審査で採択されやすい。これは各種研究費申請における研究計画審査においても同様に言いうる。

しかし，投稿論文の専門性に十分な知識をもった査読者が得られるか，覆面性は十分に保たれるか，真摯な審査が得られるか，など

の疑問が出されることもある。さらに、査読はその学界の主流となっている研究制度を前提にして行われるから、果たして真に創造的な研究を正当に評価できるかに疑問が出されることもある。その意味では、投稿者は査読結果をそのまま受け入れる必要はないということになる。しかしながら、既存の主流となっている研究のスタイルにも応じることができるという力量は必要であろう。

| 何を分離（峻別）すべきか |

他者の言説とは異なるオリジナリティを、証拠をもって主張しようとする研究という企ては、主張（叙述）の手続きについても倫理的にも、いくつかの分離（峻別）を要求する。

1つは、研究が一定の価値関係性をもっているとはいえ、「**事実**」（と判断する事柄）と「**価値判断**」を峻別するということである。これは、科学研究から「価値判断」を排除することではなく、どこまでを事実判断として主張し、どこからが研究者の価値判断が述べられているかを、峻別して叙述することを要請するものである。これは価値をめぐる現象を研究する場合でも同じ理屈であって、現象自体はあくまでも事実領域に関わるものであり、経験科学の方法で研究できる。しかし、ある価値領域に関して研究者の価値を主張しようとすれば、それは科学的命題ではなく、価値命題としての主張ということになる。

第2は、研究データを事実として紹介する場合と、そのデータに関する研究者の見解とを、峻別するということである。これも当たり前のことであるが、ある方法によって獲得されたデータは独立したものとして提示されるべきであり、そのデータへの解釈・説明・見解などは次元の異なる言説となる。

そして第3に、他者の言説と自己の言説の峻別である。これは先の「盗用」の問題とも重なる。

研究倫理の細部

以上に見てきたように、研究倫理は、研究の過程全体に浸透しているものであり、ある局面に特別に要請されるものではない。ただ多少技術的なものも含めて研究倫理の細部をここで列挙しておきたい。

(1)「個人情報保護法」との関連　2005年4月から全面施行された「個人情報保護法」は研究に関しても一定の指針を示している。厚生労働省もこれに関連して,「福祉関係事業者における個人情報の適正な取扱いのためのガイドライン」(2004年11月30日)と「医療・介護関係事業者における個人情報の適切な取扱いのためのガイドライン」(2004年12月24日)を出した。とくに後者では,「憲法上の基本的人権である『学問の自由』の保障への配慮から、大学その他の学術研究を目的とする機関等が、学術研究の用に供する目的をその全部又は一部として個人情報を取り扱う場合には、法の義務等の規定は適用しないこととされている」としてガイドラインを適用しないとしているが、それでも原則は、事業者の法の趣旨に則った取扱規程の策定を前提に、原則としては本人同意もしくは匿名化が要請されるということである。

(2) 共同研究の場合　現代の学問領域や科学の細分化・専門化に伴い、研究はしだいに共同研究の形をとることが多くなってきている。専門領域を越えた多数の専門家の参加と知見を要求する課題解決型の研究や俯瞰型研究の場合にはとくにそうであるが、この研究の遂行においては、アカデミック・ハラスメントを含んだ多様な倫理的問題が孕まれている。とくに共同研究組織を組んで遂行される場合には、内部において権威・権限・権力関係が発生し、会計執行上の不透明さ、研究過程における負担の不均衡や、研究成果の発表における貢献度に応じた待遇の不公平などが生じやすい。この意味で、共同研究組織の透明で民主的な運営が望まれるのである。

(3) 差別用語や不適切用語の問題　　社会福祉領域では，歴史的に差別問題に敏感であり，大きな研究主題を形成してきた。そこではさまざまな差別用語や不適切用語が使用されてきた歴史がある。何が差別用語であり，何が不適切な用語であるか自体が論議の問題であるが，それでも研究者は，歴史的に使用されていたものを引用する以外は，自己の研究にこれらの用語を使用しないように敏感であるべきであり，また用語の動向に注目しておかなければならない。精神障害者福祉領域における専門用語で，たとえば痴呆が認知症に，精神薄弱が知的障害に，精神分裂病が統合失調症に変化したのも，この差別問題が絡んでいることは確かである。

(4) 多重投稿・発表の禁止　　競争の時代において研究者は1つでも多くの業績を積みたいと思い，掲載可能な機会を逃さないようにする。複数の学会誌や研究誌へ同一の論文を投稿して掲載のチャンスを得ようとする。同一の論文とは言わないまでも，同一のデータで多少分析方法や視点を変えて複数の論文を作成する場合もある。他方，学会誌や研究誌は，当然のことながら掲載すべき論文はオリジナルなものであることを要求する。この意味で二重・多重の投稿は禁止されるが，それが発覚するのはある意味では偶然である。悩ましいのは後者の，微調整で複数の論文を作成した場合である。これについては編集委員会の裁量に委ねられるが，基本的には研究者が業績稼ぎの風潮に乗ってしまうのか，あるいは知的誠実性を行使するのかの問題である。

研究倫理違反へのサンクション

研究の発意・推敲過程が研究倫理に則ったものであるかどうかの判断を，本人の個人的倫理性に委ねるのではなく，所属機関での研究倫理委員会に委ねる場合がある。中には，学部の卒業論文レベルでも研究倫理委員会での審査を必須とするところもある。

このような入口での関門はあっても，実際には多数の研究倫理違反が見出される。この違反に対するサンクションは今のところ定まったものはないが，注意から始まって，謝罪要求，掲載決定の取り消し，掲載後の取り消し処分，投稿禁止，学界からの追放（自然に相手にされなくなることから強制的除名まで），そして時には盗作・盗用への損害賠償請求訴訟といった法的措置まで多様にありうる。逆に，優秀な研究成果に対しては，たとえば学会賞といった形での表彰もある。したがって，きわめて倫理的な研究過程が，研究者には要請されているのである。

第2部 研究の設計と手順

Lesson 5 研究をどう設計するか

研究課題の設定とその手順

　研究の成果は他者に伝達され，共有され，継承されていくことをめざす，社会的な営みである。研究で自分の言いたいことが他者に伝わるようにするために，研究の表現に関するルールや方法論を学ぶ必要がある。本章では，概念をどのように定義するか，仮説をどのように設定するか，自分が研究したいことをどのように研究課題へと絞り込んでいくのか，その課題にどのような方法でアプローチするのかなど，研究を設計するための実践的な内容を解説する。

1 研究の前提

> 研究の社会性

社会福祉学であれ，他分野の研究であれ，私たちは「研究」という営みを通じて自分たちの知識をより確からしいものへと近づけていこうとする。もちろん，1人の人間の発想や知識には限界があり，持てる時間やエネルギーも限られている。しかし，1人では解決できなかった研究上の問題点や弱点が，後続の人々によって改善されることで，研究はより確からしいものへと近づくことができる。研究とはこうした他者との共同作業なのであり，その成果は同時代のみならず，次の時代へと継承されていくべきものである。

このように，研究の成果は他者に伝達され，共有され，継承されていくことをめざさねばならない。そして，研究者が行う研究でも，学生が行う研究であっても，この原則は同じである。言い換えれば，研究は社会的なものなのであって，①他者に伝達可能な形で表現されなくてはならないし，②他者にアクセス可能な形で発表・蓄積されるべきであり，③自分より先になされた研究（先行研究）の成果と課題を把握することから始めねばならない。

研究に必要なツールは，おのずとこれと対応したものとなる。①は，研究の表現に関するルールや方法論，②は研究の発表の場や方法についての知識，③は先行研究についての情報収集の方法や，それらの批判的検討（レビューと呼ばれる）の方法が必要とされることを意味する。本章ではこれらについて概説する。

> 事象の認識

まず，研究の表現に関するルールや方法論の前提として，私たちが事象をどのよう

に認識し，了解しているのかという問題から始めたい。「赤いリンゴ」という事象を考えてみよう。私たちは，一定の事象に「赤い」「リンゴ」という言語を与えて，それを認識している。私が認識している「赤」と，あなたが認識している「赤」が同じものとは限らない（これは「リンゴ」についても同様である）。私が見ている「赤」は私にしかわからないし，あなたにとって赤が「どのように見えているか」は私にはわからない。私たちが認識している事象はすべて主観的なものであって，その主観的なものどうしが本当に一致しているかどうかはわからない。このように，認識される事象はすべて主観的なものであることを確認しておこう。およそ，世の中に存在するものは，その人に主観的に認識されて事象として成立する。このため，その人が認識している事象の総体を「**主観的世界**」と呼ぶこともある。

ところが，私は，私と同じようにあなたもその「赤」が見えていると見なしてあなたと会話をし，思考を進める。この点はあなたも，同様のはずである。このように，事象の認識が主観と主観の間で（**間主観的**に，という）共有されていることを前提として，私たちのコミュニケーションは成立する。

この問題をもっと厳密に考えてみよう。同じように認識されているかどうか本当のところはわからないにせよ，私もあなたも，ある事象について「赤い」「リンゴ」という言語によって表現される一定の像（イメージ）を認識している。私とあなたが，お互いが同じものを認識していると見なすのは，この「赤い」「リンゴ」といった言語が共有されているからである。間主観的な認識の共有は，共通の言語を用いることで可能になる。もちろん，言語を共有していると思っていたら，まったくそうではなかった，というケースもある。私の友人は「乗り捨て OK」というレンタカーは，人里離れた

Lesson 5 研究をどう設計するか

図 5-1 経験的実在と主観的認識

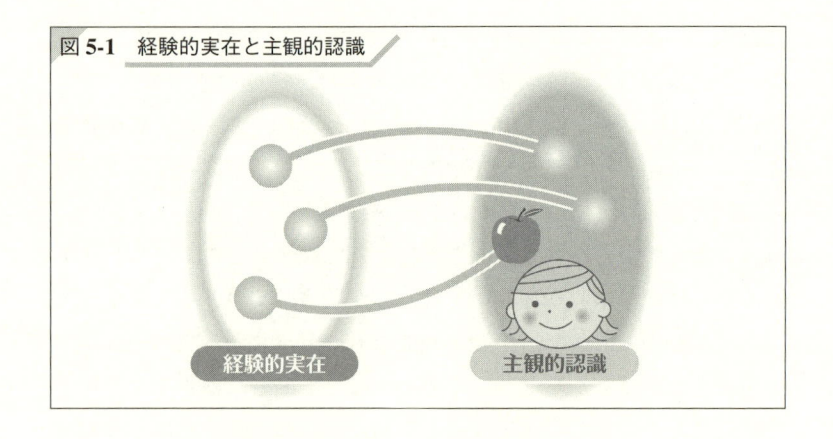

山奥に車を置いてきてもよいという意味だと思っていたし，別な友人は霊場として名高い「恐山」を「おそれ算」という計算の一種だと思っていた（本当である）。言語が共有されていなければ，誤解が発生し，コミュニケーションも困難になる。

さて，同時に大事なことは，図 5-1 のように，私とあなたが「赤い」「リンゴ」と呼んでいる「何らかの対象」が存在する，ということである。これらの対象は，「赤い」「リンゴ」といった言語によって切り取られ，事象として認識される。こうした，主観的な認識とは別に存在する「何らかの対象」を **経験的実在**（empirical reality）と呼ぶ。経験的とは「事実として」といった意味であり，実在とは「実際に存在するもの」の意味である。

主観的・客観的とは何か

このように考えると，主観的とか客観的といったことはいったい何なのだ，ということになる。まず，事象は主観的にしか認識されない。その意味で，どんな事象も主観的なものである。そうすると，客観的というのは何をさすのだろうか。

主観的に認識された事象は，たえず経験的実在との対応を迫ら

れる。私たちが「人々の生活上の格差が大きくなってきた」「いや、そうではない」……というような議論をするのは、私たちの主観的な認識が、経験的な実在を正しく捉えているかが問われていることにほかならない。いわば、主観的な認識と経験的実在との対応の正しさがチェックされるのである。

　客観的とは、主観的に認識された事象が経験的実在によって大きく規定されていることを強調するという立場である。「ホームレスが年々増加している」という事実は、もちろんデータが主観的に認識されてそのようなものとして理解されるわけだが、データを前にして人々の主観的な認識の差異がそこに入り込む余地は少ない。主観的な認識の差異をほとんど無視できる、という前提で（あるいは、人々の主観的な認識の差異が結果に影響を与えないように配慮して）事象を扱うのがいわゆる客観的という意味である。

　逆に、主観的とは、経験的実在の規定性以上に人々の主観的な認識の差異を重視し、そうした差異が結果に及ぼす影響を考慮する立場である。ホームレスの人々が自分たちをどのように認識しているか、人々のホームレスに対する意識がどのようなものであるのかを問うのは、主観的な差異や態様に注目する立場である。当然のことながら、この立場は人々の視点、世界観といったものに大きく留意することになる。

概念・文・仮説・命題

　ある一定の経験的実在を切り取り、事象として認識する言語はとくに **概念**（concept）と呼ばれる。さきの例で言えば、「赤い」「リンゴ」は概念である。私たちは、概念を用いて事象について言及し、事象どうしの関係を把握し、記述することになる。それらは、概念の状態や概念どうしの関係として表現されることになり、**文**または**言明**（statement）と呼ばれる。

Lesson 5 　研究をどう設計するか

「ホームレスが増加している」「児童虐待が増加している」は1つの概念の状態を記述した文であり，「経済的不況によってホームレスが増加している」「児童虐待についての社会的関心が高まったために児童虐待件数が増加している」は2つの概念間の関係を記述した文である。

文は真である（正しい）こともあれば偽である（間違っている）こともある。文のうち，真偽の判定が可能な文を **仮説**（hypothesis）と呼ぶ。一般に仮説と呼ばれるのは，このうちで真偽が確定されていないものをさすことが多く，真であることがほぼ確からしいとされている仮説はとくに **命題**（proposition）と呼ばれる。両者の差異は，真である程度である。*Lesson 1* で述べたように研究とは「疑うこと」「観察すること」「考えること」であるが，それは仮説として表現される。言い換えれば，研究とは仮説をつくり，その命題化をめざす作業ともいえるのである。

概念定義

私たちが仮説や命題を理解・共有するには，そこに用いられている概念が理解可能で，かつ共有されていなければならない。したがって，日常生活や日常会話と違って，研究の場においては，あらかじめ同じ概念を共有することを確認してから仮説を提示しなければならない。こうして，仮説や命題を構成する際には **概念定義**（conceptual definition）が不可欠なものとなる。少なくとも，自分の研究上重要と思われる概念については，明確な概念定義を与えなくてはならない。また，先行研究を読む場合には，中核となる概念の定義によくよく留意すべきである。

ところが，概念定義を実際に自分で行おうとすると，概して難しいことが多い。一般に定義には **外延的定義**（extensional definition）と **内包的定義**（intensional definition）の2つがあるとされる。前者は，

「社会保障とは、社会保険制度、公的扶助、および社会福祉サービスをいう」のように、概念の指示内容を列挙する定義である。この方法でしか概念を定義できないこともあるが（北米とは、カナダとアメリカ合衆国である、など）、外延的定義は概念を理論的に定義するものではないため、研究において定義に採用されることは少ない。

これに対して内包的定義は、概念を別の概念によって定義するものであり、もっともオーソドックスな定義といえる。「ソーシャル・サポートとは対人関係から得られる手段的・表出的援助である」は、この一例である。しかし、この例では「対人関係」「手段的」「表出的」「援助」といった、日常的にはあまり使用されない概念が定義に用いられている。概念の共有をはかるという目的からすれば、これらの概念についてさらなる定義を求める立場もあるだろう。

このように、概念定義を厳密に行おうとすると、「概念定義に用いられる概念」の定義、さらにその定義に使用される概念の定義……というように、定義を無限に繰り返さなくてはならなくなる（ただし、数学の集合論などは3つの無定義語からすべての体系が構成されている）。実際には、この作業は研究者が了解可能であると思われるレベルで打ち切られる（逆に言えば、二重・三重の定義が必要なことも多い）。このことは、特定の学問分野の専門的な概念といえども、日常生活で用いられている言語を前提に成立していることを意味している。学術的な概念といえども、日常生活からまったく独立ではないのである。

一方、研究者コミュニティや日常生活で自明なものとして用いられている概念については、あえて定義が求められないこともある。「年金制度の普及によって高齢者の所得格差が縮小した」という仮説中の「年金制度」は、操作的な指標についての定義はともかく、概念的な定義がなされることはおそらくまれである。また、先の例

中の「対人関係」「手段的」「表出的」という概念は研究者コミュニティにおいては常識的な概念であり，学術論文等において，これらについてさらなる定義が行われることはまずない，といってよい。

概念の操作的定義　　概念定義はなかなか難しいために，厳密に行おうとすると，かえって大リーグ養成ギプスを身にまとったような，ぎくしゃくした定義になってしまうことがある。また，日常生活で用いられている概念を理論的に定義しようとすると，十分な定義が難しいことも多い。典型的な例が「家族」の定義である。社会学者である森岡清美による「第一次的な福祉追求の集団」という有名な家族の定義がある。この定義の妥当性をめぐっては長年議論が繰り返されているが，結局は「家族は定義できない」（したがってこの定義は不完全である）という立場と「この定義である程度現代の家族は定義できる」（この定義は完全ではないかもしれないが，定義として十分に役立つ）という立場にわかれる。

　概念の完璧な定義とは，その定義を満たしている限りその概念であり，その概念である限りその定義を満たしている，という関係が概念と定義の間に成立している状態をいう（これを必要十分条件を満たしている定義という）。ところが，こうした定義は常に可能であるわけではない。完璧な定義をめざそうとすると，この作業だけに時間を取られてしまって研究がまったく進展しなくなってしまう，という事態も起こりうる。

　そこで，不完全であることを断って定義を行う（「さしあたり，個人が『家族』と見なしている関係を家族と定義する」など），あるいは包括的な定義をおき（「居住と生計をともにする集団である」など），操作的な定義を明示する，などの方法がある。

　操作的定義とは，理論的な概念定義とは完全に一致しない（ある

いはその一部である）ことを前提とした定義である。概念の抽象度が高いときには，現実のデータと対応させるために改めて定義をし直す必要がある。ソーシャル・サポートの操作的定義として「個人からみた，援助の利用可能性」というものがある。操作的定義は，概念の理論的な定義ではなく，理論的な定義を現実に対応させるため（つまり「操作」のため）の定義である。データを収集するような作業を行う場合には，抽象的な概念に対して操作的な定義が必要になってくる。

仮説の種類と因果関係

仮説はさまざまに分類することが可能であるが，さしあたり重要な区分は **記述的仮説** と **説明的仮説** である。

記述的仮説（descriptive hypothesis）は，「どうなっているのか」という実態把握に関する水準の仮説である（1つの概念の状態をさす仮説といってもよい）。「児童虐待件数が増加している(Y)」という仮説がこの一例である。

これに対して説明的仮説（explanatory hypothesis）は「なぜそうなったのか」を説明する水準の仮説である。「児童虐待に関心をもつ人が増えた(X)ために，児童虐待件数が増加している(Y)」のように，通常は記述的仮説を前提とし，その成立を2つの概念間の関係から説明しようとする。

ここで，説明とは何だろうか。これを語ることは難しいが，1つはこの例のように原因と結果の連鎖（**因果関係**：causal relation）を示すことが説明であるとされる。しかしこの場合さらに，なぜ「児童虐待に関心をもつ人が増える(X)」と「児童虐待件数が増加する(Y)」のか，という問いを立てることができる（**図 5-2**）。この問いに対しては「児童虐待に関心をもつ人が増える(X)」と「虐待の可能性があるケースが通報される確率が高まる(Z)」から「児童虐待件数が

図 5-2　因果関係の分割

- (Z) 虐待の可能性のあるケースが通報される確率が高まる
- (A) 周囲の子どもの様子に関心をもつようになる
- (B) 通報量が増える
- (X) 児童虐待に関心をもつ人が増える
- (Y) 児童虐待件数増加

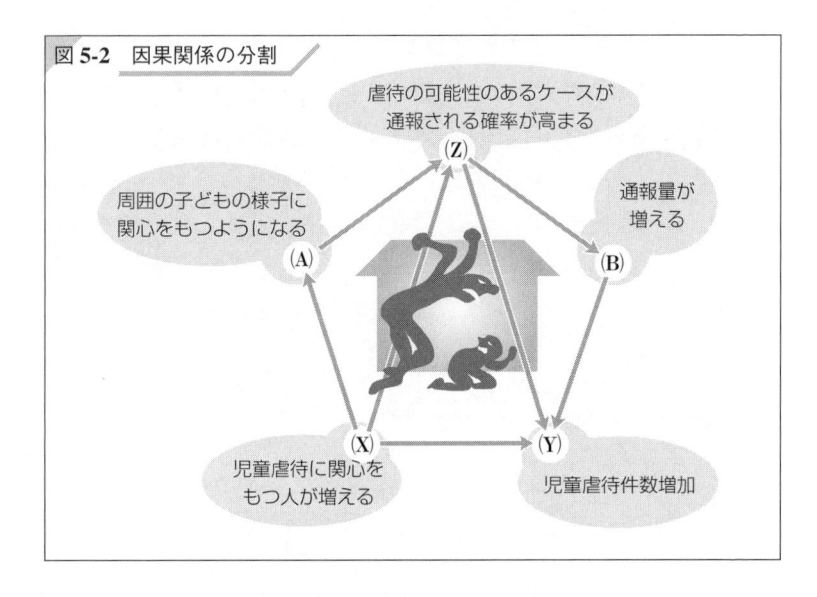

増加する(Y)」という説明を考えることができる。これは，原因(X)と結果(Y)の間を媒介する要因（**媒介要因**：mediate factor）Z を提示したことで，X と Y の関係を説明したものである。別な言い方をすれば「媒介要因を提示すること」も説明の1つといえる。

ところが，因果関係はもっと細かく分割することができる。X → Z → Y の関連について，さらに，なぜ「児童虐待に関心をもつ人が増える(X)」と「虐待の可能性があるケースが通報される確率が高まる(Z)のか」，なぜ「虐待の可能性のあるケースが通報される確率が高まる(Z)」と「児童虐待件数が増加するのか(Y)」……という問いを立てることができる。これに対しては X → A → Z → B → Y という新たな媒介要因 A，B を加えることが求められる。このように，因果関係は概念定義と同様に無限に拡張していくことができるが，ここでも同様に，説明は日常的に了解可能なレベル，つまり「わかった」と了解できるレベルで打ち切らざるをえない。概念定義と同

様に，因果的説明も日常的な知識を前提として成立することは否定できないのである。

> 統制的仮説

記述的仮説と説明的仮説のほかに **統制的仮説**（control hypothesis）と呼ばれる「どうすればよいのか」というレベルの仮説が存在する。「保育士や教員に対して定期的に児童虐待防止研修を行うことが望ましい」「基礎年金の財源は税金のみにすることが望ましい」というのは統制的仮説の一例である。

統制的仮説を扱うのはあらゆる学問分野ではなく，**制御科学** と呼ばれる分野に限られる。制御とは目標達成に向けて統制を行う（コントロールする）ことをいう。制御科学は，マクロな制度・政策レベルの制御，つまり一定の政策目標の達成のための仮説を構築するいわゆる **政策科学**（社会政策学，厚生経済学，社会福祉政策論など）と，ミクロな対人関係レベルでの制御であるいわゆる **実践科学**（臨床心理学，臨床医学，社会福祉援助論など）の2つに大別できる。

社会科学と呼ばれる，社会を対象とした学問分野では，伝統的に「**価値自由**」（**価値中立性**）があるべき姿であるとされ，特定の思想信条や価値観に基づいて仮説を構築することは望ましくないとされる。しかし，制御科学は目標とする望ましい状態を想定し，その実現のための社会制御（統制）の方法を考える。このため，「何が望ましい状態といえるのか」という部分で特定の価値を前提にせざるをえない。社会福祉学は一部で制御科学としての側面をもつが，制御科学の立場に立つものは，その価値前提に自覚的である必要があり，常に自己批判的態度をとる必要があるといえる。

2　一般的な社会福祉研究のデザイン

研究課題の設定：何を明らかにするのか

*Lesson 1*で，研究は，「疑うこと」，「観察すること」，「考えること」だと述べた。もう少し丁寧に述べると，疑うことから出発して，みずから「問いを立てる」という作業がまず第一に必要となる。つまり「何を」明らかにするのか，を明らかにしなくてはならない。**研究課題**，すなわちテーマとか，トピック，リサーチ・クエスチョンなどと呼ばれるものがこれにあたる。

現場をベースにする研究者の場合は，この研究課題の設定は比較的容易だろう。課題は職務上与えられるかもしれないし，職務遂行上自分がぶつかった疑問に基づくかもしれない。学生や院生が社会福祉を研究しようとする場合でも，指導教授などから課題が与えられることがないわけではない。しかし多くの社会福祉研究を志す人々は，「あなたの興味のあること，疑問に思っていることをやりなさい」と言われて，課題設定自体を研究の一プロセスとするのが普通である。

なぜ「興味のあること，疑問に思っていることをやりなさい」と言われるのだろうか。それはおそらく，研究のプロセスはそう楽しいことばかりでないので，研究の担い手自身の中に強い動機づけがないと，研究を続けるのが苦しくなってしまう，ということがあると考えられる。筆者が大学院生を指導する場合でも，課題を与えてしまおうかと考えることがないわけではないが，それを思いとどまらせているのは，動機づけが自分自身の中にあったほうが，研究は楽しくなるし，続けられるのではないか，という思いがあるからで

ある。

　そうはいっても,しばしば「何をやっていいかわからない」「漠然としたことしか浮かんでこない」という学生・院生や若い研究者に出合うことがある。「疑う」といっても何をどうやって疑っていいかわからない。また一応テーマを決めたのに,それでは広すぎるから,もっと「絞れ」と言われた経験のある人も多いに違いない。新聞やテレビなどに取り上げられる福祉の話題などに引きずられることも少なくなかろう。研究は,何か明らかにしたいことがあるから取り組むものであるように見えるが,じつは何を明らかにしたいかは,ある程度研究を進めないとわからないことも少なくない。場合によっては,研究の最後になって,ようやくはっきりと自分のやっていることがわかった,などということもある。では,どうやったら「何を明らかにしたいのか」を自分自身で確定することができるだろうか。

課題の「絞り込み」と焦点化

　何をやりたいのかわからないという場合だけでなく,ある程度はっきりしている場合でも,はじめ課題だと思ったことをもっと「絞り込んで」いかないと,研究課題にはならないのが普通である。大学生に卒業研究の課題について尋ねると,もっとも多いのが「児童虐待についてやりたいと思います」「ホームレス政策についてやりたいんですけど……」「ケアマネジメントについてやります」というような答え方である。これを筆者は「〜について」症候群と呼んでいるが,大学生に限らず,だいたいはじめは皆このような「〜について」症候群患者である。

　しかし,もちろん「〜について」では課題の設定にならない。ここで「虐待」や「生活保護」や「ケアマネジメント」は,興味のある分野を漠然と示しているだけであって,その何を,どのように問

題にしているのか,は示されてはいない。研究の課題は,この「〜について」の中の,何を,どのように問題にしたいのかを明確にしなければならない。そのために必要なのは以下の3つの点である。
(1) 関連づけて整理する
　第1の点は,これらの漠然として提示された領域の中にある「複数の気になる事象」あるいはそれを示す「コトバ」に目をつけ,それらを関連づけて整理してみる,ということである。たとえば,「ホームレス政策」であれば「東京都」「自立支援センター」「長期野宿者」「地域生活移行支援事業」というような「気になるコトバ」,つまりすぐ前の節で述べた「概念」を取り出し,

　　ホームレス自立支援法制定以降,東京都では,緊急一時保護センター,自立支援センター,グループホームの3つのステップからなる一貫した自立支援をめざしている。しかし,公園等に長期野宿をしている人々が減らないため,新たに「地域生活移行支援事業」として借り上げ住宅の安価な貸し付けを開始した。最初の3つのステップによる支援では長期野宿者が減らなかったのはなぜか。また新たな住宅貸し付け政策は,単に公園からのホームレスの追出しにすぎないのではないか。

という疑問としてまとめ上げて,これを研究課題として設定することができる。この場合,この課題設定を分解すると,たとえば,

- ⊃ 東京都の緊急一時保護センター,自立支援センター,グループホームの3つのステップからなる一貫した自立支援策はどのような意図で構想されたのか。
- ⊃ それらの実績はどのようになっているのか。
- ⊃ 公園の長期野宿者が減らない理由にはどのようなものがあるか。

> ⊃ 地域生活移行支援事業はどのような意図で策定されたのか。
> ⊃ 新しい地域生活支援事業によって公園から住宅へ移行したホームレスへはどのような支援がなされており，どの程度の実績があがっているのか。

というような，いくつかの副次的な課題が設定されることに気がつく。つまり，課題は，これを構成するいくつかの副次的な課題の集合として成立しており，それらを1つひとつ検討していくことによって，課題全体を明らかにすることができそうである。

　別の例をあげてみよう。「虐待について」への関心は，たとえば「死亡事例」「児童相談所」「関係機関との連携」「組織的対応」といった「気になるコトバ」を手がかりに，次のような疑問としてまとめることができる。

> 　厚生労働省は児童虐待防止対策として，児童相談所を中心とした相談体制と地域関係機関との協力・連携の強化を訴えている。しかし児童虐待防止法制定以降も虐待による重篤な死亡事例が出現しており，しかも児童相談所や関係機関への相談ケースがその中に含まれている。これは，虐待がキャッチされてからの，関係機関との連携を含めての児童相談所の組織的対応がうまくいっていないからではないか。

さらにこのような疑問も，いくつかの副次的な課題に分解できる。

> ⊃ 死亡事例からみた問題点はどのように整理できるか。
> ⊃ 児童相談所内の実施体制の現状はどのようになっているか。
> ⊃ 関係機関との連携の現状はどうなっているか。
> ⊃ とくに虐待情報キャッチ後の実施体制と連携についてはどのよう

な現状か。
　⊃ それぞれの現状を生み出している原因は何か。

　なお，以上の２つは，比較的わかりやすい疑問とその仮の答えをセットにして，研究課題としてみるという仮の例であるが，研究課題をあまり絞り込みすぎないで，トピックとする場合もある。本書第３部 *Lesson 9* で取り上げられている研究事例の課題は「ケアマネジメントについて」のものであるが，筆者はこの「～について」の領域から次のように絞り込んで課題を設定している。

　　　　介護サービス計画の作成過程は，単なるサービスパッケージづくりにとどまるものではない。それは，要介護高齢者とその家族の間のやりとりや意思決定，それに対するケアマネジャーの認識，さらにそれぞれの相互作用が含まれており，それらの異なった価値観の交錯がある。これらの現実の中で，ケアマネジャー（介護支援相談員）はどのような「倫理的ディレンマ」を経験しているだろうか。

　ここでは，「ケアマネジャー」（介護支援相談員）は「介護サービス計画の作成時」に，高齢者やその家族とのやりとりの中で「倫理的ディレンマ」を経験しているに違いない，というそれぞれの「概念」の間の連関が示されているが，問題となる「倫理的ディレンマ」の内容はわざと空白のままで残し，この内容を明らかにしようという設定となっている。後に述べるように，あらかじめ疑問とそれへの答えをセットとした仮説への検証型の研究ではなく，仮説そのものを研究によって明確にしていこうとする，仮説生成的研究の例である。

(2) レベルの焦点化
　第２の点としてあげられるのは，気になる事象やその概念を手

がかりに設定した課題が、どういうレベルの社会福祉研究なのかを、自分で確かめてみると、課題がもう少し明確となる、ということである。これは *Lesson 1* で述べたような、社会福祉研究の範囲に関わっているが、とりわけ、広く社会福祉の前提となる「福祉課題」についての研究（問題論）なのか、社会福祉の現実世界の各プロセスの記述や説明のうち、政策レベル（政策の目標設定から計画、手段や資源の動員、当事者や市民参加）の研究なのか、実施レベル（実施組織、連携、専門職の配置、など）に焦点が合っているのか、対人的な援助レベル（援助技法、対象理解など）の課題設定なのか、あるいは、それらのそれぞれのレベルにおける事業評価とその評価規準に関わる研究なのか、等を自分自身に問いかけてみるとよい。

　先に述べた「〜について」症候群の段階では、もちろんこのレベルの焦点化は意識されておらず、どちらかというと「〜について」のA to Zをすべてやってしまおう、というような無茶な志向がある。課題を絞り込んでいっても、どこに焦点を置くのかがぶれてしまうのは、このレベルを意識しないからである。たとえば、先の例で見てみよう。最初の「ホームレス」の例では、いくつかの副題への分解から、これが政策レベルの議論で、しかも政策評価と関わっている、ということは明確である。そこで、さらに一歩進んで、むしろ東京都の自立支援センターの政策評価という点に、議論を絞り込んでしまう道も出てくる。地域生活移行支援事業はまだ新しいので、それは自立支援センターの評価と関わらしめて、課題的に扱うという整理である。するとたとえば、以下のようにさらに焦点が明確になっていく。

　　⮕ 東京都の緊急一時保護センター、自立支援センター、グループホームの3つのステップからなる一貫した自立支援策の中心に自立

支援センターが置かれているのはなぜか。
- 自立支援センターの数や立地，入所選定方法や基準，入所者の数や特性はどうなっているか。
- センター退所者の退所先と退所理由はどのようなものか。
- 公園の長期野宿者が減らない理由は，自立支援センター中心の政策と関連があるか。
- 地域生活移行支援事業は，自立支援センターの失敗を補うものとして登場したのか。

先の副問では，たくさんの政策やその問題点が未整理に列挙されていたが，ここではそれらが自立支援センターの評価を中心とする作業の中に，一定の構造をもって再整理されていることが重要である。

2番目の例では，たとえばこれを組織レベルの問題，しかも他組織との連携レベルに焦点を絞ると，課題がさらにはっきりしてくるかもしれない。すなわち，

- 虐待問題についての児童相談所と他機関との連携にはどのようなパターンがあるか。具体的な組織体制のいくつかのパターン。他機関の種類別にみた差異。連携への熱意による体制の差異。
- とくに虐待情報キャッチ後の児童相談所と他機関との連携の具体的展開。他機関が虐待情報をキャッチした場合の具体的事例といくつかのパターン。児童相談所がキャッチした場合の具体的事例といくつかのパターン。
- 死亡事例から見た連携の問題点。どのような連携パターンと死亡例が結びついているか。

(3) 現実的制約をクリアする

第3の点は，きわめて現実的なことであるが，本人の力量，時間

的制約，資料や調査の可能性への配慮である。自分の興味ということを出発点とすると，研究課題は，上のような「絞り込み」をかけても，たいてい大がかりなものとなりやすい。それはむろん悪くはないが，あまりに大きなものは，研究者本人の一種のライフワークと考えたほうがよいことも少なくない。大きな課題の解明は，いくつかの段階を追って，またいくつかの細分化された副問を個別に解決していくことによってもたらされるものであろう。本人の力量それ自体，そうした段階を追った研究によって高められていくものであって，一気に大きな研究が完成するわけではない。

　修士論文や博士論文，あるいは雑誌投稿論文に結びつくような研究の場合は，とくに時間の問題は深刻である。一般に，若い研究者は時間の制約を甘く考えがちであるが，たとえば２年間で修士論文を仕上げるとなると，その時間の枠内で，可能な研究の課題を設定していかなければならない。

　さらに，実証研究の場合は，資料へのアクセス，調査の可能性についてよく吟味しなければならない。「現場」の研究者ではない場合はもちろん，「現場」の研究者でも，アクセス可能な資料と，困難な資料がある。またアクセスの手続きについても知っておく必要がある。いわゆる実態調査については，たとえば，なんらかの困難を抱えた福祉サービス利用者から話を聞くということを計画したとしても，どのようにこれが可能かという点から検討すると，なかなか容易ではないということに気がつく。調査費用の問題，調査後のコーディングや集計等にかかる時間の問題等も考慮に入れなければならない。

　こうした現実的制約は，たとえば「地域」を絞る，副問の１つだけにする，小規模にする，というようなことでクリアされる場合がある。２番目の例に出した虐待の連携の問題も，ある地域だけに限

Lesson 5 　研究をどう設計するか

定をした事例研究として扱う，というようなことで，若い研究者にも可能になるということがありうる。こうした工夫を積み重ねていくことによって，課題は，現実的に可能な研究課題として精錬されていくのである。

> 関連文献を調べる＝先行研究をたどることの意味

これまで述べてきた研究課題の設定＝絞り込みをするうえで，絶対に欠かせないのがいわゆる「先行研究」や関連文献を調べるという事前の準備である。「～について」症候群を克服する簡単な方法は，その「～について」をよく「調べる」ことに尽きる。前節で述べたように，研究というのは多くの研究者による社会的な共同作業なのである。たとえば「虐待について」ではなく，「虐待」の何をどう問題にしていくかを明確にするには，虐待に関連すると思われる文献を探して読む，関連する統計データや事業報告書を読む，児童相談所などの実施体制や組織についての基本知識をもつなど，課題にしようと思っていること，あるいは興味をもつ何かについての知識を広げることがその第一歩である。

そうすると，最初に考えていた漠然とした疑問のおそらくほとんどはすでに解答が出ているということに気づくに違いない。別の言い方をすれば，「～について」やりたいと思ったときにあった疑問は，単に「知らなかった」ことに基づくにすぎないということである。「知ってしまって氷解した疑問」と「知ったが残る疑問」あるいは「知ったためにさらに沸き上がってきた疑問」とを仕分けるところから，本当の課題が見えてくる。つまり，研究課題を設定する作業は，こうした事前の準備作業を経てなされるものであって，課題，課題と唱っていても，出てくるものではない。

なお，ここでいう文献とはいわゆる研究書，調査報告のほか，官庁統計，審議会報告，白書，各機関・施設等の事業実績報告，ある

いは新聞記事，インターネットの情報，ルポルタージュや手記などさまざまなものを含む。しかし，とくに重要なのは研究書と基本統計や事業報告書などである。新聞記事や手記等は研究の資料としてならともかく，課題を深めていく際の参考になるかどうかはわからない。調査報告書，統計，事業報告書，白書などは，とりあえず「事実」についての輪郭を教えてくれるはずであるし，研究書はその「見方」の多様性を示唆してくれるはずである。したがって，興味ある課題についての，このような関連文献を探し，読んだうえで，もう一度自分の興味や疑問と向き合うことが求められる。

　ところで，とくに研究書をたどることは，いわゆる「先行研究」とか「研究史」という名前で，論文の一構成要素となっている，ということを多くの人は知っているだろう。研究をだいぶ進めてから，そういえば先行研究というのを書かなければいけなかったのだ，と気づいて（？），さてそれはどのように処理したらよいのだろう，と相談に来る学生がよくいる。あるいは，いろいろな文献に当たったのだけれども，さてその後どうしたらよいかわからなくなる，というのはほとんどの卒論を書く学生が経験することである。先行研究の処理に特別なルールがあるわけではないが，できれば研究課題を深めるための作業として，まずこれを位置づけることが必要である。これと切り離して「先行研究」ということはありえない。したがって，自分の興味あるトピックに関してどのような文献があり，どのような見方が示されているか，またそれにはどのような実証資料がつけられているかということを手がかりに，文献を集めて，いくつかの角度から，まず分類をしてみるとよい。

　じつは，先行研究についての研究＝文献レビューはそれ自体で立派な研究である。文献の読み方や，レビューの仕方などについては，本書 *Lesson 3* に詳しいのでそちらに譲るが，「知る」というレベル

で読んだうえで，次に「疑問をもつ読み方」をすることを勧めたい。「疑問をもつ読み方」とは，この章の冒頭で述べた「概念」への注目，論理の理解，矛盾への気づきを意味する。

　社会福祉の現実世界のどのような事象を，どのような概念で捉えているのか，これを使って，何をどのように説明・解釈しようとしているのか，それは納得できるものか，矛盾はないか，というような読み方である。大学院の学生でも「読む」という作業を軽く見ているのではないかと思うことがある。ある文献を紹介して，「読んだ？」「はい，読みました」という場合，たいていは「知る」というレベルに終始している。そこにある概念や論理一貫性，解釈の妥当性などにまで深まった読み方はしていないのが普通である。

　そこで，まず課題に関係しそうないろいろな文献を読んだら，大まかに次のような分類をしてみよう。

- 大事そうだと思われる文献＝主要文献とそうではなさそうな文献を分ける。主要文献は，他の人がよく引用している，とか体系的だとか，説得力があるとか，あなたが共鳴する，というような角度で考えればよい。
- 主要文献を中心として，今度は内容で分類をしてみる。内容の何を分類の軸にするかは，課題や興味によって異なるが，カードなどにその内容を項目化して文献別に書き出し，それらを似ているもの，似ていないものに区別していくというやり方もある。
- 場合によって，その分野でこうした文献レビューをした論文や書物が存在することがある。そうなると，「しめた！」ということで，大いに利用するとよい。むろん視点が違えばあまり使えないようにもみえるが，そのときは文献リストとして使えばよい。

このような文献を読む作業を助けるものとして「芋づる読書術」

を勧めたい。1つの論文や本を読んだら，それが依拠したり，引用したりしている文献を次に読む，というようなやり方でどんどん読んでいく。また，書評を書く，それを誰かに聞いてもらうというのもお勧めの方法である。

　先に指摘したように，既存文献に解答がなかったこと，既存文献の説明や解釈でかえって疑問がわいたことがはっきりすると，このあたりに取り上げるべき課題がありそうだということもわかってくる。ここまでくると，研究課題が明確になるだけでなく，それがあるテーマについての研究史の，どのあたりに位置するのかがわかってくる。論文の中で先行研究とか研究史に触れるのは，社会的作業である研究史のどのような連続上（あるいは飛躍として）にその研究があるのかを示す必要があるからだが，それがここですでにかなりできあがっていることに気づくだろう。

| アプローチの方法と資料 |

　次のやっかいな問題は，絞り込まれた課題に，どういう方法でアプローチするかということの選択である。なにやら小難しい「～アプローチ」というものを思い浮かべてうんざりする前に，まず課題を追求するためには，使える手法をいろいろ動員することが必要だということを確認しておきたい。**研究方法**は，その名のとおり，研究の手法であって，目的ではない。目的である課題追求の手段にすぎない。だから，あれこれの方法をいろいろ使ってみるということが可能だし，大事なのである。

　もちろん，研究の世界では，研究方法論というものがあるし，研究方法の開発も盛んである。そこで時々，アプローチの方法それ自体を試すためになされる研究，つまり課題は何でもよくて，方法が主役，というようなものが存在している。しかしそれは特殊なものであって，研究は課題達成が主役，アプローチの方法はその手段と

Lesson 5 　研究をどう設計するか

いう位置づけをはっきりしておいたほうが間違いがない。

さて、そのうえで2つの基軸からこのアプローチの方法を整理しておこう。1つは **実証/解釈** という基軸、もう1つは **仮説検証/仮説生成** という基軸である。

実証/解釈の基軸から見ると、研究方法は大まかに、実証主義アプローチと解釈的アプローチに分かれる。すべての研究はなんらかの意味で証拠に基づくのはいうまでもないが、実証主義というのは、客観的な見地を重視し、そこから客観的な事象の説明を試みるアプローチのことである。典型的には自然科学の方法がこれにあたり、社会福祉の場合もできるだけ、客観的な見地を堅持しながら、自然科学に近い方法で証拠を提示し、これに基づいて何かを述べようということになる。さらにこの展開として、記述に徹するというアプローチがあるかもしれない。たとえば、介護現場で何が起きているのか、障害者の自立生活はどのように営まれているかを、事実に即して、できる限り記述していく、という立場である。

もう1つの、解釈的なアプローチの場合は、実証主義ほど証拠の厳密性にこだわらないという特徴をもち、社会福祉の現実世界の中で事象の意味を、そこに組み込まれている人々の主観的見地を含んで解釈していくような方法である。これは社会福祉だけでなく、社会科学全般でよく用いられている方法である。社会科学の世界では、自然科学や心理学のように、十分コントロールされた実験とその結果による実証アプローチを厳密に用いることが難しく、むしろ複雑に絡み合った事象を解きほぐしていくための解釈のほうにウエイトを置かざるをえない。なお、前節で述べたように、制御科学といわれるような、進んである価値判断に立脚した現状の評価や批判のアプローチがあるとも言われている。社会福祉研究は、多かれ少なかれ、現状の評価や批判に帰着することが少なくない。

実際の社会福祉研究においては，客観性やこれに基づく証拠，主観も含めた解釈，あるいは批判的，評価的な分析アプローチがそれぞれ独立した方法論となるということは少なく，それぞれの要素を併せもった形になるが，実験に近い調査や追跡的な調査で証拠を追い求めるほうにウエイトを置くのか，現実世界の事象の解釈や批判・評価にウエイトを置くのかによって，研究のスタイルは変わってくる。主要な方法を決めることが大事である。

　次に仮説検証／仮説生成の軸で見ると，ある仮説とその検証という直線的方法をとる研究と，問題を探索し，仮説それ自体をむしろ生成していく過程としての螺旋型の方法をとる場合とに分かれる。ここで仮説とは，すぐ前の節で詳しく述べているように，たとえばある事象をめぐる原因と結果というような，要素間のある論理的関係を示すが，仮説検証とは，このような論理関係を，実際に現実世界の事象の中で検証する研究となる。客観主義にたつ実証研究にウエイトを置けば，仮説検証という直線的な方法となりやすく，研究課題自体がそのような仮説の提示として行われる。もちろん仮説検証というスタイルをとっても，それは原因と結果の複雑に絡み合った連鎖ということが少なくないため，直線的といってもそれほど単純ではない。解釈や批判においては，場合によっては仮説それ自体を現実世界の中で探索し追求するような，螺旋型の仮説生成的研究方法が選び取られることも少なくない。

　どのような方法をとるかは，課題設定，対象や素材の性格，時間，費用などさまざまな制約との関連で決められていくことになる。なお，社会福祉研究で使いやすい実証研究の手法については，*Lesson 6*で詳しく述べる。

　研究方法の選択は，通常はこの研究のために動員される，なんらかの資料＝情報の収集の方法を含んでいる。資料はきわめて雑多な

状態で存在ないしは記録されているが,これを収集する方法はおもに,既存資料の二次利用と,実態調査のような一次資料の作成による利用とに分かれる。たとえば,さまざまな公的,私的な文書,既存調査のミクロデータ,統計資料などが二次資料にあたり,一次資料の作成としては,さまざまな実態調査,いわゆる量的調査のほか,インタビュー,生活史調査,観察法,アクション・リサーチなどのいわゆる質的な方法による資料作成の方法がある。これらについても Lesson 7 や社会調査法についての文献を参照して,適切な方法を決めることが必要である。

資料を整理し分析する：分析の枠組みとカテゴリー

課題の設定,アプローチの方法,資料収集の方法が確定し,またこれを実際に行ったとすると,次に必要なのは,結果の考察,あるいは前に述べた説明,解釈や批判をどのように行っていくか,ということになろう。たくさんの図表を作成したり,資料を抱えて,あるいはインタビューのテープ起こしをしたとして,これらをどう使いながら解釈,考察していったらよいだろうか。

自然科学に近い実証主義に立てば,調査結果がそのまま答えとなるというわけで,結果だけを示せば,仮説は検証されたとされるかもしれない。しかし社会福祉の場合は,厳密な実験が不可能な以上,実証主義的な研究でも,収集できた資料や調査結果を基礎とした,ある事象をめぐる原因‐結果の連鎖構造についての説明,解釈や考察が求められる。まして解釈的アプローチ,あるいは評価・批判的なアプローチをとるとすると,その解釈,評価,批判の根拠となる,一定の理論がどうしても必要となろう。

これはよく,**分析枠組み**という言葉で表現される。分析枠組みというと,いかにも得られた資料を分析するに際して持ち出される新たな理論枠組みのように見えるが,じつはこれは研究課題それ自体

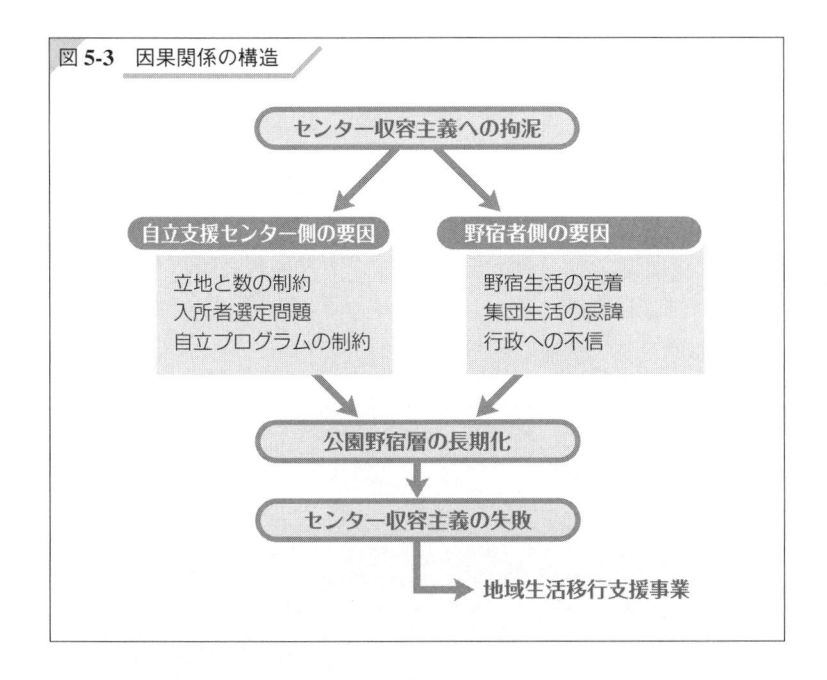

図 5-3　因果関係の構造

```
          ┌─────────────────────┐
          │ センター収容主義への拘泥 │
          └──────────┬──────────┘
              ┌──────┴──────┐
              ↓             ↓
   ┌──────────────────┐  ┌──────────────┐
   │ 自立支援センター側の要因 │  │ 野宿者側の要因 │
   └──────────────────┘  └──────────────┘
     立地と数の制約            野宿生活の定着
     入所者選定問題            集団生活の忌諱
     自立プログラムの制約       行政への不信
              └──────┬──────┘
                     ↓
          ┌─────────────────┐
          │ 公園野宿層の長期化 │
          └────────┬────────┘
                   ↓
          ┌─────────────────┐
          │ センター収容主義の失敗 │
          └────────┬────────┘
                   ↓
                  地域生活移行支援事業
```

を設定するときに，仮説としてある程度意識されていなければならないものであろう。ある副問への答え，たとえば先のホームレス研究の例で，「なぜ公園の長期野宿者がなくならないか」の原因として，自立支援センターがこれらの層の把握に失敗したものと仮定し，その原因として，①自立支援センターの数や立地の制約（地域からの反対），②自立支援センターの入所者数を地域ごとに機械的に割り振るなど，選定の問題，③自立プログラムの魅力の欠如，④長期野宿者の野宿生活の定着（仕事，仲間，ペット），⑤集団生活の忌諱，⑥行政への不信（自立できるかどうかの不安），という6つの理由が考えられるとする。さらにこれらの6つの理由の前提として，センターへ収容して自立支援を行うという政策手法への拘泥があるという点に着目すると，たとえば図5-3のような因果関係の構造が描け

る。

　この説明は，公園野宿者の長期化という問題を，「自立支援におけるセンター収容主義」というキーワードで括った解釈の可能性を示し，その結果，住宅借り上げによる地域生活移行支援事業が付加されざるをえなかったことを示すことになる。ここで注意すべきは，いくつかの原因の列挙を，まずセンターに関わる原因と，野宿者側の選択の問題に分け，そのうえで「センター収容主義」という言葉で，両方の原因の前提となる政策の特徴を把握したことである。なおこの場合「センター収容主義」は見出された事実を統合化しようとする作業で得られた抽象的，理論的な概念であることに注意したい。公園の野宿者の長期化，およびその原因として考えられる6つの要因は，ホームレスをめぐる社会福祉の現実世界にある事実として，調査や統計によって確認可能である。しかし，「センター収容主義」という概念は，その背後にある政策動向を研究者が抽象化して理論的に得たものであり，ここでの観察された資料を，より一般的な政策理論の世界へ引きずり込むための装置となっている。

　このように，現実世界の事実は，これらを一般的に説明しうる抽象概念や因果関係の構造を必要とする。逆に，たとえばここでの「センター収容主義」が，大阪や横浜の別の事実に適用してみても高い説明力をもつとすれば，「センター収容主義」そのものが日本のホームレス政策のある時期の特徴として一般化される可能性がある。この点からいうと，別の研究者のつくった枠組みや概念を援用することも可能である。いずれにしても，ある事実の解釈に動員される理論的枠組みや概念と，現実世界の事実そのものは，いわば行ったり来たりしながら，互いに鍛え合い，もっとも説明能力の高い理論の構築と，事実の解釈や批判を可能にしていく。この意味でいうと，どんな客観的な方法をとっても，その結果の解釈には理論枠組

みの助けが必要であり，この取捨選択には，研究者自身が持ち込む価値が投影されるということは，考慮しておく必要があろう。

的確な概念生成が議論をより広い文脈に引きずり出す可能性については，*Lesson 11* で取り上げる高山恵理子の研究事例にもよく示されている。ここでは社会福祉援助論ではしばしば言及される，異なった部門に属している各専門職の「協働」の重要性を考察するにあたって，「枠組みとしてのチーム」という独自の概念をつくって分析している。この概念は，病院で実際に行われている回診やカンファレンスへのソーシャルワーカーの参加を，より一般的に説明する概念として考案され，したがって，回診やカンファレンスという具体事例を超えて，「特定患者群を対象とする異職種の協働システム」全般という広い文脈の中でこれを議論することを可能にしている。

さて，以上のような解釈に際して，現実世界の事実を把握する場合に，一定の **カテゴリーの定義** が必要となるのが普通である。たとえば「公園にいる野宿者の長期化」であるが，どれくらいを「長期」と呼ぶのか，という問題が生じる。またその前に，「野宿者」とはどのような状態の人をいうのかという難問がある。「集団生活の忌諱」はどのような言動によって示すことができるだろうか。「野宿生活の定着」を具体的に示す指標は何だろうか。テントなどの装置の所有，仕事の有無，ペットの有無などが使えるだろうか。上のような理論枠組みによる解釈は，このようなカテゴリーの構築によって事実を解釈可能な形に整えることによってはじめて実現するといえる。またこのことは，どんなに客観的な方法を適用したとしても，カテゴリーの定義によっては，出てくる結果が異なってくることを示唆している。カテゴリーの定義は，一般的な統計等との比較可能性，先行研究の使用例，この研究の課題設定や分析枠組み，実際

の資料からみた妥当性等との関係で，いくつかの設定が可能である。場合によっては，いくつかの設定を試してみて，その結果を見てから，適当なものを選ぶという方法をとる場合もある。

なお，第3部の研究事例にもあるように，社会福祉のような政策やサービス領域の研究に特徴的なことは，政策や事業のカテゴリー分類，あるいはそれらの対象カテゴリーが歴史的に形成されており，その変遷自体を研究対象とすることがある点である。こうした場合は，対象カテゴリーの定義を研究者がするのではなく，それ自体がどのように構築されているかを，一般概念を手がかりに観察することに焦点が当てられることになる。たとえば，介護に関わる具体的カテゴリーや政策の変遷を見ていくためには，「他者の介護を必要とする成人」というように一般化した概念をまず置き，これに関わる具体的カテゴリーの変遷やその内容の相違，また障害や難病として括られる内容やその細分類の変遷などを並べてみるというやり方である。後述する *Lesson 13* の岩田の研究事例では，「不定住的貧困」という一般概念を研究者が用意し，これに該当すると考えられる人々のラベルとそれへの政策の変遷を扱っている。

よい論文を手本にする　　最後に，社会福祉の研究をよりスムーズに行っていくための方法として，よい論文をお手本にすることを勧めたい。よい論文は，指導教授や先輩などが推薦する場合もあるだろうが，一番よいのは，あなたが読んで，納得し，知的興奮を呼び起こされたような論文である。つまり，あなたにとってよい論文であるという意味である。その論文のどこに説得され，知的興奮を呼び起こされたか，そうした観点から，論文の課題設定，アプローチの方法，具体的素材，論の運び方等々を丁寧に分析するとよい。そして「まねる」のである。

しばしば独創性ということが強調されすぎているように思う。も

ちろん独創的であることは望ましいことである。だが、とりわけ初学者は、まねていくことで、本書で述べているような研究のやり方を実地に体験することができる。まねながら、それを超えていく自分のやり方を開発していくことになるのだと思う。初学者ではなくとも研究者はいつも他の研究者の新しい視点や方法に刺激され、それを自分なりに摂取しながら、自分の研究を鍛え上げていくことになる。それは前節で強調されている研究の社会性の一環であり、多くの研究者と共に切磋琢磨しながら学んでいく過程である。筆者もその時々に影響を受けたたくさんの研究があり、何度も読み返し、分析した本がある。それらの手法や視角を自分なりに咀嚼しながらまねていくことは、安直な盗用や剽窃とはまったく異なった、重要な研究の一過程である。

3 現場データを用いた研究

　社会福祉の現場では、毎日の業務の中で、実務者によって、さまざまな記録が作成される。Lesson 2 でみたように、これらの **記録** を **データ** として活用し、研究するためには、その記録が作成された状況を踏まえ、適切な研究計画に基づき、データをいかに分析可能なデータにするかを考える必要がある。ここでは、現場で作成される記録のいくつかを取り上げ、それらをどのように利用できるかについて考えてみよう。

> データが作成された目的は何か

　記録やデータの作成には、それぞれの目的がある。どのような目的で、誰によってデータが作成されるかは、その組織のあり方によって異なるが、それらを研究のために利用するには、それぞれ

の記録やデータがどのような目的で作成されているかを踏まえておく必要がある。

(1) 組織で作成されるデータ　まず，社会福祉の分野に限らず，およそどの分野におけるどんなに小さな組織（機関，団体，グループ）であっても，その組織の社会的使命（ミッション）や組織としての方針が決められるとともに，特定の事業や活動を行うにあたっての規則や指針などが定められる。そして，実際に行われる事業や活動が，そのような方針や規則に則して的確に行われているかどうかを観察することになるのであるが，このために，特定の「様式」（書式）が事前に準備され，これに基づいて，実際の状況が把握されることになっている。つまり，現場で使用される様式とそれに基づく記録の作成とは，ある組織とそれを取り巻く環境がどのようなものであるか，それに対して現場の担当者がどのような対応をしているかをチェックするための手段であるとともに，担当者の業務や行動を一定の方向に導くための手段（ツール）でもある。つまり，さまざまな組織において作成されるデータには，そのデータを作成する目的や根拠が存在する。

(2) 組織における決定のためのデータ　第2に，ある記録やデータの作成は，それを用いてなんらかの決定が下される根拠となる。たとえば，ある住民があるサービスの申請をするために，ある様式にさまざまな事柄を記入した場合，担当者はあらかじめ定められた規則や基準に照らして，その内容を検討し，どのような援助やサービスを提供するか，あるいはしないかについての決定を下すことになる。言い換えると，提供された情報に基づく組織としての判断が下されることになる。

(3) 部門ごとのデータ　第3に，このことと関連して，データの作成にあたっては，どの部門の誰がその記録を作成するかという

規則が定められている。このことは,ある事業の実施に関する組織内での役割分担を前提としているから,特定の部門で作成された記録を別の部門に属する職員が自由に利用できるとはいえない場合があり,部門間ではデータの利用に関して一定の規則が存在する。したがって,部門間での情報の適切なやりとりを行うためには,なんらかの規則をつくっておく必要がある。これは,いわゆる組織間の責任分担であるとともに,組織間の壁でもあり,とくに大組織の場合,そこからさまざまな問題が生じることになる。

このような事情があるために,社会福祉の現場の記録データを利用した研究を行うためには,組織におけるさまざまな条件を踏まえた研究計画を立てなければならない。とくに最近では,個人情報保護法が施行され,厳しい情報管理が行われるようになったため,「研究」のための現場データの利用にはかなりの限定が付されることになろう。

したがって,現場の記録データを利用して研究を行うには,その研究のもつ公的な意義を明確にし,組織責任者の決裁を得なければならない場合が多いであろう。

| 現場のデータを加工する：データの種類 |

社会福祉の現場に存在するデータはきわめて多様であるが,市町村自治体や社会福祉施設,事業所において作成されるサービス提供に関わるデータを念頭に置いてみると,援助やサービスの利用者に関して次のような記録があると考えられる。

(1) 窓口における面接相談記録　住民がサービスを利用する機関や組織の窓口を訪れ,あるいは,電話を通して相談をした場合,「面接相談表」(総合相談表,相談記録表などさまざまな表現がある)が作成される。この様式ではまず,援助やサービスの利用を求める本人の諸属性(氏名/性別/年齢/住所/連絡先),申請をする本人の状

況についての，健康状態，身体状況，経済状況，居住状況，家族状況などの情報，希望するサービスや援助についての情報の記入が行われる。

次に，この面接相談表には，以上のような比較的「客観的」な情報とともに，そのような援助やサービスを必要とするに至った事情，すなわち「主訴」の欄があり，ここでは援助やサービスを求める「理由」や「事情」が記入される。

最後に，こうした相談に対して，担当した窓口ではどのような処理をしたかという欄があり，たとえば，相談終了，相談継続，同一機関の他の部課への紹介，他機関への紹介，申請書の受理などの項目に分かれている。

これらの相談記録を収集し，適切な項目を選んでコード化してデータベースを作成し，これを分析することによって，たとえば，月別，年度別にどのような相談が寄せられ，どのようなニーズが「顕在化」しているかということを分析することができる。また，こうした相談状況の検討によって，将来のニーズを推定し，ニーズの変化に伴う組織的な対応を考えることもできるであろう。

通常，これらのデータは，一定の期間ごとに「業務統計」として発表されるが，これまでの社会福祉の「現場」では，その内容の詳しい「分析」が行われることは少なかったと思われる。もちろん，特定の政策の立案のために，こうした記録を用いた分析が行われることがあるかもしれないが，そのためには，データを加工し，コンピュータにインプットするという作業が不可欠である。

現状における研究の課題としては，まず，このような様式を一定量，一定の方針に基づいて**データベース**化し，これを用いた統計的な分析を行うとともに，どのような**ニーズ**が顕在化しているかを明らかにするとともに，特徴的と思われるケースについては，記

録に戻って事例検討を行うというような方法を用いることによって，その組織の直面する課題と方針とを描くことができるであろう。

　筆者が関わった共同研究の事例としては，ある自治体の窓口の面接相談表の中から単なる情報提供を除く「苦情，不満，相談」の事例を抽出して必要な項目をコード化するとともに，「主訴」の分類を行い，またそのような相談が発生した「推定原因」に関する分類を行って，データベースを作成したことがある。この推定原因のコードとしては，制度自体の問題，説明不足，情報不足，職員の態度，サービス不足，サービスの質などの項目が用いられたが，このような新しい分類基準を作成することによって，どのサービス分野にどのような苦情や不満が存在し，これに対してどの機関や組織，部門が対応することが求められるかというような分析が可能になった。

　このように，相談窓口における記録を収集し，さまざまなコード化を行い，データベースを作成し分析することで，新しい課題や対応方法を考えることができる。

　なお，このようなデータ分析結果については，表のみでなく，グラフやチャートを用いて視覚化することで，関係者に強いインパクトを与えることができることにも配慮すべきであろう。

(2) アセスメント・データ（訪問調査等の詳細データ）　訪問調査などによるアセスメント・データは，窓口相談の結果，より詳細な情報の収集が必要とされたときに，当該機関の専門職員が申請者の居宅等を訪問するなどして作成されるものである。ここでは，本人に関する事項や家族状況，経済状況，住宅状況，関係機関等についてのより詳細な情報収集とともに，たとえば，要介護者に対するサービスの提供が問題になるような場合には，日常生活動作や日常生活関連動作，認知症の程度，家族介護力の程度など，あらかじめ定められた項目を用いた情報の収集が行われる。さらに，ここでも「主

訴」を聞くとともに，必要に応じて介護計画，看護計画などのサービス提供計画が作成される場合がある。

　こうしたデータは，当該機関や組織に持ち帰られ，その結果に基づいてサービス決定に関する会議が開催され，責任者による最終的なサービスや援助に関する決定が行われることになる。

　アセスメントに用いられる様式は，サービスの利用資格に関する詳細情報であるが，どのような状態にある人がどのようなサービス利用資格をもつかということを決定するには，別途判断基準の作成が必要であり，そのような基準の作成については，一定の「科学的」手続きに基づく検討が必要である。他面で，これらのアセスメント・データを収集し，データベースを作成することにより，それらの基準が適切であるかどうかを検討することができる。

　もう1つ重要なのは，サービス提供に関するデータの分析である。ある人のニーズをさまざまな基準を用いて測定し，利用資格を決定するという業務と，その人に，どのようなサービスを提供したらよいかということとは簡単に決定できることではない。とくに，複数のサービスを組み合わせて提供するというような場合，サービスの利用者側の状況と意向，提供側の条件を踏まえてなんらかの調整が必要になる。この場合，両者の状況を組み合わせて，どのような利用者がどのようなサービスをどのように利用しているかということを分析する必要がある。すなわち，サービス利用者のタイプ別のサービス利用タイプを検討することにより，似たような状態にある要援助者に対して，より適切なサービス提供のタイプを提示する可能性がある。

　なお，自治体レベルでは，介護保険事業計画や高齢者保健福祉計画の策定にあたり，こうしたデータを作成することによって，必要サービス量の将来推計をすることになるが，個々のサービス提供組

織においても,このような作業をすることによって,将来必要となるサービス資源の推定が可能になる。

　さらに,事業所単位でみると,どのようなタイプの職員がどのようなタイプのサービスをどの程度提供しているか,というような個人別の業務データがつくられており,利用者側のデータと職員側のデータを関連させることによって,その組織の業務全般にわたる理解が可能になる可能性がある。

　(3) 経過記録　　最後に取り上げる情報は,サービス提供の経過に関する記録である。在宅サービスにおけるケース記録については,特定の要援助者について,単数および複数のサービス担当者による業務日誌が書かれ,これに基づいて個人ファイルが作成されることになる。しかし,複数のサービス提供者がいる場合,それらを総合し,特定の個人に対するサービスが適切に行われているかどうかについてのチェックが必要な場合がある。

　このようなチェックは通常,ケース検討会で行われているが,これとともに,サービス担当者会議のように,サービス提供者や組織間の機能の研究が考えられる。すなわち在宅ケアについての経過記録を用いて,特定の要援助者の状態の変化に対応して,サービス提供者がどのように判断し,どのような支援を行ったか,どのようなサービス提供ネットワークやチームが形成されたかを検討することは,きわめて重要な意義をもつであろう。とくに,要援助者の身体状況が重度化して,福祉,医療,看護,介護などの専門職が関わることになる場合,どのようなチームが構成されることが望ましいかというような研究はきわめて重要である。

　施設ケアの場合も事情は同じである。すなわち,特定の入所者に対して,複数の部門の複数の職員が関わることになる場合,個々の職員が記入する情報が,個々の入所者ごとにどのようにファイルさ

れているかということは，きわめて重要な事柄である。なぜかといえば，ある要介護者の状況の変化を，それぞれの職員が十分に理解して援助をしているかどうかということは，サービス提供にとって死活的な事柄だからである。

なお筆者が関わっている福祉調整機関に申し立てられた苦情の内容を仔細に検討してみると，このような部門間の情報伝達が十分行われていなかったために，深刻な事故が発生したというような状況が見られる。ある組織で情報の伝達がどのように行われているかどうかを検討することは，きわめて重要な「研究」課題であろう。

(4) その他のデータの収集　　以上述べてきた現場におけるデータの活用のほか，調査票を作成して，サービス利用者やサービス提供者に対するさまざまなヒヤリングを実施してデータを収集することが考えられるが，この場合は，一般の調査方法におけるデータ収集，分析，考察などの手続きを踏むことが必要になる。

> 現場の研究のおもしろさ

以上述べてきたことを踏まえて，現場におけるデータを活用する研究に関する簡単なまとめをしておこう。

(1) 研究目的を明確にすること　　先に述べたように，現場のデータを用いた研究をするにあたっては，データの利用についてのさまざまな制約を克服する必要がある。おそらくこのことは，外部の研究者であろうと，内部の研究者であろうとあまり変わりがないのではないかと思われる。いずれの場合であれ，研究の目的を明確にして，どのようなデータをどのような目的でデータベース化し，何をめざした研究をするのかを明示する必要がある。

(2) データベース作成の作業　　データベースの作成にあたっては，現場の実務者が電子媒体を用いた大量データを作成することは時間的に困難な場合があるから，組織内の共同作業や外部の研究者

を含めた共同研究体制を組む必要があろう。

(3) 分析作業　作成された資料の分析に当たっては，記録を現場で作成した職員と「研究者」とが研究会を組織してデータの解釈をすることが望ましい。整理されたデータから考えられる一般的な命題が，研究者からはどのように考えられ，現場の担当者から見るとどのような意味をもっているかを知ることは，データのより深い研究にとって，不可欠であろう。

(4) データの種類ごとの利用目的　これまで述べたように，現場におけるデータはきわめて多様であり，これらを研究に用いる場合，研究のタイプが異なることを理解する必要がある。

本章では，現場におけるサービス利用に関するデータを，窓口で作成される面接相談データ，アセスメントに用いられる詳細データ，サービスの利用・提供に関わる経過データに分けて説明するとともに，それらの利用方法について簡単に述べた。

(5) 実践と研究との関係　実践の現場に限らず，政策の現場において必要なのは，実践における一定の判断基準と政策の立案に必要なデータである。

こうしたデータは，一般的な標本調査によっても獲得することができるが，他方で，それぞれの組織に存在するさまざまなデータを分析可能なデータに作り変え，これに基づいた分析を行い，一定の解釈をすることによって，その組織にとって必要なデータが得られることもある。

現場の研究のおもしろさは，実際にデータを作成した実務者が研究チームに加わることによって，導き出された一般的法則性が，現場の人々にはどのような意義があるかということを導き出せるということである。

こうした研究を行うためには，やはり，外部の研究者であれ，内

部の研究者であれ，実際に記録を作成した職員との共同作業が望ましい。データの収集，整理，分析のどの段階まで一緒にするかは別にして，少なくとも「研究者」は，データを分析して得た結果を担当職員に提示し，その結果について話し合うことでより深い洞察や，将来の研究上の課題や組織にとっての政策上，実践上の課題を発見するのに役立つであろう。また，そのことが，現場における研究のもっとも重要な意義であるといってもよい。

Lesson 6 仮説の構築と検証の手続き

仮説を作ること，データから確かめること

　研究課題が設定されたら，仮説の構築とその検証へと向かうことになる。本章では，この手続きについて解説する。本章がとくに準拠するのは，科学的方法に沿ったこの手順である。科学的方法とは，仮説が論理的・理論的に正しく，データ上からもそれが支持される場合に仮説を「真なるもの」として承認する手続きをいう。科学的方法に基づいて仮説を作り，命題化していくことは多くの社会科学において標準的な方法である。

　どうすれば仮説が作れるのか。仮説をデータによって検証するためにはどうすればよいのか。以下では，こうした論理とそこで必要とされるテクニックを説明する。

1 科学的方法の論理
●科学的方法における仮説の承認基準

　日常生活において，私たちは特定の仮説が説得的に聞こえれば「本当かもしれない」と思う。あるいは，自分の経験に照らし合わせて「うそだ」と判断する。しかし，こうした真偽の判断基準は人によってさまざまであるし，また1人の人間の中でも必ずしも一貫していない。ツチノコが捕獲されたという報道に対して，「とうとうつかまったか」と思う場合もあるだろうし，「そんなことはありえない」と思う場合もあるだろう。日常生活における真偽の判定基準はこのように不確かで一貫していない部分があり，このために時としてそれが誤解や偏見のような問題を生み出すこともある。

　これに対して科学的方法は，人々の間に一貫した真偽の判定基準を設定する。すなわち，仮説が論理整合性をもち，かつ経験的妥当性をもつときに，仮説を真なるもの（命題）として承認する。これが科学的方法である。

　論理整合性（logical consistency）とは，仮説が他の仮説や理論と論理的に矛盾がなく一貫している（整合的である）ことをいう。自然科学や社会科学の一部の分野では，論理学および数学によって論理整合性の有無が判断されることが多いが，社会福祉学が対象とするすべての仮説を論理学や数学で扱うことには無理がある。このため，論理整合性を広く理論的に矛盾がない，理論的見地から整合性が高い，という状態としておこう。このように考えると，社会福祉学の理論を学ぶこと，が決定的に重要になる。

　経験的妥当性（empirical validity）とは，データに照らし合わせて仮説が支持される状態をいう。経験的とは「実際に」，妥当性とは

Column ❷ 科学の進歩

　科学的方法を1節のように考えると，歴史が進展していくにつれ，論理整合的で経験的妥当性の高い仮説（命題）のみがどの分野にも蓄積され，伝えられていくことになる。この考え方は，科学は時間がたつほど優れた仮説や命題に淘汰されていく，という「**進歩史観**」に立っている（この代表的な論者がK.ポパーである）。

　これに対して，必ずしも科学は進歩しているとはいいきれないと考える「**相対主義史観**」も存在する（この代表としてP. K. ファイヤアーベント）。この立場は，普遍的な論理整合性や経験的妥当性は存在せず，時代や社会の価値基準に根ざした知の統一的な枠組みが存在し，その枠組みの内部で妥当と判断された仮説が採択され，蓄積されていくのだと考える。したがって，時代や社会の変化によってまったく異なった知の枠組みが成立することになり，新しい知の枠組みのもとではまったく新しい仮説や命題が採択されるということになる。

　アメリカの科学史家T.クーンは，こうした知の枠組みを**パラダイム**（paradigm）と名づけ，ニュートン力学から量子力学への移行に見られるような科学の劇的な変化を科学革命と呼び，その背後には**パラダイム転換**（paradigm shift）があると考えた。ファイヤアーベントは，こうしたパラダイム転換は「説明力の高い仮説や枠組みが採用される」ことで成立するのではなく，そこにはなんら合理的なルールは存在しないという。そうであれば，パラダイムからパラダイムへの移行は社会や時代の変化と対応して発生し，科学的とされる仮説や命題は当該のパラダイムの中での相対的な進歩でしかないということになる。

　科学哲学は，社会や文化の影響をあまり受けないと考えられてきた自然科学を対象に構築されてきた。社会福祉学にとっては，仮説や命題が時代や社会の価値基準の影響を受けることはむしろ自明である。概念の定義や因果的説明が日常的な知識を背景にもち，仮説が日常生活の知識を前提として成立していることは既述のとおりである。論理整合性をもたらす理論が変化すれば，論理整合性の基準も変化する。人々の認識や価値観が変化すれば，それまで経験的に支持されていた仮説が支持されなくなることもあるだろう。

　つまり，社会福祉学にとっては仮説や命題が時代や社会を超えて普遍的

> である必要は必ずしもない。なぜなら，社会福祉学は現実の社会問題の解決を志向する学であり，その対象となる社会問題自体が時代や社会の産物であるからだ。時代や社会の制約が存在することを認めつつ，しかしその範囲で，もっとも論理整合的で経験的妥当性の高い仮説を集積していくことを科学的方法は考えるのである。

「当てはまっている」という意味だと思えばよい。経験的妥当性は，通常はある仮説が一般化できる範囲を定め（**母集団**：population という），この母集団において仮説が成立するかどうかによって判断される（これを経験的検証と呼ぶ）。したがって，統計学および社会調査法（両者を合わせて**計量的方法**：quantitative method と呼ぶ）の知識，コンピュータという道具を用いる技術が求められる。

科学的方法とは，この2つの真偽の承認基準をもって仮説の検討を行うアプローチである。2つの基準がいずれも真であるとき，私たちは仮説を承認する。いずれも偽であるときに，私たちは仮説を承認しない（**棄却する**，という）。いずれか一方のみの基準が真であるとき，私たちはその仮説を部分的に受け入れ，仮説や，仮説を一般化しうる範囲の修正を行って真なる仮説に近づけようとする。では，そもそも仮説はどこから生まれるのだろうか。

2 仮説の構築

演繹法　仮説を構築するには，一般に3つの方法があるとされている（この主張はアリストテレスによる）。まず，理論なり，一般的な仮説から，より具体性をもった仮説（特殊仮説という）を導出することを**演繹**（deduction）

という。たとえば，次の H_1（一般仮説）と H_2（特殊仮説）のような関係である。

　H_1：社会的役割を多くもっている人ほど自分の社会的存在感を感じるために，心理状態は良いものとなる。

　H_2：育児期間中の専業主婦と就業女性を比較した場合，専業主婦のほうが心理状態は悪いものとなる。

H_1 は多重役割のアイデンティティ累積仮説とか役割展開仮説と呼ばれる社会心理学の仮説である。なお，この仮説は社会的役割を多く保有する(X)と，自分の社会的存在感を感じる(Z)ために，心理状態が良くなる(Y)，という X→Z→Y の形式で表現されている（Z は媒介変数と呼ばれる）。

H_1 を「育児期間中の女性」という特殊な対象に当てはめて，H_2 が導出される。H_2 は，H_1 から導出されているために，論理的に H_1 とは矛盾しない。H_1 が正しいとすれば，少なくとも H_2 は論理的に正しいということになる。

このように，演繹という方法は導出された仮説の論理整合性を確保してくれること，このために仮説が確実に理論的な意義をもち，経験的研究が理論構築に大きく寄与しうるという意味で，仮説導出法としてはもっとも好まれる。理論から仮説を演繹的に導出し，経験的検証を行うというスタイルは仮説演繹型研究と呼ばれ，もっとも理想とされる研究法である。

演繹的に仮説をつくろうとすれば，結局は理論的な先行研究をよく把握し，関連分野の理論まで目配りをすることが必要とされる。ただし，常に自分が問題としている事象に適応可能な理論なり一般命題があるとは限らない。

> 帰納法

具体的かつ特殊な仮説や事例を一般化して仮説をつくりだす方法を，**帰納**（induction）

と呼ぶ。なお，複数の個別事例から特殊仮説をつくりだすことを経験的一般化，特殊仮説から一般仮説をつくることを帰納として区別する立場もあるが，ここでは両者をあわせて帰納と呼ぶ。たとえば，以下のような例が相当する。

H_3：A地区の路上生活者の人たちの間には，過去の話を聞いてはいけないという暗黙のルールがある。

H_4：B地区の路上生活者の人たちの間には，過去の話を聞いてはいけないという暗黙のルールがある。

H_5：路上生活者の人たちの間には，過去の話を聞いてはいけないという暗黙のルールがある。

H_3，H_4は特定のデータから導き出された特殊仮説である。これらの特殊仮説はH_3，H_4の対象となっているA地区，B地区の事例の観察の結果をそれぞれの地区内で一般化したものである（経験的一般化）。H_5は，H_3，H_4の仮説をさらに一般化したものである。いわゆる事例調査においては，このような経験的一般化と帰納によって仮説をつくることが多く，発見的な仮説と言われるものはこうしたなかで生み出されることが多い。

ところが，帰納的につくられた仮説の論理整合性は保証されえない。H_3にせよ，H_4にせよ，そうした仮説が論理的に正しい，理論的に正当であるという根拠はどこにもない（観察された事実がそのような傾向を示した，というだけである）。H_5はH_3，H_4から導き出されているが，H_3，H_4が成立するからといってH_5が成立するという理論的な根拠はない（特殊な事実や仮説が一般化できる理論的な保証はない）。もし，理論的な根拠があるとすれば，それは経験的一般化や帰納とは別の論理（科学方法論的にいえば，理論を適用することによって仮説を正当化する，事実上の演繹）を持ち込むことを意味する。

したがって，帰納的に導出された仮説に論理整合性を求める場合には，あらためてその仮説を理論化する作業が必要とされる。具体的には，帰納的な仮説を説明する理論や一般仮説を探し出して，演繹的な仮説として再定式化するなどの方法がとられる。

とはいえ，いつでもデータを説明できる理論があるわけではないし，たとえ論理整合性が保証されえなくとも，帰納的仮説は新たな発見や事実としてのおもしろさを伝えてくれる魅力をもつ。加えて，帰納的な仮説は理論的・演繹的な仮説に異議申し立てを行う仮説としての意味も大きく，常識や通説を疑う場合には不可欠の仮説構築の方法となる。

> 転想法

演繹や帰納ほどは一般的ではないが，もう1つの仮説構築法が**転想**（abduction）と呼ばれる方法である。転想とは，異なった対象についてつくられた仮説を借用してきて，自分の研究対象に当てはめて仮説化するという方法である。たとえば，次のような例をあげることができる。

H_6：精神障害者は，人々が精神障害者によいイメージを有していないことを知っているために，人々との接触を避けようとする。

H_7：路上生活者は，人々が路上生活者によいイメージを有していないことを知っているために，人々との接触を避けようとする。

H_6は，修正ラベリング理論と呼ばれる精神障害とラベリングの関連に関する理論仮説で，「自分が差別される・排除される」という予期が社会的孤立を生み，社会的排除が成立するという理論仮説である（予言の自己成就的行為という）。この理論仮説は，多くの研究から経験的にも支持されることがわかっている。H_7は，これを路上生活者という別な対象に当てはめて仮説化したものである。

ただし，この場合は，H_6 を一般化した「社会的にスティグマ化（負の意味をもつラベルを貼られること）された立場にある人は，差別や排除を避けるために他者との接触を避ける」という理論仮説をつくれば，これを演繹的に路上生活者に当てはめてつくった演繹的仮説ともいえる。帰納的仮説と同様に，転想的仮説に論理整合性をもたせるには，やはり理論的な再定式化を経ることが必要となる。

　もっと極端な例を考えてみよう。

　H_8：結婚の心理的メリットは，女性よりも男性に大きい。

　H_9：つがい形成の心理的メリットは，メスのハトよりもオスのハトに大きい。

　H_8 から H_9 を転想的に導出したわけだが，たいていの人はこれを「ばかばかしい」と考えるだろう。おそらくそれは「人間に言えることが動物に適用可能であるという保証はない」，言い換えれば「人間のほうが動物より複雑な社会を形成している」のであって，「複雑な動物のパターンやシステムが，単純な動物にも存在するとはいえない」という論理に基づくものだろう（この逆のケースは認められることもある）。

　ただし，帰納法と同様に転想には思いがけない発見につながる可能性があり，仮説探索のための方法として積極的に活用されるべきである。もし「ハトの心理状態」が測定可能で，データから H_9 が支持されるようなことがあれば「ハトにもジェンダーがある」という画期的（？）な仮説が成立するかもしれない。

3　理論とモデル

> 理　論

　これまで，理論という概念を再三使用してきたが，理論とはそもそも何なのだろうか。じつは，社会福祉学内部でも「理論」という概念の使われ方は多様であり，ある人たちにとっての「理論」が別な人たちにとっては「理論でない」ことがあるばかりではなく，「理論と呼べるものは存在しない」と言い切る人まで存在する。

　理論とは，相互連関する命題の集合であり，その体系である。相互連関しているために，理論は多くの記述的命題と説明的命題から成立する。これらの命題の抽象度はさまざまだが，一般に理論と呼ばれるものは抽象度が高い。抽象度が高いほど，演繹的に特殊仮説を構築できる範囲が広くなるからである。もっとも抽象度が高い理論を**一般理論**と呼ぶ。集団の一般理論，国家の一般理論，貧困の一般理論……といったものがこれに相当する。

　一般理論は抽象度が高いために，命題の経験的妥当性を検討する可能性（検証可能性；verifiabilityという）は低く，むしろ抽象化は検証可能な「中範囲」の水準に留めるべきだ，という主張もある。これが，社会福祉学にも大きな影響を与えた社会学者，R. K. マートンのいう中範囲の理論である（Merton［1951］）。

　中範囲の理論とは，簡単に言えば集団の一般理論をつくるのではなく，家族の理論，学校の理論，地域社会の理論……といったそれぞれの集団ごとの理論をつくる，いわば「一般理論」と「具体的事実」の中間の抽象度のレベルで命題化・理論化を行うことを意味する。社会福祉学で例をあげれば，「虐待」の一般理論ではなく，「児

童虐待」「高齢者虐待」「ドメスティック・バイオレンス」「施設内虐待」の理論をつくる，といったことになる。

しかし，社会福祉学ではもともと現場が重視されることもあって，多くの研究の抽象度は概して低く，具体性が強いのが実状である。むしろ，抽象化・一般化することを意識して具体的題材に挑むべきだろう。

> モデル

理論と類似した概念にモデルがある。モデルとは，事象を理解するために，事象を構成する（事象と関連を有する）要因のうち，重要なもののみを取り出して，それらの関係として事象を表現するもの，である。つまり，モデルは複雑な事象を単純化して表現したものであり，モデルの良さ・悪さはあくまでも「事象を理解する」という目的に対する説明力から評価されるべきものである。このため，モデル中の要因間の論理整合性は必ずしも必須のものとしては要求されないが，モデルを提示する際にはどのような目的でつくられたものであるのかが明示される必要がある。

なお，とくに「理論モデル」「分析モデル」という言い方がされることもある。理論モデルは，事象に関する理論，つまり概念間の関連を単純化したものであり，分析モデルは，データ分析において変数の連関構造を単純化したものである。

こうした「単純化」は，複雑な理論を簡略化するという目的で行われる場合と，理論が完成していないために，不完全であることを承知で「事象を理解するための」見取り図として提示する場合とがある。後者の場合には，モデルの概念・変数間の関連が必ずしも論理整合的に説明されるわけではないことになる。もちろん，科学的方法として望ましいのは前者のような，理論を前提としたモデルである。しかし，現実に現象を把握するための理論が十分にできあが

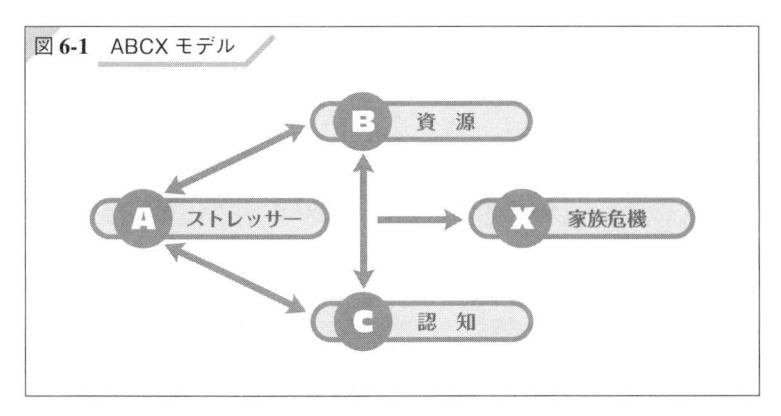

図 6-1 ABCX モデル

　　　　B 資源
A ストレッサー　　　X 家族危機
　　　　C 認知

らない場合には，後者のような暫定的なモデルを用いなければならないことも多い。

　図 6-1 はモデルの一例である。これは，家族研究において著名な ABCX モデルと呼ばれるもので（石原［2004］），家族の問題発生状況を規定する要因をモデル化したものである。家族の危機（X：家族内のさまざまなニーズの充足状態が低下すること）は，ストレッサー（A：倒産や成員の死亡といったストレスフルな出来事），資源（B：所得やサポート・ネットワークなど），認知（C：出来事への意味づけ）に規定されて形成される。このモデルについての評価は，これらの要因に着目することでどのくらい現実の家族の危機の発生を説明できるか，に依存する。

　社会福祉学のように，解決しなければならない現実の問題があり，理論の完成を待っていられない場合には，とりあえずモデルを構築して研究を進めることは現実的な方法でもある。良いモデルであるためには目的に対応した説明力が不可欠であるが，同時に単純であることも必要である。複雑なモデルは，モデルとしての有用性は低い。少ない要因で事象を簡単に理解できるからこそ，モデルは存在意義をもつのである。

分類・類型　モデルと類似した概念に**分類**（classification）・**類型**（type）がある。複雑な事象を，重要ないくつかの事象に着目して単純ないくつかのパターンとして区別することを分類という。分類のうち，理論性が高いものを類型と呼ぶ。分類・類型は，やはり事象を理解するために構成されるものであり，1つのモデルである。したがって，分類・類型はモデルと同様に目的に対応した説明力があること，単純であることが要求される。

分類は1つひとつのパターンである分類カテゴリー（範疇）からなるが，これらのカテゴリーはすべての事象を必ずどこかに位置づけることができなければならない（分類カテゴリーの**包括性**：exhaustiveness）。また，1つの事象は複数のカテゴリーに分類されてはならない（分類カテゴリーの**相互排他性**：mutual exclusiveness）。

類型は理論的な分類である（したがって，理論性の低い分類が通常「分類」と呼ばれる）から，事象を構成するいくつかの要素（軸）を取り上げ，それを組み合わせることによって論理的に作成されることが望ましい。類型を作成する場合には，類型の目的および類型作成に用いた軸を明示することが必要であり，また類型を評価する場合にはこれらの妥当性を検討することが必要とされる。

類型をつくる　類型を構成する手続きを以下に具体例とともに示してみよう。

〈類型の目的〉夫から妻へのドメスティック・バイオレンス（DV）のパターンを理解するために，その類型を作成する。

(1) 事象 Y に影響を及ぼす要因（構成要素と呼ぶべき場合もある）を抽出する。このとき，$Y = f(A, B, \cdots\cdots)$ のように，Y は要素（A, B, ……）の関数であるという表記をしておくとよい。

夫の暴力の態様 = f（夫の自尊心の低さ，妻への依存性，周期性，他

図 6-2　DV の類型の例

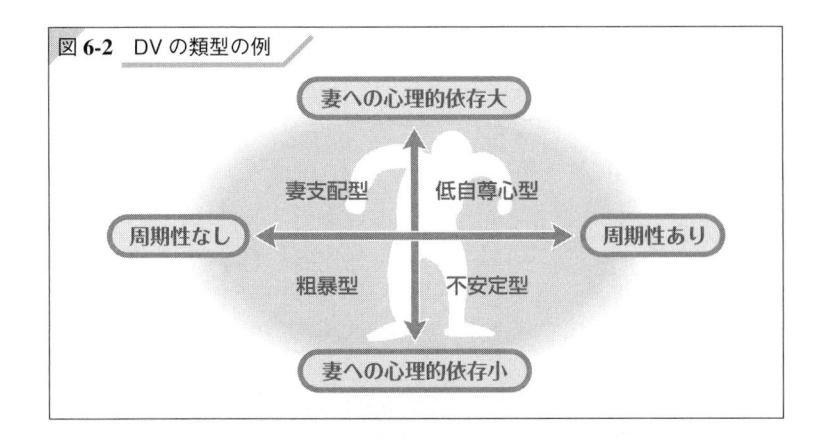

```
          妻への心理的依存大
                ↑
    妻支配型  │  低自尊心型
周期性なし ←──┼──→ 周期性あり
    粗暴型   │  不安定型
                ↓
          妻への心理的依存小
```

の家族員への暴力の有無，家族外の他者への暴力の有無）

(2) 要因のうち，2つを取り出し，それぞれの要素を対概念（正反対の概念）として示し，図示してみる。なお，この方法では4つの類型が作成されることになるが，一般に類型の数は3〜4が標準と考えてよい（単純なほどよいが，単純すぎると意味もなくなる）。

要因の抽出はいろいろ組み合わせて可能性を考えるべきだが，ここでは妻への依存性と周期性の2つの要因を組み合わせ，図 6-2 のような類型を作成してみた（あくまでも試論的な類型である）。

(3) 示された類型に名称をつける。このとき，イメージが伝わるようなセンスがあると類型はより輝きを増す。

(4) 類型ごとに，理論上予測される特徴を記述する。この特徴は多様な現実を単純化したものであり，重要でない部分は捨象してもかまわない。このように，類型上に示される単純化された現実のモデルを，とくに**理念型**（ideal types）と呼ぶことがある。

低自尊心型：　もともと自尊心が低く，周期的にそれが許容限度を超えてしまい，そのつど妻に暴力を振るうことで自尊心を回復しようとする。暴力は周期的だが，暴力を振るわない時期には妻にい

たわりを示したりする。

妻支配型： 慢性的に自尊心が低く，このために権威主義的な支配によって自尊心を獲得しようとする。このため，妻を常に完全に統制・支配しようとする。

粗暴型： 妻のみならず，誰に対しても粗暴な行為をする。コミュニケーションそのものが反社会的。児童虐待や他者への暴力などを同時に引き起こす可能性が高い。

不安定型： 周期的に心理状態が不安定化し，この不安定な状態を統制できないために暴力的なコミュニケーションを繰り返す。

(5) 類型を作成した場合，類型の移行パターンや移行の条件を考察することが多い。この例では，不安定型に見られる心理状態の不安定性が慢性化すると粗暴型に移行する，など。

4 仮説検証の手続き

用いるデータ　　最後に，計量的な方法による仮説の経験的検証の手続きについて解説しよう。題材は理論仮説 H_{10}：「高齢期における配偶者の死亡は，女性よりも男性に大きな心理的ダメージをもたらす」である。

まず問題となるのは，用いるデータの種別である。大きく分けると，自分でデータを作成するか，研究用に公開されている公共利用データを使用するかという区分がある。自分でデータを作成することは大きな魅力であるが，膨大な時間とエネルギーを要することも事実である。また，計量的な調査データの場合は，標本抽出法，質問項目の設定法など，多くの場面で専門的な知識を必要とすること，一定数の標本を確保するためにはかなりの費用がかかるなどの点

で，自力で質の高いデータをつくりあげることは非常に難しい。また，むやみに調査を行うことは，調査対象者の負担という倫理的な側面からも自戒すべきだろう。

こうした意味で，公共利用データで自分の問題にしたい仮説が検討できるのであれば，その利用を積極的に考えるべきである。なお，公共利用データについてはインターネットなどを通じて調べることができるほか，佐藤・池田・石田［1999］などを参照されたい。自分でデータを作成するのは，原則として対応する公共利用データがない場合，公共利用データを用いたこれまでの通説を批判したり，公共利用データ自体に問題があると思われる場合，などということになる。

また，調査のデザインに注目すれば，データは一時点でデータをとる**横断型**（cross-sectional）**データ**と，複数時点でデータをとる**縦断型**（longitudinal）**データ**に区分できる。理論仮説 H_{10} を扱ううえで一番望ましいのは，配偶者の死亡を経験した人を対象に，経験前と経験後の心理状態の変化を測定して，男女別に比較する方法である。この方法は，2時点で同一の人から配偶者の有無と心理状態を測定しておき，2時点間で配偶者の死亡を経験した人のみを選んで，男女別に心理状態の変化を比較することを意味する。このように，縦断的データのうち，同一の人を対象に複数回測定を行ってつくられたデータを**パネル**（panel）**データ**と呼ぶ。縦断データには，このほか，同じ母集団に属する異なった人を対象として複数回測定を行う（1960年代生まれの人を，毎年対象に調査をするなど）**繰り返し**（repeated cross-sectional）**データ**などが存在する。

パネルデータは個人内の時間的変化を扱うことができるという意味で，データの質は高く評価されるが，データをつくりあげるまでに時間がかかること，回収率が調査を重ねるごとに低下し，標本に

Column ❸ 公共利用データの利用

　公共利用データは，多くの場合，データアーカイブと呼ばれる機関に寄託されており，それらの機関を通じて利用を申し込むことができる。社会科学系で著名な機関は，東京大学社会科学研究所内のSSJDA (Social Science Japan Data Archive)，札幌学院大学社会情報学部内のSORD (Social and Opinion Research Database)，大阪大学人間科学部内のSRDQ (Social Research Database on Questionnaires) などである。

　いずれもホームページを参照することで機関が扱っているデータの概要を知ることができる。調査票の閲覧も可能であり，調査票作成の際に利用すると便利である。SRDQでは，寄託されているいくつかのデータについて，簡単な集計がWeb上の操作でできるようになっており，利用申請をしなくとも集計結果を得ることができる。

　なお，自分たちでデータを収集した場合には，一定期間後にデータをこうした機関に寄託することを推奨したい。多くの調査データは，報告書や1〜2本の論文発表後に調査実施者によって死蔵されてしまうことが多い。しかし，回答してくれた調査対象者のためにも，少しでも多くの研究に利用してもらう途を開くべきだろう。数百年後には，これらのデータは貴重な歴史的資料として，新たな注目を浴びるかもしれない。

偏りが生じるといった問題点も抱えている。また，概してパネルデータの分析のための統計的方法は高度であることが多く，せっかくデータを作成しても十二分にこれを活用できないことも多い。

　データの質の評価はこれと比較すると低いが，もっとも普通に利用されるデータは，一時点で測定を行って作成された横断的データである。横断的データでH_{10}を検証する場合には，配偶者の死亡を経験した人に，その出来事直後の心理状態を測定する，という方法が考えられるが（こうしてさかのぼって過去の時点のことを尋ねるデータを遡及的〔retrospective〕データという），過去にさかのぼって当時の心境を尋ねる方法は，信頼性に大きな問題があるとされる。

このため，配偶者の死亡を経験した個人内の心理状態の変化を追うのではなく，配偶者の死亡を経験した人々と，経験していない人々の心理状態の差異，つまり個人間の心理状態の差異から配偶者の死亡の効果を捉える，という形に検証の方法を変更する。配偶者の死亡によるダメージが大きければ両者の差異は大きくなり，ダメージが小さければ両者の差異は小さくなると考えられる。もし，男性のほうがその影響を強く受けるのであれば，有配偶者と無配偶者の間の心理状態の差異は，男性のほうが大きくなるはずである。このように，一時点的データでは，個人内の変化を個人間の差異へと置き換えることによって検証が行われる。以下ではこの方法を用いる場合の手続きを説明しよう。

| 仮説の操作化 |

理論的に導出された仮説は，検証可能な形式に **操作化**（operationalization）される必要がある。一般に，理論的な概念を操作化したものは**変数**（variable）と呼ばれる。概念の状態，もしくは概念間の関連を示すものが仮説だとすれば，仮説は変数の状態もしくは変数間の関連として操作化されることになる（これを **操作的仮説** と呼ぶことがある）。

心理状態を測定する変数は複数存在するが，ここでは抑うつ（depression：心理的に落ち込んだり，沈滞している程度）でその測定を行うことにしよう。こうして，仮説 H_{10} は以下のような操作的仮説 H_{11} もしくは H_{12}（どちらも基本的には同じ）として表現される。

H_{11}：配偶者の死亡経験と抑うつの関連は，男性に大きく女性に小さい。

H_{12}：配偶者の死亡経験の有無による抑うつの差異は，男性に大きく女性に小さい。

計量的研究の良し悪しは，いかに理論的な仮説を適切に操作化しうるかにかかっている。適切な操作化を行うには，実際にはある程

度計量的な分析方法についての知識がなければ難しい。同時に先行研究を読み，どのような操作化がなされているかを知ることが不可欠である。

> 測定の信頼性・妥当性

前項の例では，心理的ダメージ（心理状態）という理論的な概念は，抑うつという変数に操作化されていた。もっとも，抑うつ自体も研究者がつくりだした抽象的な概念である。このように，特定の学問分野の中でつくられた抽象的な（つまり理論的な）概念はとくに**構成概念**（construct）と呼ばれる。「配偶者」「死亡」のように，日常的に使用される概念は明確な対応物を当てはめることができるが，構成概念は理論的な概念であるために必ずしも対応物を指示できない。抑うつは「心理的に落ち込んでいる状態」なので，「落ち込んでいる」状態（「元気がない」「食欲がない」「楽しくない」……など）を質問項目によって測定することになる。このように，とくに構成概念を測定するための項目（群）のことを**尺度**（scale）と呼ぶ。

明確な対応物がない場合には，複数の項目で測定を行ったほうが，より正確に状態を把握できる。英語力を調べるのに，1問のみで測定するよりは，複数の問題を用意したほうが測定の精度は高まるだろう。このように，尺度は複数の項目から構成されるのが普通である（これらの項目の合計得点や因子得点が変数の測定値となる）。

さて，尺度を用いて測定が行われることになるが，測定のたびに対象者の尺度値が変化するようでは，どの結果を採用すればよいのか困ることになる。私たちが体重計に乗るたびに目盛りが変化していたら，体重計自体が壊れているのではないかと疑うだろう。このように，複数回の測定にもかかわらず，結果が安定しているときに，尺度に「**信頼性**（reliability）が高い」「信頼性がある」という。尺度は信頼性が高いことが望まれる。

信頼性が高いという結果が得られたとしても，尺度が本当に概念と対応した対応物を測定しているかどうかは別問題である。体重計の目盛りがじつは身長を示しているのであれば（さすがにそんなことはまれだろうけれども），体重だと思っているものが，じつは体重ではないことになる。測定結果が概念と対応している場合に，**妥当性**（validity）が高いという。

　信頼性と妥当性の高い尺度をつくりあげることは簡単ではない。こうした作業自体が一生の仕事になるほどである。したがって，測定の際に自分で新たに調査項目をつくることは大きなリスクを伴うことになる。原則からすれば，これまでに作成された信頼性と妥当性の高い尺度を使用することが望ましく，そのためには先行研究で使用されている質問項目や尺度の情報を把握しておくことが必要である。同時に，関連分野の研究を読むときには適切な尺度が用いられているか，という点に十分に注意しなければならない。

標本抽出

　データを収集して仮説の検証を行おうとする場合，どのような個体（人，世帯，事業所，自治体など）を対象として，そこからどのように測定対象を選ぶかが問題となる。仮説を一般化したい対象は母集団と呼ばれ，母集団から選ばれた測定対象となる個体の集合を**標本**（sample）と呼ぶ。母集団から標本を抽出する手続きを**標本抽出**（sampling）と呼ぶ。

　標本は，さらに対象として選ばれた**設定標本**と，実際にデータを得た**回収標本**に分けることができるが，通常は後者の意味で標本・サンプルという語が使用されることが多い。なお，回収標本を構成する個体の数を**サンプルサイズ**（sample size）と呼び，設定標本に占める回収標本の比率を**回収率**（response rate）と呼ぶ。

　経験的な検証において，標本抽出の方法はきわめて重要である。大きなポイントは，標本が**無作為抽出**（random sampling）によって

抽出されているかどうか,という点である。無作為抽出によって対象者が抽出されている場合(ただし回収率が高いという条件が必要だが)には,標本データから母集団についての推計をすることができる(つまり,結果を母集団に一般化できる)。無作為抽出とは,母集団を構成するすべての個体に等しい抽出確率を割り当て,標本抽出を行う方法である。無作為抽出でない方法を **有意**(有為)**抽出** と呼ぶ。有意抽出で得られたデータは,結果を母集団に一般化することはできない。

　社会福祉学における調査研究は,明確に母集団やそれを構成する個体を確定することが難しいことが多い。このため,有意抽出を行わざるをえない側面がある。厳密には,こうしたデータは「得られたデータについて」の結論しか出しえない。有意抽出しか行いえない場合には,どのような人たちが抽出されているのか,どのような人たちが抽出されていないのかを吟味し,データの傾向を把握することに努めねばならない(無作為抽出データでも,回収されなかった個体の傾向を分析することは必須である。これを **欠票分析**〔non-response analysis〕と呼ぶ)。このように,有意抽出から得られたデータは一般化することに限界があることは自覚しなければならない。その意味で,原則から言えば,仮説の検証には無作為抽出データを用いることが望ましい。しかし,仮説探索のためならば,有意抽出のデータでも積極的に利用されるべきである。

仮説の検証

仮説が操作化され,信頼性と妥当性のある尺度を用いた調査票が用意され,適切なサンプリングによって抽出された対象者から一定度の回収率のデータが得られれば(世論調査などでは 80% 以上が望ましいとされるが,最近では 70% 以上でもよしとされることが多い),いよいよ仮説の検証に向かうことになる。

図 6-3　予測される結果

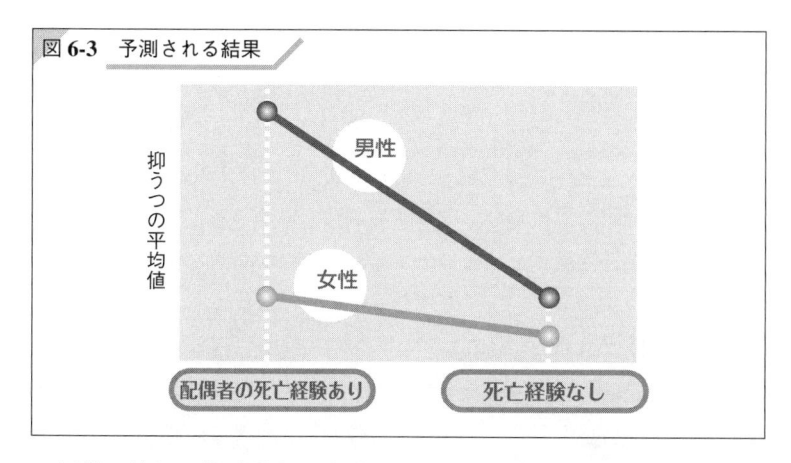

（図：横軸「配偶者の死亡経験あり」「死亡経験なし」、縦軸「抑うつの平均値」。男性は大きく低下、女性はわずかに低下）

　仮説の検証は統計学的な方法についての知識を必要とするが、原則として仮説の検証は「設定した仮説がデータから支持されるかどうかを調べる」ということなのであって、データから「仮説が正しいことが証明される」わけではない。あくまでも仮説を正しいと仮定したときに、データがどの程度この仮定に近い結果であるかを検討するもの、と考えるべきであり、検証の結果「証明された」「真であることがわかった」という表現は避けたほうがよい。本当に仮説が想定しているメカニズムや結果が現実に生じているかどうかは、1つの研究結果から結論を出すことはできないと考えるべきである。

　さて、先の H_{12}「（高齢者における）配偶者の死亡経験の有無による抑うつの差異は、男性に大きく女性に小さい」の検証を例としよう。この場合、男女別に過去5年間に配偶者の死を経験したかどうかで対象者を2群に区分し、抑うつの平均値を比較する、という方法がもっとも簡単な検証法といえるだろう。仮説に従えば、図 6-3 のような結果が予想されることになる。

　すなわち、男性では平均値の差が大きく、女性では平均値の差が小さいという結果が見出されれば、ほぼ仮説のイメージに近いこと

になる。では，どのくらい差があれば，差があったことになり，逆に差が小さいことになるのだろうか。

> 統計的検定

現実にはこうした判断基準を与えているのが **統計的検定**（statistical test）という方法である（ただし，検定の意味は誤解されていることが多い）。この場合，2群（死亡経験群と，非経験群）の平均値の差の検定を男女それぞれで行うことになる。平均値の差の検定とは，「2つのグループの母集団において平均値に差がない」という **帰無仮説** がデータから支持されるか否か，を統計量から判断する方法をいう。厳密には，帰無仮説が成立していると仮定したときに，標本データから計算される統計量（平均値の差）の出現確率を求め，この出現確率が小さいとき（通常は5％未満を基準とする。こうした水準を **有意水準**〔significance level〕という）に帰無仮説は間違っていると判断し（帰無仮説を棄却する，あるいは **統計的に有意である**〔statistically significant〕ともいう），「2つのグループの平均値に差がある」という結論が出される。なお，この結論が誤っている確率（これを **第1種の過誤** という）は有意水準に等しい。

重要なことは，①統計的な検定は母集団についての結論なのであって，標本データについての結論ではないこと，②検定とは「差がない」「関連がない」という仮説を扱うのであって，大きな差があるとか，関連が大きいといった結論を出すものではない，ということである。

①からすれば，有意抽出から得られたデータに統計的検定の意味は求めにくいものとなる。ただ，通常は有意抽出で得られたデータも「仮想的な母集団」を想定して検定が適用されることが多い。

②についていえば，検定は1つの基準にすぎず，差の大きさや関連の大きさを直接に示す指標（平均値の差の大きさ，相関係数など）

を併用する必要があるということになる。しかし，統計的に有意な結論が得られなかったということは，「この場合は母集団で差があるとはいえない」ということになるから，この結果は「配偶者の死亡を経験した人とそうでない人の間に差がある」という仮説を支持するものではない，ということにはなる。

なお，一般に標本数が多いほどわずかな平均値の差でも統計的に有意になり，逆に標本数が小さいと大きな平均値の差でも有意にならない傾向がある。その意味では，有意な結果が得られなかった場合には，母集団では平均値に差があるのに「標本数が小さいので」有意な結果が得られなかった（これを**第2種の過誤**という），と考えるか，母集団において本当に平均値に差がないと考えるかで解釈は異なってくる。

統計的統制

以上の分析では，配偶者の有無によって区分された2つのグループの平均値を男女別に比較するという方法をとっている。しかし，高齢者の中でも高齢の者ほど無配偶である傾向は高いだろうし，相対的に若い者ほど有配偶である傾向は高いだろう。つまり，私たちの設定した有配偶／無配偶という区分が，（高齢者の中での）若年／高齢，という区分と重複している可能性が大きい。そうであれば，有配偶者と無配偶者の間に見られる差異は，じつは若年者と高齢者の間の差異なのかもしれない。H_{12}の検証にあたっては，こうした可能性は排除されねばならない。

では，どうすればよいのだろう。もし，相対的に若年の高齢者でも，高齢の高齢者でも，配偶者の有無による抑うつの差異が男性に大きく，女性に小さければ，少なくとも年齢の差にかかわらず「配偶者の有無によって抑うつの程度に差がある」といえるだろう。つまり，年齢によって対象者をグループ分けし，その中で男女別に配

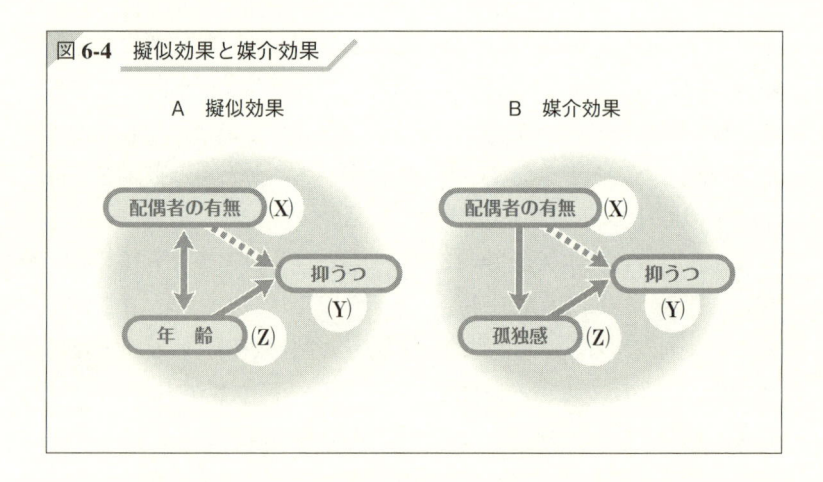

図 6-4 擬似効果と媒介効果

A 擬似効果

配偶者の有無 (X)
年齢 (Z)
抑うつ (Y)

B 媒介効果

配偶者の有無 (X)
孤独感 (Z)
抑うつ (Y)

偶者の有無によって抑うつの平均値を比較すればよい。これは，年齢による差異が結果に影響を与えないように，つまり年齢の影響を一定にしたうえで，男女別に配偶者の有無と抑うつとの関連を検討したということになる。このように，結果に影響を与えることが予想される他の変数の影響を統制することを，**統計的統制**（statistical control）という。

仮説の検証は，結果に影響を与えそうな他の変数に統計的統制を加えたうえでなされなくてはならない。もう少し厳密にこの点を述べてみよう。

図 6-4 A は，今説明した変数間の関係を示している。配偶者の有無(X)と年齢(Z)が関連しているために，年齢(Z)と抑うつ(Y)の間に真の関連がある場合，年齢を統制せずに配偶者の有無(X)と抑うつの関連(Y)を調べると，両者に関連が生じてしまう。年齢を統制すると，XYの効果は消失する。こうしたXYの関係を**擬似効果**（spurious effect），擬似的関係と呼ぶ。擬似と呼ぶのは，統計的な統制をしていないために，見かけ上関連が示されてしまうからであ

る。

さて,分析上これとよく似た結果が示されるものが**媒介効果**(mediate effect) である(図 **6-4** B)。媒介効果は,X→Yの関連がZによって説明されるときのZの効果(X→Yの関連をZが媒介する)をいう。例として,配偶者の有無(X)と抑うつ(Y)との関連は,無配偶者が孤独感を多く感じる(Z)ために発生する,という因果関係が考えられる。この場合,XとZは関連を有しており,Zを統制するとXとYの関連は消失する。つまり,(A)の擬似効果と結果的にはまったく同じパターンとなる。両者の違いは,ZがXY間の関係を説明するか(つまりXがZを引き起こし,ZがYを引き起こすという関係になっているか),そうではないか,という違いであり,この違いは完全に理論的に定められるものである。

統計的統制は仮説の検証に必須だが,擬似効果と媒介効果は同じようにXYの関連が消失しても,その意味はまったく異なる。統計的統制後に擬似効果として消失する2変数間の関連は「偽の」関係にほかならないが,媒介効果の場合は「偽の」関係ではない。それは,媒介変数によって説明される「真の」関係である。このように,仮説をどのように考えるか,統計的統制によって消失した関係をどのように解釈するかによって,結果のもつ意味はまったく異なったものとなる。

| 計量的研究に慣れるには

計量的な研究にはとかく「難しい」というイメージがあり,敬遠する人が多い。実際に,ある程度統計学的な勉強をしないことには,計量的な研究は難しい。しかも,統計学の教科書は概してわかりにくく,絶望を感じる人も多い。

おまけに,統計学を勉強すれば良い計量的な研究ができるかといえば,まったくそんなことはない。本章で説明してきたように,仮

Lesson 6 ◎ 仮説の構築と検証の手続き　139

説の設定,操作化,適切な尺度の使用,適切な統計的統制といった,まさに現場での職人的作業が成否の大きなウェイトを占める。

　これらをマスターするにはどうすればよいのか,という質問をよく受けるが,結論は「よいお手本を読む」しかないように思われる。言い換えれば,実際にデータを用いて仮説の検証を行っている計量的な論文を読むことが一番効果的な学習であるように思われる。では,それはどこで見つければよいのか。

　1つは,学会誌である。学会誌の投稿論文は,複数のレフェリーが査読のうえで掲載を許可したものであるから,方法論的にしっかりしたものが多いはずである。社会福祉学でいえば,まずは日本社会福祉学会の機関誌『社会福祉学』が標準となるだろう。もちろん,海外のジャーナルに掲載されている論文をモデルにしてもかまわない。いずれにせよ,自分の関連領域で良い計量的な分析をしている論文を探して精読すること,これがベストの方法である(ただし,そうした論文が皆無の領域もある)。

　計量的なデータ分析を行う論文は,図表の示し方や文中での統計量の表示の仕方など,概して書式が標準化されている。先行研究を読みながら,これらについても慣れていくことが必要である。形式を守ることも,研究成果を他者に伝達可能にする1つの手段だからである。

Lesson 7 研究資料の収集と分析

「研究方法」の選択

生の材料（データ）である事例に、
何を語らせようとするか？

　本章では，研究資料（データ）の収集と分析について，その具体的な手法を解説する。資料収集と分析の手法とは，言い換えれば研究方法（method）のことでもあり，設定された研究課題の解明をめざして，さまざまな研究方法から最適なものを選ぶことが必要となってくる。さらに Lesson5 でも述べたように，社会福祉研究において設定される研究課題は多種多様なものであるので，研究方法も幅広いレパートリーから選ぶ必要がある。しかし，ここでは，Lesson6 で解説された科学的方法の考え方をもとにして，「実証研究」において活用される研究方法を中心に解説を進める。ただし，いくつかの研究方法については，「理論研究」においても活用できるものである。なお最後に，研究成果の報告について解説する。

1 どのような資料(データ)を集めるのか

> 一次資料と二次資料

研究課題が適切に設定できたら，次にその課題を解明するためにどのような資料(データ)を，どこから，どうやって集めるのかを決めていくことになる。まずは収集する資料の種類であるが，ときに**一次資料**，**二次資料**といった用語が使われることがある。その意味するところは，研究分野によって多少異なってくるが，概ね一次資料とは，それ自身で完結したオリジナルな資料，あるいは生(raw)のデータのことをさし，二次資料とは，一次資料を材料として編集・加工した資料，あるいは一次資料を検索するために用いられる書誌(bibliography:解説つき文献リスト)，目録，索引，抄録(abstract)などをさすことが多い。

研究指導などでは，「二次資料ではなく一次資料にあたることが重要」と指摘されることがある。この意味するところは，他者が引用し編集した資料ではなく，よりオリジナルな資料を収集する努力をすべきだということである。たとえば，会議の要約記録ではなく議事録そのものを収集する，グラフなどに加工された統計情報ではなくその元になった統計情報そのものを収集する，あるいは，研究者自身がインタビューなどを通じて資料を収集する，といったことが望ましいということである。

たしかに，資料の品質(quality)としては，二次資料より一次資料のほうが高い。また，安易に二次資料を収集することによって満足している研究は，研究そのものの水準も低いものになりがちである。しかし，二次資料が役に立たないというわけではなく，あるト

ピックの概観的な情報を入手したり，そのことに関する情報検索のためには，二次資料にあたることが重要な研究手法となる。あるいは，一次資料を収集することが困難な場合は（オリジナルな資料へのアクセスが制限されている場合など），二次資料を収集して研究を進めることになる。より重要なことは，研究者自身が，みずからが収集している資料が一次資料なのか二次資料なのかを，十分に認識していることである。

> 量的データと質的データ

最終的に分析の対象となる資料という意味では，社会福祉研究も含めた社会科学的な研究においては，量的データと質的データに二分されることになる。

量的データは，数値型データとも呼ばれ，文字どおり 18, 0.25, 32％といった数値で示されるデータである。量的データの収集には，通常，*Lesson6* でも解説されたなんらかの「尺度」（ものさし）が必要となってくる。逆にいえば，*Column* ❹ で紹介している 4 種類の尺度を使って集めたデータを量的データと見なしているわけである。ただし厳密にいえば，4 種類の尺度の中でも，間隔尺度と比率尺度を用いて測定したデータのみが純粋な量的データであるといえる。名義尺度や順序尺度を用いて測定したデータは，数値として足したり引いたりできないという意味においては，質的データ（カテゴリカルなデータともいう）ということになる。

しかし実際の分析では，順序尺度を間隔尺度に準ずるものと見なして使用したり（見なし間隔尺度），名義尺度もダミー変数という形式に変換して，他の水準の尺度と同様に取り扱って分析を進めることがある。つまり順序尺度や名義尺度のデータでも，量的データであるということになる。じつは一般的には，**量的研究**とは，こういった量的データを収集し分析を行う研究をさすのである。

Column ❹ 尺度の水準

　実証研究で使用される尺度（ものさし）の種類を解説する際には，尺度の水準（level of measurement）によって分類されることが多い。ここでいう水準とは，純粋に数値としての特性をどれだけ持っているかという点からのみ判断されるので，以下のように水準の高低によって4種類に分類される。

① 名義尺度（nominal scale）　もっとも低い水準の尺度。「男/女」「はい/いいえ/どちらともいえない」などのラベル（ものさしでいうなら目盛り）のみを与える。1や2という具合に数値をラベルとして与えることもあるが，数量的には何の意味ももたない。

② 順序尺度（ordinal scale）　与えられるラベルには，少なくとも順序がある尺度（たとえば学歴，震度など）。数値が与えられた場合は，1より2のほうが大きいということは示されるが，四則演算はできない。ただし，2変数間の関連を数量的に示すものとして，順位相関係数は算出できる。

③ 間隔尺度（interval scale）　与えられるラベルは，数値としての特性を有している。つまり，1と2の間の差は，2と3の間の差と等間隔となる。この水準からの尺度では，四則演算が可能であり平均値や標準偏差も算出できる。原則としては，分析のために統計的手法を活用するには，この水準以上の尺度を使う必要がある。

④ 比率尺度（ratio scale）　もっとも高い水準の尺度。間隔尺度に加えて絶対ゼロ点を有するもの（たとえば，身長や温度など）。

社会科学分野の実証研究の場合，いかにして間隔尺度水準のレベルをもつ尺度を使用できるかがポイントとなる。しかし，社会福祉研究において資料収集の対象を測定する間隔尺度が容易に手に入るかというと，むしろ困難である。したがって研究者は，まず尺度づくりから始めることになる。調査票などで，ある文章に対して「かなりそう思う」から「まったくそう思わない」といった選択肢を5段階で用意して尋ねているものなどは，間隔尺度での測定をめざした工夫である。ただし工夫して独自の尺度を作成した場合には，その尺度の信頼性・妥当性の証拠を示す必要がある。うまく示せない場合は，その尺度を用いて行った測定は，意味がないことになってしまう。そのようなことを避けるためには，既存の尺度で信頼性・妥当

> 性の証拠が示されているものを使うという手もある。心理学分野では，そのために尺度集が出版されている（堀［2001］）。

　質的データの形態には，さまざまなものがある。ある事象に，ア，イ，A，Bなどのコードを割り振る場合，性別における男性，学歴における大卒といった，上述したカテゴリカルな尺度によって集められたデータなどが一般的なイメージである。加えて，いわゆる文書も質的データであり，歴史的資料や古文書，法律の条文や行政から出される通知，議会や会合の議事録，さまざまな報告書，小説・評論や日記・手紙，新聞や雑誌の記事など多様なものがある。これらはまた，「ドキュメント」あるいは「テクスト」と呼ばれることもある。また，実験室での観察や参与観察などを通して記述された記録も，質的データとなる。社会福祉研究でよく用いられる事例も，記述の中に量的データがあるとしても，全体としては質的データということになる。そしてこのような質的データを取り扱う研究のことを，**質的研究** と呼ぶのが一般的である。

　1つの研究課題の解明のために，常に単一のあるいは1種類の資料のみが集められるというわけではない。複数の資料，あるいは量的データと質的データの両方を収集して，研究課題の解明をめざすことは珍しくはない。したがって，1つの研究で量的研究と質的研究が「同居」することになるわけである。このことからも，ある研究が質的研究か量的研究かを定め，その有用性を議論することがあまり実りの多いものではないことがわかる。

2 資料を集める対象はどのようなものか

集める資料の種類が決まったら、次にどこから資料を収集するかを決めていくことになる。資料収集の対象というだけでなく、研究結果の一般化の対象ということを含めて、研究そのものの対象の意味で、**研究単位**（unit of analysis）という概念が使われることがある。ここでは、以下の4種類の研究単位を説明することによって、どこから資料を収集するのかについて解説する。

研究単位としての個人

後で述べるインタビューや質問紙調査の対象は、もっぱら個人（individual）であることが多い。社会福祉研究でも、個人を対象としたアンケート調査や面接調査が多数みられるが、いったい何人の個人を対象にしてデータを集めればよいのか、あるいは誰を対象にデータを集めれば妥当なのかは、常に議論になる点である。Lesson6でのサンプリングの説明では、厳密な仮説の検証には無作為抽出が不可欠であることが述べられているが、無作為抽出が行われていなければ、その研究には意味がないのであろうか。

(1) サンプルサイズはどれくらいが妥当か　何人を対象にするかというサンプルサイズの問題は、統計学上の誤差をこの程度に設定したければこれぐらいのサイズになるという公式はある。ただし実際にこの公式を使ってサンプルサイズを決定することはあまり多くはなく、データ収集の現場では、1人でも多く集めるほうがよいというのが本音であろう。むしろ、予算や倫理上の問題などで、ある程度の規模に収めなければならないというケースが圧倒的に多い。

目安としては、後で述べる分析方法において多変量解析などを活

用することを前提とするなら，500件程度のデータを収集するのが望ましい。ただしこれで十分かというとそうではなく，分析において変数を加工あるいは選択して用いていくと，1000件でも少なすぎるという事態も起こりうる。逆に100件や50件だと収集しても意味がないのかといえば，必ずしもそういうわけでなく，統計学的に結果を提示するには苦しいが，設定された研究課題の内容によっては，有意義な研究結果と見なされることもありうる。ただし，20件に満たないサンプルサイズの場合は，量的研究というよりも，20例の事例による質的研究といったほうがよいかもしれない。

(2) 無作為抽出でなければ意味がないか　　対象となる個人を集める方法が無作為抽出でなければ，分析に統計学の手法を活用できず，研究結果も偶然の産物であり一般化できないものであるということは，偽りではない。しかし，無作為抽出の実施は非常に高いコストを伴うことから，行政調査やマスコミ等の世論調査，あるいは数百万，数千万円単位の研究費を投入して行われる学術調査が中心となり，大学院生や現場の職員が実施することはかなり困難である。社会福祉研究の場合も，いわゆるavailable sample（とりあえず手持ちのサンプルを使う，調査に応じてくれる人だけ調査するといった意味）を使うことが多いようである。また社会福祉研究の場合は，そもそも，無作為抽出を行うための母集団の名簿の入手が難しい，あるいは存在しないことが多い（たとえば，精神障害をもつ地域在住者や児童虐待を行っている親の名簿など）。

それでは，そういった社会福祉研究が無作為抽出でないからといって，研究結果にまったく意味がないかというと，サンプルサイズの場合同様に，必ずしもそうとはいえない。つまり，設定された研究課題の内容によっては，十分に意味のある研究結果にもなりうる。たとえば，研究課題が「ある市のひとり暮らしの高齢者の割合

は高齢者全体の何割ぐらいだろうか」というもので，その市内の1つの町内に住む高齢者100人を調査し，その3割がひとり暮らしだという結果は，残念ながら限りなく意味がないし公表する必要もない。しかし同じ100人を対象として，「テレビを見ることと外出することのどちらのほうが高齢者のQOLに影響を及ぼしているのか」という研究課題で調査を行った結果は，いくつかの制約付きではあるし結果の内容にもよるが，学会などで公表できるものになる可能性はある。つまりこの例では，前者の研究課題が，既に全数調査や無作為抽出調査といった厳密な手法によって，行政などが数多く実施している調査にみられる「ありふれた」課題なのに対して，後者の研究課題は，これまでの研究ではあまり行われておらず新しい知見となるかもしれないので，意味があるということなのである。

(3) 事例研究には何例の事例が必要か　研究単位が個人となるのは，事例研究でもありうる。それでは事例研究を実施する際には，事例をいくつ提示すればよいのだろうか。あるいは，事例をどのようにして選べばよいのだろうか。じつはこれらの問いに対する正解はなく，さらにいえば，事例研究を行う際にこういった問いかけをすること自体に意味がないのである。「1事例より2事例，5事例を提示したほうが良い研究である」「特異例の事例よりも典型例の事例を提示したほうが，良い研究である」。このような見解は，間違いというわけではないが，常に正しいとは限らない。

重要なのは，収集した事例を使って「何を見出そうとしているのか」，言い換えれば，「生」の材料（データ）である事例に「何を語らせようとしているのか」なのである。もちろん，何を見出し何を語らせるかの目的は，研究課題の解明である。つまり，設定された研究課題に応じて，どのような事例をいくつ集めるのかといったことがおのずと決められてくるわけである。質的研究で使用される「理

論的サンプリング」(theoretical sampling) という用語は，概ねこの意味で用いられている。したがって，1事例だけでも，あるいは特異例の事例でも，研究課題を十分に解明することができれば，良い研究になりうるのである。

> 研究単位としての集団

家族や地域住民あるいはグループホームといった組織が，研究の対象として設定されることがある。このような場合，研究単位は集団（group）となる。このほかに研究単位としての集団には，親子，兄弟，友人グループ，学級（クラス），町内会，自治会などのさまざまな形態の個人の集まり，特別養護老人ホームや社会福祉協議会などの機関や組織，市町村，都道府県，国などが含まれる。

上記のような集団を対象として資料を収集する方法は，個人から収集する場合よりも多様なものとなる。集団から直接聞き取り，あるいは観察などを通して資料を収集する方法のほかにも，すでにその集団に関して公表されている指標などを収集することもできる。とくに研究単位が市町村，都道府県，国などの場合には，さまざまな統計資料などが入手できる。若干混乱することとして，研究単位は集団ではあるが，資料の収集単位は個人である場合，あるいは後述する Social Artifact である場合がある。たとえば，家族員である個人に，家族人数，世帯主の年収，家族員の学歴などを尋ねる場合などである。しかしこのようにして個人から収集された資料であっても，調査研究上の関心が家族にあるのであれば，あくまでもそれは家族という集団の資料として取り扱われねばならない。

このことと関連して，分析の際に注意すべき**生態学的誤謬**（ecological fallacy）の問題がある。これは，集団として収集した資料を分析したにもかかわらず，その結果をその集団ではない個人などにまで当てはめてしまう誤りのことである。たとえば，ある県の

全市町村の平均世帯収入と年間児童虐待発見件数を調査し，世帯収入が低いことと虐待発見件数が多いことの関係が見出されたからといって，世帯収入が低い家族で，あるいは世帯主の収入が低いと児童虐待が発生する確率が高いという知見は見出せない。つまり，「市町村」という単位で資料収集したものを，「家族」という別の集団あるいは「世帯主」という個人に当てはめて分析することはできないのである。

研究単位としてのSocial Artifact

Social Artifact とは，人工的な生産物あるいは人間の行動そのものという意味で，そういったものが研究単位となり資料収集の対象となる場合がある。社会福祉研究の場合は，文字で書かれた著作物や文書が研究単位となることが多い。たとえば，法律や通知など行政が作成した文書，国会，委員会，審議会などの議事録，公的あるいは民間のさまざまな組織などが出している数多くの統計資料や報告書，雑誌や新聞の記事，資料的価値のある日記や書簡などである。Lesson3 で紹介された「レビュー論文」は，Social Artifact である学術雑誌記事（論文）を研究単位とした調査研究の一種であるともいえる。

このような文書の収集のためには，以前はまずは図書館や資料館に出向くことが必要であった。しかし現在ではインターネットの普及により，以前とは比較できない広範囲かつ短時間で資料を収集することが可能になった。今後は，インターネットや電子メールを駆使して資料収集ができる知識と技術を身につけることが，研究者にとっては必須のものとなっていくことであろう。

研究単位としての Social Artifact としては，上で述べた文書以外にも，人間の営みそのものが対象となることがある。たとえば，「要介護高齢者の家族介護」や「思春期における友情」といった営み

が研究単位となりうる。ただし，これらを研究単位にする場合には，資料収集の方法になんらかの工夫が必要になってくる。「介護」や「友情」を研究単位として，たとえば，良い介護（友情）と悪い介護（友情）のどちらが多いのかを明らかにしたいという研究課題を設定した場合に，介護や友情という営みを観察して資料を収集するには，まず「良し悪しの尺度」を作成してから観察することが必要となる。あるいはインタビューによって資料を収集するにしても，「良し悪しの基準」を設定して聞き取りを行うことが必要となるであろう。

| 研究単位としての既存データ（二次的使用） |

厳密にいえば研究単位という用語を用いるのは好ましくないが，研究の対象の資料という意味で，すでに収集されたデータを活用することがある。このような既存のデータを分析する調査研究のことを，**二次分析**（secondary analysis）と呼ぶが，日本ではこれまであまり推奨されてこなかった。その理由の1つに，そもそも入手して分析ができるような既存データが公開されていなかったということがある。しかし近年，*Lesson6* の *Column* ❸ でも紹介されたように，公共的な利用を前提としたデータアーカイブが設立されており，二次分析が行える環境が整いつつある。

　じつは二次分析は，自由に使える豊富な研究資金を持たない大学院生などにとっては，非常に有効な資料収集の方法である。一般的に公共的なデータアーカイブに保存されているデータは，数百万，数千万の研究資金を投入して収集した非常に「高品質」なデータであるので，データの品質に気をとられることなくデータ分析に専念できるのである。またサンプル数も十分な数が確保され，無作為抽出などの手続きも厳密に行われており，より高度な分析方法を活用するチャンスが多くなる。このようなデータを分析することにより，研究成果としての学会発表や学術誌への投稿などの可能性が増える。

たしかに，次節で紹介するようなデータ収集の方法を実際に経験することのないままにデータ分析に携わるなどのデメリットもあるが，今後は資料収集の有力な選択肢として，既存データの入手を念頭に置くことも必要であろう。

3 どのような方法で資料を収集するのか

研究単位を確認し資料収集の対象が決定した後には，次にどのような方法を用いて資料を収集するのかを考えることになる。資料収集の方法にもさまざまなものがあるが，ここではおもに，研究単位が個人あるいは集団である場合によく用いられる方法について述べる。これらの方法にはそれぞれ一長一短があるが，どの方法を採用するのかを選択する際には，収集されるデータが正確なものであるかどうか（正確さ），対象からもれなくデータを収集できるかどうか（回収率），費用はどの程度かかるのか（コスト）といったことを考慮することになる。

<u>インタビュー（面接調査）</u>

インタビューは，個人あるいは少人数のグループを対象として，フェイス・トゥ・フェイスで聞き取りを行う方法である。あらかじめどのくらいの「シナリオ」（聞きたい質問）を用意しているかによって，**構造化された**（structured）**インタビュー**，**半構造化された**（semi-structured）**インタビュー**，**自由な**（unstructured）**インタビュー**に分けられる。次項で述べる質問紙をあらかじめ用意し，それを読み上げながら行うインタビューは，もっとも構造化されたインタビューの一種である。また質問紙を用意するほどではないが，あらかじめ聞きたい質問のリストや聞きたい事柄の内容のメモ書き程度

を用意して行うのが，半構造化されたインタビューということになる。

　インタビューによって収集されるデータの正確さは，非常に高い。とくに調査研究を企画した研究者自身が行うインタビューは，対象から直接データを収集するわけであるから，これほど正確なデータはほかにないといえよう。ただし，研究者自身が直接インタビューできるサンプル数は，期間を決めて行う調査では最大でも100サンプル程度であろうから，それ以上のサンプル数を収集する際には，他の誰かにインタビューを依頼することになる。そうなってくると，データの正確性は低下せざるをえない。とくに半構造化されたインタビューを他者に依頼する場合は，データの正確性はかなり低下すると考えたほうがよい。

　インタビューは，他の方法に比べて回収率も高くなるのが一般的である。もちろん，インタビューの対象者には拒否する権利があるので，いつも回収率が100％になるわけではないが，郵送調査などにおいて書面で調査への協力依頼をする場合よりも，直接会って協力依頼をするほうが，調査に協力してもらえる確率が上がることは間違いない。インタビュー調査による回収率は，少なくとも60％，ふつうは70％程度を期待することが多い。

　インタビューの難点は，コストがかかることである。研究者自身がすべてのインタビューを行う場合でも，移動や謝礼に要する費用が必要になる。他者に調査員としてインタビューを依頼する場合には，調査員の雇用費や移動の費用だけでなく，調査員の訓練，調査実施の管理といった費用が必要となり，膨大なコスト増にならざるをえない。近年は，専門の調査会社に委託してインタビュー調査を実施することが多くなっているが，その際の1サンプルあたりのコストは，数千円から1万円程度になるようである（調査地域の範囲

や調査内容・時間によって異なる)。つまり500サンプルのデータを収集するには,少なくとも数百万円程度の費用を準備しなければならないのである。

個人だけでなく,グループを対象にしてインタビューを実施することもある。ただしこの場合,多くても10数人程度のグループが適当であろう。グループ・インタビューは,structured よりも semi-structured や unstructured なインタビューを行うことが多いので,聞き手の側にも,単なる質問者の役割だけでなく,司会,ファシリテーター,モデレーターといった,効果的に情報を引き出す役割が課せられることになる。近年社会福祉研究でも行われるようになった**フォーカス・グループ**(focus group)**・インタビュー**は,特定のトピック・話題を深く掘り下げるために,その目的に適したメンバーを意図的に集め自由に意見を出してもらうというグループ・インタビューの一種である。

質問紙調査

質問紙調査は,収集したい情報を,あらかじめ質問の形式にして作成される**質問紙**(questionnaire:調査票とも呼ぶ)を用いて行う方法のことである。質問紙への記入を,調査対象の回答者自身が記入する自記(自計)式と,研究者や調査者が回答を書き取っていく他記(他計)式がある。調査対象者に個別に面接して他記式で行う調査は,上で述べた構造化されたインタビュー調査でもあるが,質問紙調査の場合は,聞き手の自由度は少なく,半ば機械的に質問を読み上げ回答を書き取っていくことになる。

質問紙調査でもっともよく行われるのは,**郵送調査**(mail survey)である。郵送調査では,依頼文書や記入要領とともに質問紙が直接対象者に郵送され,対象者が自記式で回答し返送することになる。したがって,インタビュー調査と比較すると,収集されるデータの

正確性や回収率は，かなり低下せざるをえない。その反面で必要とされるコストは，インタビュー調査よりは大幅に安価である。調査対象の範囲を，日本全国あるいは全世界に設定することも可能である。

　データの正確性や回収率を少しでも向上させるために，郵送調査で用いられる質問紙は，かなりの時間をかけて入念に配慮されたものが作成される必要がある。したがって，質問の形式や言い回し（ワーディング），選択肢の設計，キャリーオーバー効果（直前の質問への回答が，その後の質問への回答傾向に影響を与えてしまうこと）を考慮した質問の順番などについての知識が必要となるが，ここでは詳しく触れないので，社会調査や心理調査の教科書等を参考にしてほしい（盛山［2004］，髙野・岡［2004］）。

　郵送調査の欠点を補う方法として，**留置調査**（とめおきちょうさ）という調査法がある。これは，質問紙を郵送あるいは個別に配票し，自記式で記入を依頼した後に，一定の期間を空けて対象者のところへ直接質問紙を回収に行くという方法である。この方法の利点は，回収率が向上するというだけではなく，質問紙の回収時に簡単に記入上のチェックができるので，データの正確性が向上するということである。しかしそれでも，時間をかけたインタビュー調査よりはデータの正確性が犠牲にされることになる。また，コストも郵送調査に比べるとかなり増大し，インタビュー調査と同等の費用がかかることもある。

　質問紙調査の一種で，同じ時間同じ場所に数十名，数百名かの対象者を集めて，同じ質問紙を配布して自記式でいっせいに行う「集合調査」という方法もある。データの正確性もある程度確保でき，回収率も100%に近く，コストもかからない方法ではあるが，同じ時間同じ場所にどのようにして望ましい対象者を集めるのかという根本的な問題があり，無作為抽出のサンプルを集合させることなど

は，ほぼ不可能に近い。また，集合のための移動の費用を考えると，むしろコストは膨らむことになる。

> 電話調査

電話調査は，文字どおり電話を使ってデータを入手する方法であるが，対面の面接ではなく電話を使ったインタビュー調査，あるいは電話を介して質問紙を読み上げ回答を書き取っていく質問紙調査ともいえる。電話調査のメリットは，安価なコストで大量のサンプルを，広範囲な地域から入手できるところにある。以前は電話帳を元にして無作為に電話番号を拾い上げてサンプルを選んでいたが，近年ではパソコン等を使ってランダムに電話番号を生成してサンプルを選ぶ方法が多くなっている。

電話調査によるデータの収集では，入手できるデータの量と質に疑義が残る。電話によるインタビューとはいうものの，1時間を超えてインタビューを続けるのはあまり現実的ではない。ランダムに生成した電話番号にいきなり電話をして行う場合などは，長くても数分程度に時間を区切らないと，迷惑行為として拒否されることが多くなってくる。したがって電話調査が活用できるのは，簡単な世論調査やマーケティング調査などに限られてくる。

近年電話調査に代わる手法として，電子メールを利用した調査，あるいはウェッブ上のホームページなどに調査票を公開しておき，それに回答してもらうという方法がみられるようになってきた。この方法もコストが安価であるというメリットもあるが，いったい誰が回答しているのか定かでないという面もあり，データの正確性という点では心許ない。

> 観察

資料収集の対象の言動あるいは営みを，直接見聞し経験したうえでそれを記録するという方法は，古くから調査の手法として活用されてきた。社会調査

の発端であるとも記される有名な J. ハワードの監獄事情の調査は，主として観察によって行われたものである。ひと口に観察といっても，心理学などでよく活用される，研究者が観察状況を設定し対象者になんらかの言動を要求するような実験的観察から，その対極ともいえる文化人類学などで用いられる，研究者が観察対象者の集まり，コミュニティ，社会などにその一員として参加しつつ観察を行う参与観察までさまざまな形態がある。ここでは詳しく紹介しないので，心理学，社会学，人類学といった分野の参考書を参照してほしい。

観察によって収集したデータは，記録の形式にもよるが，いわゆる質的なデータは正確性が高くなる。たとえば，録音記録やビデオ記録といった形式によるデータの正確性は，観察の対象となった事象の再現性という意味では非常に正確である。他方，観察による量的なデータは，ある種の言動を単純にカウントして記録するという方法であっても，なんらかの尺度や基準があらかじめ用意されており，また研究者以外に記録を依頼する場合は，その記録者に十分な訓練を提供することによって，はじめてデータの正確性が確保される。そのようなことも考えると，観察によるデータ収集にもある程度のコストが必要になってくる。

4 どのようにして分析を進めるのか

分析のための資料の整理

(1) エディティングとコーディング　資料の収集を終えて手元に収集した資料が入手できたなら，いよいよ分析にかかることになる。ただし実際の調査研究の手順では，分析に入る前に，収集

した資料の点検・整理といったプロセスがある。前節で述べた二次分析以外は，分析に耐えうる資料を得るためになんらかの「加工」が必要になる（二次分析の場合は，オリジナルな資料の収集者によってすでに加工済み）。

　たとえば質問紙調査で回収された質問紙は，まず回答の記入漏れはないか，勘違いをして誤った記入をしていないかなどを点検する必要がある（**エディティング**とも呼ばれる）。さらに，後で述べる分析方法で統計的手法を活用する予定があるなら，生のデータを量的データに変換しておかなければならない。このために**コーディング**という作業が行われるわけだが，コーディングは，質問紙を作成する段階でも行うことが可能なので（プリ・コーディングと呼ぶ），資料収集後のコーディングは，アフター・コーディングを実施することになる。アフター・コーディングはたいへん手間のかかる作業なので，できれば質問紙を作成する段階ですべての質問項目であらかじめプリ・コーディングされているのが望ましい。しかし，どうしても自由記述を取り入れる必要がある質問を設定しなければならない場合には，アフター・コーディングを行うことになる。エディティングやコーディングの詳細については，巻末の参考文献等を参照してほしい。

　(2) **データセットの作成とデータクリーニング**　エディティングとコーディングが終わると，データセット（データファイル）を作成することになる。データセットは，行と列で構成される表計算ソフトウェアのファイル形式に入力されるのが一般的で，行部分に個人あるいはケース番号，列部分に質問紙の質問への回答が入力される形式のファイルとなる。もっともよく知られているのは，マイクロソフト社の表計算ソフトウェアであるエクセルであろうから，エクセルのファイル形式といえばわかりやすいであろう。また，心

理学や社会科学でよく使われる統計解析ソフトウェアのSPSSを分析の際に使用するならば、SPSSのシステムファイル形式のデータセットを作成する必要がでてくる。

　データセットを作成後、いま一度データの点検を行うことになる。たとえば、エディティングの段階では点検が難しいような、ある質問に対して見当違いの回答をしているグループの存在や複数の質問間での論理的整合性などの点検を行う。このためにこの段階で、単純集計やクロス集計を実施するわけである。さらにデータの修正が必要になった場合には、可能であればもう一度対象者と連絡を取って回答の補充や修正を行うことがある。これらの作業は**データクリーニング**と呼ばれ、データクリーニングの終了後に、ようやく分析に耐えうるデータセットが準備できるわけである。データクリーニングに要する期間は、サンプル数や質問数により異なってくるが、はじめて質問紙調査を実施するような人にとっては、予想していたより時間がかかることが多いようである。したがって調査の計画段階から、データクリーニングに十分な時間をみておいたほうがよい。

　(3) テキストデータの整理　　質問紙以外の方法で収集された資料も、なんらかの整理が必要になってくる。インタビュー調査や観察調査で入手した膨大な質的データ（テキスト）は、おそらくテープやICレコーダーに録音されるかノートに記録されるはずである。録音媒体はまずテープ起こしされて文字の情報に変換されてノート記録と同様の形式になり、他のノートやカードなどに整理されていく。整理をする際によく使用されるカードに、「京大式カード」や「情報カード」と呼ばれるB6判大のものがあり、さらにはそれらのカードをパソコン上で取り扱えるカード型データベースのソフトウェアも開発・市販されている。そういった道具の活用方法等は、他の文献で学んでほしい。

量的データの分析

資料の分析については，大きく量的データと質的データに分けて解説していく。まず量的データの分析には，以下のような段階を踏まえて分析を進めていくのが標準的である。ただしここでの量的データには，名義尺度で測定されたカテゴリカルなデータも含まれる。

(1) 単純集計　量的データの集計は，まず単純集計と呼ばれる，質問紙などで設定された設問の選択肢どおりの回答の分布を集計することから始まる。もちろんこの単純集計の段階で，研究課題に応える結果を提示することは可能である。マスコミ等で発表される世論調査は，ほぼすべて単純集計の結果である。このような調査研究では，厳密にいえば分析手法を活用するということは想定されていない。むしろ，質問紙を設計・作成する段階で，研究のプロセスがほぼ完了しているという見方もできる。

学術的な研究においては，単純集計でのみ調査結果の提示を終えることはあまり考えられない。その場合単純集計は，以下に続く分析のための準備段階である。まずは，いくつかある選択肢に何人回答しているのかという分布（度数分布という）を確認し，大きな偏りがないかどうかを確かめる。度数分布の偏りがあまりに大きい場合，たとえば99％のサンプルがある1つの選択肢に回答しているといった場合には，その質問によって収集されたデータは分析には使えない場合が多い。このときにまた，平均値や標準偏差という指標を計算し提示することが必要になることもある。後述する多変量解析を活用した分析を考えている場合には，度数分布や平均値および標準偏差を確認することは重要になってくる。

また単純集計により，回答していないサンプル数である **欠損値** の確認も同時に行う。欠損値があまりに大きい場合（回答している者が非常に少ない）などは，その質問から入手したデータは使えな

いと判断せざるをえない。ただし統計的手法を使う際には，欠損のあるデータになんらかの数値（平均値や中央値あるいは特定の値など）を代入して分析を実施することがあるので，欠損データをもつサンプルは不要なサンプルであると考えるのは早計である。

(2) クロス集計と相関分析　　単純集計により，分析に耐えうるデータが確認されたなら，次は2つの質問の回答の仕方の関連をみるために，クロス集計を行う。つまり，2変数間の関連を探索し提示する分析方法である。さらに2つの変数の1つを原因となる変数，いま1つの変数を結果の変数として設定することにより，因果関係の探索あるいは検証が可能となる。したがってクロス集計を駆使することにより，設定された研究課題の解明をめざした結果が提示できるのである。

クロス集計は，一般にクロス集計表を作成して結果を提示することが多い。1つの変数の選択肢が2つで，いま1つの変数の選択肢が3つの場合には，2×3のクロス集計表を作成することになる。このようなクロス集計表を提示することによって，2変数間のある種の関連が観察できる（たとえばYという変数の選択肢が1であれば，Xという変数の選択肢は2となる傾向があるなど）。このときに，あくまで観察から見出した傾向であるので主観的な判断で終わってしまわないようにするために，**カイ二乗（χ^2）検定**という統計手法が使用される。クロス集計表による分析は，最大でも5×5程度に抑えるべきで，10×10のクロス集計表といったものは，クロス表の解釈も困難であるし，カイ二乗検定の適用も意味がなくなる。

関係を探りたい2つの変数が連続量（年齢や身長など）であるときには，相関分析を行う。一般的に相関分析で用いられるのは**相関係数**を算出することだが，じつは相関係数にもいくつかの種類がある。中でももっともよく用いられるのが**ピアソンの積率相関係**

数 (r) であり，ふつう相関係数というとこの r のことをさす。さらに，変数が連続量でないときにも算出できる相関係数も考案されている。つまり，前述したクロス集計で観察される2つの変数間の関係の強さも，数値で表すことが可能なのである。これらの係数は，相関係数との混同を避けるために，関連係数などと呼ばれるもので，クラマーの V 係数や ϕ（ファイ）係数などがよく用いられる。詳細については，社会調査や統計学の教科書で学んでほしい。

(3) 多変量解析　クロス集計が2つの変数の関連をみる分析手法であるのに対して，関連をみる変数が3つ以上になる分析手法を多変量解析と呼ぶ。これは，2つの変数の関連だけでは，うまく説明がつかない，あるいは研究課題に応えられないというときに使われることになる。じつは私たちが収集するデータは実験室からのデータではなく，「生」の社会から入手するデータがほとんどなので，3つどころかさまざまな変数（要因）が絡み合っているとみるのが普通である。つまり社会福祉研究で収集されるデータは，本来多変量解析を行うべきデータであるともいえる。

しかし多変量解析の分析手法には，複雑なものが少なくなく，また分析をするにあたってさまざまな前提条件を必要とすることから，単純に分析手法を駆使すればよいというものでもない。分析手法を誤って適用してしまうと，間違った知見を提示してしまうことにもなる。ただ以前と比較して飛躍的に進歩したこととして，パソコンの進歩と多変量解析ができるソフトウェアが誰にでも使えるようになったことがある。数十年前は大型コンピュータでのみ可能であった計算が，今や普通のパソコンと十数万円のソフトウェアで可能になった。この点からだけみるなら，もっと気軽に多変量解析が行われてもよいと思われる。

数多く考案されている多変量解析のうち，どの方法を使えばよい

のかについては、ほかに優れた文献がいくつか出版されているので、それらを参照してほしい（古谷野［1988］、内田・菅・高橋［2005］）。ここでは、社会福祉研究で比較的用いられる機会が多い、「回帰分析」と「因子分析」について簡単に説明する。

① 回帰分析　　一般的に **回帰分析** は、*Lesson6* で述べられた仮説の検証、とくに原因となる独立変数あるいは説明変数（x）と結果となる従属変数あるいは被説明変数（y）との間に、統計学的に有意な関係があるかどうかを確かめる際に使われることが多い。つまり、2つの変数の関係を確かめる手法なのだが、これは上に述べた相関分析でも可能である。したがって実際に回帰分析を行うのは、1つの従属変数に対して2つ以上の独立変数、つまり2つ以上の原因となる変数の中でどの変数が関係しているのかということを探るためである。

独立変数を2つ以上用いる回帰分析のことを **重回帰分析** と呼ぶのだが、社会科学分野で回帰分析を行う際には、ほぼ重回帰分析が行われているといっても過言ではない。これは、前述したように社会の中でさまざまな要因が絡み合っている現象を分析しようとするのであるから、当然といえば当然のことである。ただし、そうだからといって、独立変数を多く用いれば用いるほどよいというわけでもない（回帰分析では理論的には、独立変数はいくつでも用いることが可能）。独立変数が多くなるにしたがって、誤った計算結果が算出される多重共線性（multicollinearity）などの問題が起こる可能性が高くなり、間違った解釈を導く結果になってしまうようなこともある。このあたりのことは、統計学の文献で学んでほしい。

重回帰分析を活用して理論モデルの検証を試みる統計手法に、**パス解析** と呼ばれるものがある。パス解析を活用することによって、たとえば *Lesson5* の図 **5-2** や *Lesson6* の図 **6-1** に示すように、いくつ

Column ❺ 共分散構造分析

共分散構造分析は，本文でも触れた回帰分析，パス解析，因子分析などの既存の統計手法を，ある意味すべて包含するような統計手法で，従来の手法に比べて前提条件や変数の設定などについての自由度が高いことからも，新世代の多変量解析とも呼ばれている。

この手法の大きな特長は，概念モデル（パス図と呼ばれる）を図示したうえで，描いた図全体を総体的に，統計学的に妥当なものであるかどうかを検証できるところにある。つまり，研究者が次々と描き出す理論モデルを，悪くいえば片っ端から検証していくことが可能になる分析手法なのである（もちろん，モデルに組み込まれた変数が適切に測定されることが前提ではある）。したがって数多くの要因が複雑に影響し合っている現実世界を研究対象とする社会科学分野においては，まさに理想的な分析手法である。

ただし，他の多変量解析の手法と同様に，その原理を理解することは，文系出身者にとっては容易ではない。さらに重要なことは，研究者が検証に値する理論モデルを提示できるかどうかということである。つまりこの手法を活用すると，理論的にあまり意味のないモデルでも統計学的には非常に意味があるという結果になってしまう可能性があるので，誤った結論を導くことも考えられる。検証されるモデルは，十分に吟味したものであることが必要なのである。

以前は，実際のデータでこの手法を実行するには，高価なソフトウェアや使い勝手の悪いソフトウェアを使うしかなかった。ところがパソコン上で動くソフトウェアの開発は日進月歩で，現在では，パソコン上でグラフィカルにパス図を描くだけで，そのモデルの妥当性検証のための指標の計算が可能になった（Amos がよく使われている）。また解説書等も，より初級者向けに書かれたものが（涌井・涌井［2003］，田部井［2001］）出版されているので，それらを参考にしてぜひチャレンジしてほしい分析手法ではある。

かの概念とそれらの間の因果関係を示す矢印から構成されるモデルが，妥当なものであるかどうかを実証的に検証することが可能にな

る。ちなみにパス解析のパスは，モデルに示された矢印のことをさしている。そして近年，モデルの検証をする目的で活用できるさらに高度な統計手法として，**共分散構造分析** が登場してきた（*Column* ❺）。パソコン用のソフトウェアも開発されているので，基本的な知識を習得すれば，こういった分析手法も駆使することができる。

② 因子分析　**因子分析** は，多数の変数によって示されている背後にある潜在因子を探るというのが本来の目的であるが，社会福祉研究では，変数の分類やグルーピングに用いられることが多い。たとえば，施設の職員が感じているストレスを50項目の質問で尋ねたものを，5つぐらいの大きなカテゴリーにまとめたいといった場合に因子分析が行われる。因子分析では，設定を変えることによって，50項目を5つのカテゴリーに分けるといった分析だけでなく，その逆に50項目がいくつの大きなカテゴリーに分けられるのかを探ることもできる。

　実際には上のような例だと，あらかじめ5つのカテゴリーを考えたうえで，それぞれのカテゴリーにおいて10個の質問項目を設定して質問紙を作成していくのが一般的であろう。その場合因子分析の手法を，あらかじめ設定したカテゴリーとそこに属する質問項目が正しくグルーピングされるかどうかを確かめるために用いることもできる。近年用いられることが多くなってきた **確認的因子分析**（confirmatory factor analysis）は，そのような目的のために開発された因子分析の手法である。因子分析についても，さらに統計学の文献等で学んでほしい。

質的データの分析

前節で述べたように，質的データも統計的手法を用いて分析することは可能ではある。しかしここでは，統計的手法以外の分析方法（以後，質的研究手法と呼ぶ）について述べる。そもそも質的研究手法は，さまざまなア

プローチが存在はするものの，量的データの分析手法に比べると体系的に整理されていないこともあり，系統的に習得していくことが容易ではない。ある種の手法は，徒弟制度的な環境の中で経験的に習得していくしかないという現実もある。したがって，研究課題の解明に有効な質的研究手法を習得することは，じつは統計的手法を習得するよりも相当難しいのである。数学的な知識を必要とする統計的手法の習得が難しいので，一見やさしそうにみえる質的研究手法を選択するという考え方は，大きな間違いである。

　質的研究手法が体系的に十分整理されていないのは，取り扱うデータの性格上致し方ないことではあるが，そうであっても，ある種の標準的な手続きは踏まえるべきで，研究者の恣意的な分析のみで結果を提示することは望ましくないであろう。また質的データの分析については，あまりデータを加工しないで「生のデータに語らせる」という側面もないわけではないが，そのことを突き詰めて考えれば，研究者が介在することなく対象者がみずから語ればよいということになってしまい，調査研究を行う意味さえもなくなってしまう。研究者が介在するから研究が成立するのであるから，質的データの加工の仕方とその解釈が，研究のもっとも重要なポイントとなるのである。

　質的データの加工においては，まずは「コーディング」が最初の課題となるであろう。ここでいうコーディングは，前節の量的データの加工で説明したアフター・コーディングと作業内容的には同様のものである。ただしアフター・コーディングが以後に続く分析のための準備段階でのコーディングであるのに対して，質的研究手法におけるコーディングは，「データの大海」の中から，研究課題の解明をめざして，ある種の傾向や本質を見出すために「コード」を貼り付けていくわけである。

Column ❻ グラウンデッド・セオリー・アプローチ

　グラウンデッド・セオリー・アプローチは，質的研究法の手法の1つとして，近年注目を集めている研究方法であり，アメリカの2人の社会学者，計量的研究分野出身のB.グレイザーとシカゴ学派でエスノグラフィ研究出身のA.ストラウスによって共同で考案されたアプローチである。

　質的研究手法の中では，比較的その手続きがシステマティックに整理されているものである。たとえば，サンプリングに関しては，open sampling, relational and variational sampling, discriminate sampling の3種類，コーディングに関しては，open coding, axial coding, selective coding の3種類が提唱されており，これらが分析プロセスの中でパラレル（並存的）に活用されていくことが想定されている。つまり，概念生成を導く帰納法的な段階と，生成された概念を検証する演繹法的な段階が，交互にかつダイナミックに展開していくところにこのアプローチの醍醐味がある。

　比較的手続きが整理されているとはいえ，教科書的な解説本の理解は若干難解である。さらに実際にデータを分析する過程において，このアプローチによる分析経験が豊富なスーパーバイザー的な立場の研究者の有無が，研究の成否の鍵を握るような側面もある。それでも，*Lesson5*で述べられているように現場との接点が重要なポイントとなる社会福祉研究の分野においては，有用な質的研究の手法である。日本の福祉分野では，木下［1999］が提唱する修正版グラウンデッド・セオリー・アプローチの適用例がみられるので，そういった実際の研究事例（木下［2005］）を参照することによってより理解が進むと思われる。

　さらに次のステップとしては，「分類」と「関連づけ」という作業も重要になってくる。つまりコーディングされた複数の要因や概念などを分類し，さらには関連づけることによって，研究課題に応える研究結果を提示していくのである。こういった研究成果の提示には，図示したものが用いられることが多い。たとえば*Lesson6*の研究モデルの説明で例示されているABCXモデル（**図6-1**）も，そのように図示したものの1つであろう。つまり，質的研究手法の成

果物である理論モデルが，統計的手法を用いる研究での検証されるべきモデルとなりうるのである。

「理論生成」のための質的研究手法に対して，「理論検証」のための統計的手法というのが，もっともわかりやすい2種類の研究手法の捉え方かもしれない。ただしそれぞれ，質的研究手法でも理論の検証は可能であるし，統計的手法による理論生成も可能である。近年使用例が増えている質的研究手法の1つである **グラウンデッド・セオリー・アプローチ**（*Column* ❻）などは，もともと理論生成のみならず理論検証にも活用できる手法として登場したものである。これらの点についての詳細は，調査関連の文献で学んでほしい。

5 研究成果の報告

報告書の作成　　分析を終えた後には，なんらかの考察を加えて，研究の成果を報告することになる。社会福祉分野では，伝統的に「研究（調査）報告書」を作成し公表することが，もっとも一般的な研究成果の公表手段である。実証研究ではこういった報告書は，ふつう以下のような形式でまとめられる。

① 研究の背景・意義および目的
② 研究の方法（研究の対象，資料収集・分析の方法）
③ 研究の結果
④ 考察および課題
⑤ 資料（調査票，単純集計表，自由回答記述一覧など）

「③研究の結果」と「④考察および課題」は，まとめて記述される場合もある。作成後これらの報告書は，研究費提供者や調査協力

者のみならず，その内容に応じて，研究機関，大学の図書館，自治体やその他の資料室，あるいは個別の研究者・関係者などに配布される。

　調査報告書は，他の研究者にとっても貴重な資料であり後世に残すべきものでもある。とくに調査票や単純集計表などは，それ自体に公表すべき価値がある。しかし上述したように，一般の書籍の流通ルートで配布される公刊物ではないので，その配布先が限定されてしまい，多数の人の目に触れる機会が少なくなってしまう。また Lesson3 で述べた研究レビューの対象としての刊行物としても，把握されない可能性が高い。したがって，研究報告書の作成にとどまることなく，書籍の刊行あるいは雑誌掲載論文への投稿を考えるべきである。

雑誌掲載論文への投稿

　近年の出版事情からすると，書籍の刊行にはかなりの費用が必要になってくる。そこで，研究成果をより多くの人々に示すということでは，定期刊行物の雑誌に論文として掲載してもらうのがもっともよい方法であろう。さらに，雑誌掲載論文は，個人の研究業績の蓄積としては，報告書より評価が高いことになっている。とくに査読付き（レフェリーによる審査で採否を決める）雑誌への投稿論文が審査を通過して掲載されると，大げさにいえば，著書一冊と同等と見なされるほどである。

　雑誌掲載論文としての研究成果の報告は，単に業績蓄積のためにというだけでなく，同様の研究課題に関心をもっている人々が，その成果を活用できるよう広く公表することに大きな意義がある。また研究補助等の公費を受けて行った研究においては，広く公表することは義務であるともいえる。以前は，社会福祉分野でも投稿できる雑誌の数が限られていたこともあり，大学や機関が発刊する研究

紀要等を利用しての論文発表が一般的であった。しかし流通ルートのことを考えると，やはりより広く流通している一般向けの定期刊行物への掲載を考えるのが望ましい。近年社会福祉分野においても雑誌刊行数が増えていることもあり，できればそういった雑誌への掲載をめざすべきである。

　論文投稿は，社会福祉分野だけに限らず，他分野あるいは学際的な学会・組織の学会誌・機関誌も選択肢に入れるほうがよいであろう。とくに最近は，社会福祉の対象分野でもある「子ども」「高齢」「障害」「地域」などをキーワードとした学際的な学会が多数設立されており，それらが発刊する学会誌も投稿先として考慮したほうがよい。むしろ，テーマやトピックがある意味限定されたこういった学会のほうが，論文の投稿先としては適しているということもありうる。日本の諸学会を統括している団体としてはもっとも権威がある日本学術会議のホームページ（http://www.scj.go.jp/）などを参照して，研究成果の報告に適した学会を検索するのも1つの手である。

　最後に，今後は論文の投稿先として海外の雑誌，とくに英文誌を選択肢に入れることも考えるべきであろう。現在世界で書かれている論文の使用言語の中でもっとも多いのは英語なので，*Lesson3* でも指摘されたように，情報を得るためにレビューする論文から英文のものを省くわけにはいかない。逆に考えれば，研究成果をできるだけ多数の人に対して公表することをめざすのならば，英文誌への発表が優先されなければならないことになる。

　「社会福祉は制度との関わりの中で論ずるので，日本の制度が紹介されていない海外での発表は理解してもらえないのでは」「支援関係は日本語を媒介して成り立つものなので英語で論じても意味が通じないのでは」といった意見も間違いではない。しかし同時に，社会福祉が「人間」を対象とした営みであることは，世界中で共通

していることでもある。制度や言語が異なる世界からの研究成果の報告であっても，同じ人間を対象とした営みに対して，なんらかの貢献ができるかもしれないのである。とはいうものの，やはり英文で論文を投稿するとなると，かなりの労力が必要になってくるであろう。それでも，最初から大上段に構えて取りかかろうとするのではなく，他の分野でも勧められているように（藤本ほか［2005］），もっと気軽に英文誌への投稿が行われてもよいであろう。

6 研究方法に関する若干の論点

　ここでは，研究方法をめぐるいくつかの疑問に答える形で，本文の中では取り上げなかった社会福祉研究上のトピックについて述べる。

研究手法を決めてから
研究課題を決めるのは，
おかしいのか

　Lesson5 でも繰り返し述べているように，まず研究手法を決めてから研究課題を決めるのはおかしい。あくまで研究課題が先に設定されてこそ，その課題を明らかにするために，ある種の研究手法が動員されることになるはずである。しかし中には，研究課題が固まる前に，「私は質的研究でやりたい」「歴史研究で博士論文を完成したい」といったような意見を表明する人が少なくはない。

　じつはこれは，ある面当然のことともいえる。社会福祉研究では，多彩な研究手法が採用されるわけなのだが，研究者全員がすべての研究手法に精通しているということは考え難い。つまり，なんらかの研究手法のトレーニングを受けた研究者が，それは心理学的であったり，社会学的であったり，経済学的であったりさまざまであるが，社会福祉研究に従事するということになるので，まず研究手

法が語られるということが、まったくおかしいということはないのである。

しかしそれでも、研究手法によって課題を絞り込んでいくというプロセスの進め方は危険である。とくに近年対立的に用いられがちな「量的研究」か「質的研究」かという選択は、あくまで設定される研究課題によって決まってくるものである。これを、最初に量的研究あるいは質的研究ありきという前提で研究を始めると、もともと有意義であったり、ユニークであったりする研究課題でも、手法に合わせて歪められたものになってしまう危険性がある。またそもそも、質的研究と量的研究を対比的な研究方法だと捉えること自体が誤りであることは、代表的な社会調査の教科書でも指摘されている（盛山［2004］）。

仮説は必ず設定すべきなのか

研究計画書などの作成の指示において、「設定される仮説を記せ」といったような指示がみられることがある。じつはこういったことが、研究には必ずなんらかの仮説を設定することが必要なのではないかという誤解を生んでしまう。Lesson5 や Lesson6 で述べたように、研究にはあらかじめ仮説が設定されていなければならないということはなく、仮説そのものを生成するための研究アプローチも存在する。さらに、仮説が設定されている研究のほうがより水準が高いのかというと、これも必ずしもそうとはいえない。研究の水準が高いのか低いのかということと、仮説の設定の有無はまったく別の問題である。ただし、仮説の検証をめざした研究を進める場合には、適切な仮説の設定が不可欠であることはいうまでもない。

> 社会福祉研究には「事例」が必要か

上で述べた仮説の有無と同じようなことで、「社会福祉の研究には事例が不可欠である」といわれることがある。本書の冒頭で紹介された「社会福祉は実践である」という金科玉条は、社会福祉研究にも適用されるべきで、なんらかの実践を描写した「事例」を含まない研究は、社会福祉の研究ではないとはいえないまでも、「社会福祉らしくない」研究であるという見解もしばしば示される。

たしかに社会福祉研究においては、事例はもっとも重要な研究の対象であり、事例研究はもっとも一般的な研究の手法でもある。しかしだからといって、すべての社会福祉研究は事例を含むべきだ、あるいは事例が提示されない研究は水準が低いものであるという考え方には結びつかない。事例を研究の中に取り入れるかどうかと研究の良し悪しは、原則的には関係のないことなのである。

> 社会福祉研究でも統計学をマスターして使うべきなのか

重回帰分析や因子分析の手法を駆使するには、やはり統計学を学ぶ必要があるのだが、社会福祉分野の学生たちは、文系ということもあり数式などが登場する統計学の講義を避けることが多いのも事実である。もちろん、統計学をマスターしなければ社会福祉研究ができないということではないが、その場合は研究で取り扱う資料の範囲が、質的データの収集と分析に限られるということになる。さらに前述したように、研究課題の設定においても、質的データの収集を前提にした研究課題しか設定できないことになる。また統計学の知識をまったく習得しないままだと、すでに数多く成果が積み上げられている統計学を駆使した研究成果を読み取れないということも考えられる。したがってできれば、基本的な知識だけでも習得しておくことは必要ではないかと思われる。

高度な統計学の手法を使えばよい研究であるのかといった点につ

いては,これは「社会福祉研究には事例が必要か」で述べたのと同様に,本来どのような統計手法を用いるかということと研究の良し悪しは関係ないことである。ただし,研究課題を解明するのに,ある統計手法を使えばよいということがわかっているのに,統計学がよくわからないので使わない研究というのは,おそらく質の高い研究とはいえない。

現在のように気軽にパソコンで多変量解析ができない時期に,社会福祉研究における数値データの処理はクロス集計で十分であり,数値をもてあそぶ多変量解析のような複雑な手法は必要ないといった意見があった。たしかに,クロス集計からも重要な知見は見出すことは可能なので,複雑な統計手法に比べてクロス集計が劣るというわけではない。ただし上で述べたように,そもそもクロス集計と多変量解析では,取り扱う変数の数が異なり,クロス集計では基本的に2つの変数の関連しか検討できない(3重クロス集計というのも可能ではあるが)。したがって,研究課題の解明に3つ以上の変数の関連を検討する必要がある場合には,多変量解析を用いるしかなく,クロス集計だけで分析を進めることはできないのである。もちろんその反面に,高度な統計学の手法を用いさえすれば,研究の質が高いということではないのは言うまでもない。

第3部　研究事例に学ぶ

Lesson 8

量的調査データの実証分析

多変量解析を用いた介護保険制度評価

　社会福祉研究においても，量的調査データを用いた実証研究が数多く行われるようになってきている。その一方では，量的調査データの実際的な分析方法に関する教科書は，それほど多くはないのが現状である。

　本章では，2000年から始まった介護保険制度についての評価研究を紹介する。量的調査によって得られた実証データの具体的な分析方法を学んでほしい。

　本研究は，介護保険制度がスタートして間もない時期に，まだその評価方法が確立されていないなかで行われた。今後どのような研究課題が残されたのかも，確認しよう。

本章では，量的調査によって得られた実証データを分析し，*Lesson 6*において説明された理論や仮説の検証方法の実際を紹介してみたい。具体的なデータ分析方法として，基本的な単純集計，2変数間のデータ分析の方法の1つである一元配置の分散分析，さらに3つ以上の独立変数を分析する際のための多変量解析を用いる。なお，多変量解析には，重回帰分析，分散分析，因子分析などいくつもあるが，ここでは，従属変数が「はい」「いいえ」など2値のときに用いることが有効な2項ロジスティック回帰分析を使用する。

1 研究の枠組み

研究の目的　　研究の目的を述べることが本章のねらいではないので，詳しくは説明しないが，本章で用いる実証データは，2000年10月に実施した調査で収集したものである。当時は，介護保険制度スタート後間もないこと，また介護保険制度の評価研究がほとんどないことから，介護保険制度に関する試行的な評価調査とした。実際的な研究の目的は，介護保険制度をケアプランに焦点を当てて評価調査を試みること，評価調査を通して，介護保険制度施行半年後の利用者のケアプランやケアマネジャーに対する評価の実態を把握すること，さらに，試行的な評価調査を行うことによって，今後，介護保険制度の評価システムや評価手法を構築するための一助とすること，の3つである。

理論と仮説　　量的調査を用いて研究を行う場合，まず理論や仮説，概念化，操作化など理論的枠組みを明確にしておく必要がある。そのためには，緻密な文献レビューやテーマに関するディスカッションが求められる。ただし，

先行研究が十分であるかどうかはテーマによって異なってくる。たとえば、本研究のテーマである介護保険制度の評価調査については、先行研究が十分ではなかったので、理論的枠組みを設定するために、ディスカッションが必要であった。そこで、研究チームで介護保険制度の評価研究の全体的な枠組みについて何度か検討し、介護保険制度の流れに従って、評価の枠組みを設定することとした。本章では、その中でも、ケアプランに対する満足度、ケアプランやケアマネジャーに対する評価に関するデータを中心に分析を行う。

2 研究の方法

論文等において研究方法を説明する際には、調査対象者、サンプリングの手続き、調査項目（従属変数や独立変数など）、回収率、調査期間などを記す必要がある。以下、研究方法を紹介する。

対象者　対象者は、A市在住の高齢者で、2000年10月末時点に要介護度2以上の要介護認定を受けた高齢者の家族介護者である。実際のサンプリングの手続きとしては、当該自治体の介護保険課が把握している全要介護認定者5212人から施設入所者を除き、残りの要介護高齢者の中から745人を無作為抽出した。調査は、要介護高齢者本人に実施するには現実的に問題があることから、家族介護者を対象として訪問面接調査を行った。回収率は、67.5%（503人）であった。調査期間は、2000年11月から12月にかけてであった。

従属変数　従属変数は、仮説において結果となる部分であるが、本研究では、従属変数としては家族介護者のケアプランに対する満足度を用いた。満足度は、「非

常に満足している」から「全然満足していない」の4件法で尋ねた。なお，利用者の満足度については，もともとマーケティング等の分野において商品やサービスに対する評価方法の1つとしてCS（customer satisfaction：顧客満足）が用いられてきた。CSの歴史はそれほど古くはなく，CSの先進国アメリカでも，ここ10年の間に関心が非常に高まり，マーケティングや他のサービス産業のみならず，ヘルスケアや長期ケアの分野でも「サービス利用者」という視点からCSが用いられるようになってきた。日本でもアメリカと同様，一般企業においてCSへの関心が非常に高まったのと同時に，介護保険制度によって市場原理が導入されたことを受けて，社会福祉サービス全般においてCSが注目されるようになり，今や利用者満足度は，ある種のブームともなっている。

独立変数

独立変数は，結果をもたらす原因のことであるが，本研究では，満足度という結果をもたらす要因として，介護保険制度の枠組みの中でも，ケアプランの作成からサービス利用に至るまでのケアプラン全体の評価，また，ケアマネジャーの姿勢や態度の評価，の2つの評価尺度を用いた。両尺度とも8項目からなり，いずれも「はい」か「いいえ」の2件法で尋ねた。

調整変数

多変量解析を行う際には，検証しようとしている従属変数と独立変数以外に，両者の直接的な関係を検討するために，他の変数の影響を取り除くことが必要である。これらの変数は調整変数，または他の変数の影響をコントロールするという点から，コントロール変数とも呼ばれている。本研究では，調整変数としては，要介護認定に対する満足度，ケアプランの実質作成者が本人かどうか，サービス事業者を選ぶことができるかどうかという事業者の選択可能性の有無，ケアマネジャー

がすぐに見つかったかどうかを検討するケアマネジャーへの接近性，などがある。その他の調整変数としては，年齢，性などの基本属性，日常生活動作（ADL）および手段的日常生活動作（IADL）がある。

> 分析方法

分析方法としては，まず，本論の目的の1つでもある介護保険制度に関する評価の実態を把握するために単純集計を用いた。ケアプランとケアマネジャーに対する評価項目を得点化し，一元配置の分散分析を用いて，基本属性別，要介護認定やケアプランの満足度別に平均得点の差の有意差を検証した。一元配置分散分析は，独立変数が質的データで，従属変数が量的データである場合に，一般的に用いられる分析方法である。2変数間の関係が比較的わかりやすく表されるというメリットがある。

最後に，ケアプランに対する満足度を従属変数に，ケアプランやケアマネジャーの評価を独立変数，基本属性関連の変数を調整変数とし，2項ロジスティック回帰分析を用いて分析を行った。2項ロジスティック回帰分析は，従属変数が死亡の有無，病気の有無，サービス利用の有無，サービスの認知など，2値のときに用いることができる方法である。また，独立変数が質的データであっても使うことができるというメリットもある。

なお，これらのデータ分析にはSPSSVer.12.0を用いた。

3 分析の結果

> 単純集計の結果

量的調査の結果を示す場合，基本属性等の単純集計のほかに，主要な変数の単純集計の結果を示すことがある。それによって，それらの変数の基本的な

情報を表すことになる。本研究では，ケアマネジャーに対する評価とケアプランに対する評価，さらにケアプランに対する利用者の満足度，の3つの評価が中心的な変数であるが，まず，ケアマネジャーに対する評価の結果は，**表8-1**のとおりである。

全体的には，概ねケアマネジャーの仕事や態度を評価しているという結果であった。ただし，傾聴やサービスに関する説明はいずれも7割以上の人に評価されているが，「サービスに関するモニターの有無」と「2つ以上の事業者の紹介の有無」の2つの項目については，他の項目と比較すると評価がかなり低い。改正後の介護保険制度では，ケアマネジャーに対して定期的にモニターすることが義務づけられているが，本調査を実施した2000年11月時点では，プラン後のサービスに関してモニターされていないケースが約2分の1近くあったことがわかった。

また，比率的にはそれほど高くはないものの，利用者に対して説明もなく勝手にサービスを入れることがあるという回答が6.0%であった。この結果は，本当にケアマネジャーが説明しないという問題を抱えているのか，あるいは利用者自身の認知や誤解の問題なのか，詳細な理由はわからないが，いずれにせよ，数的にはそれほど多くはないものの，これについてはなんらかの対応策が必要であろう。

次に，ケアプランに対する評価も8項目であるが，結果は**表8-2**のとおりである。全体的な傾向をみると，いずれの項目においても否定的な回答が少なく，ケアプランの作成については利用者が概ね評価していることがわかった。なおケアマネジャーの評価においては「2つ以上の事業者の紹介」は若干厳しく評価されているが，ケアプランに対する評価の「事業者を自由に選べない」については非常に評価されているという相違がみられた。このような差がみられ

表8-1 ケアマネジャーに対する評価

	家族介護者 （単位：%）
相談に対する傾聴の姿勢	93.8
利用可能なサービスに関する説明の有無	79.7
利用料に関する説明の有無	78.8
契約に関する説明の有無	76.4
ケアプランの変更に関する説明	74.8
サービスに関するモニターの有無	48.8
2つ以上の事業者の紹介の有無	47.9
説明のないサービス導入の有無	6.0

（注）「説明のないサービス導入の有無」以外は、「はい」と答えた場合、肯定的な評価となり、「説明のないサービスの導入の有無」の場合は「はい」と答えると、否定的な評価となる。すべての結果は「はい」と答えた比率を表している。

た要因の検討については、もう少し詳細な分析が必要であるが、本研究の枠組みにはそこまでの分析枠組みがなかったので、今後の課題としたい。しかし、結果そのものは非常に興味深いものであった。さらに、各項目別にみると、「家庭事情が反映されていない」「利用制限（上限）による利用の抑制」「利用料負担による利用の抑制」など、どちらかというと介護保険制度の根本的な枠組みに関連する項目が、他の内容と比較すると評価されていないのが特徴であった。一方、「不必要なサービスがある」という回答はほとんどなく、現状のサービスを評価している。

ケアプランに対する利用者満足度の結果は、表8-3のとおりである。「非常に満足している」、あるいは「わりと満足している」と肯定的に評価した利用者（85.3％）が8割5分以上を占めており、ほとんどの人が満足しているという結果であった。一方、「全然満足していない」はわずか1.6％であり、介護保険制度が始まって間も

表8-2 ケアプランに対する評価

	家族介護者 (単位：%)
家庭事情が反映されていない	13.8
利用制限（上限）による利用の抑制	13.3
利用料負担による利用の抑制	10.2
保険導入以前のサービスが利用できない	8.4
住宅事情が反映されていない	6.1
事業者を自由に選べない	3.2
不必要なサービスがある	0.2
その他	8.8

（注）「はい」と答えた場合，否定的な評価となり，結果は「はい」と答えた比率を表している。また，回答は複数回答。

表8-3 ケアプランに対する満足度

	家族介護者 (単位：%)
非常に満足している	21.9
わりと満足している	63.4
あまり満足してない	13.1
全然満足していない	1.6

ない2000年11月時点では，ケアプランに対する評価は，非常に高いことがわかった。

以上のように，単純集計の結果は，各調査項目に関して基本的な情報を与えてくれるので，回答の分布や各項目の回答の特徴をまずしっかりと把握しておくことが大切である。

平均の差の検定　　分析の次のステップでは，ケアマネジャーの評価やケアプランの評価といった主要変数と他の変数との2変数間の関係を検討することになる。2変数間

の分析方法としては，両変数とも質的データであるときに用いるクロス集計，両変数とも量的データのときに用いる相関などがあるが，ここでは一方のデータが量的データ，もう一方のデータが質的データであるときに一般的に用いられる一元配置の分散分析を用いて，平均の差に有意差があるのかどうかを検定する。

ケアマネジャーに関する8つの評価項目とケアプランに関する8つの評価項目について，「はい」の場合は1点，「いいえ」の場合は0点とし，それぞれ単純加算し，尺度得点とした。したがって，最低点は0点，最高点は8点となり，ケアマネジャーについては得点が高いほど，高い評価がされていることになり，ケアプランの評価については，得点が高いほど，否定的な評価となる。

一元配置の分散分析を用いて，性別，年齢階層別などの基本属性別，さらに，ケアプランに対する満足度別にケアマネジャーの評価とケアプランの評価の平均得点の差を検討した。その結果，統計的に有意な結果が得られたのは，要介護認定に対する満足度別とケアプランに対する満足度別の平均の差のみであった。**表8-4**と**表8-5**のとおり，要介護認定の結果やケアプランに満足している人ほど，ケアマネジャーに対する評価が高く，また，ケアプランに対する評価も高い。逆に，要介護認定やケアプランに満足していない人ほど，ケアプランの問題点を指摘していることが多い，という直線的（リニア）な関係がみられた。これは，当然の結果ともいえるが，あらためて，利用者の満足度と，ケアマネジャーの態度やケアプランの立て方が有意に関連していることがわかった。

以上のように，独立変数と従属変数といった2変数間の関係を検討するための分析として，本章では，一元配置分散分析を用いた。これ以外に，クロス集計，相関など，いくつかの分析手法があるが，どの手法を用いるかは，2変数のデータの性質によって，決定する

表 8-4 要介護認定の満足度別にみたケアマネジャーおよびケアプランの評価

	ケアマネジャーの評価	ケアプランの評価
非常に満足	4.87	0.33
わりと満足	4.76	0.55
あまり満足でない	4.60	0.83
全然満足でない	4.37	1.19
平均得点	4.56	0.56

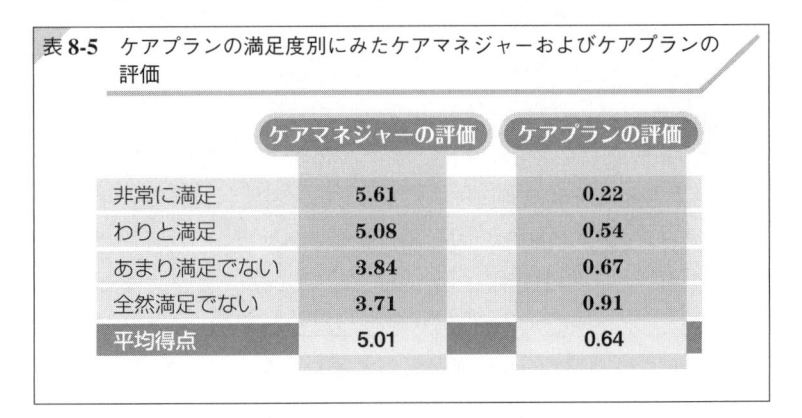

表 8-5 ケアプランの満足度別にみたケアマネジャーおよびケアプランの評価

	ケアマネジャーの評価	ケアプランの評価
非常に満足	5.61	0.22
わりと満足	5.08	0.54
あまり満足でない	3.84	0.67
全然満足でない	3.71	0.91
平均得点	5.01	0.64

こととなる。

2項ロジスティック回帰分析

最後の分析として、ケアプランの満足度と関連要因を検討するために、多変量解析を用いて分析を行った。多変量解析にはいくつかの分析方法があるが、従属変数であるケアプランの満足度の単純集計の結果をみると、従属変数が連続量でなく、しかも満足度の分布に偏りがあるために、従属変数が0と1などの2値の場合に

活用できる2項ロジスティック回帰分析として採用した。2項ロジスティック回帰分析は、とくに、社会福祉分野においては、サービス利用の有無、満足度など、2値のデータを得ることが多いので有効な方法である。ここでは、ケアプランに対して肯定的な回答を1、否定的な回答を0というダミー変数とした。ケアマネジャーとケアプランに対する評価を独立変数としたが、回帰分析の結果を理解しやすくするために、両方の独立変数とも得点が高いほど評価が高くなるよう得点を再コード化した。その他の調整変数としては、ケアマネジャーがすぐ近くにいるのかという接近性、サービス提供事業者が選択できるかどうかという事業者選択、ケアプランを自分で作成したかどうか、の3つの変数を用いた。3つの変数とも0か1のダミー変数とした。さらに、要介護高齢者のADLおよびIADL、要介護高齢者の年齢および性別の基本属性項目も調整変数として一括投入した。

2項ロジスティック回帰分析は、投入した各独立変数が2値の従属変数にどの程度影響を与えるかどうかを検討できるところにその特徴がある。つまり、独立変数の単位あたりの変化が従属変数にもたらす影響を検討することができるのである。2項ロジスティック回帰分析では、重回帰分析における標準偏回帰係数はないが、同じような役割を果たすものとして、独立変数が従属変数に与えている影響の大きさと向きを示すオッズ比がある。オッズ比は、独立変数の単位あたりの変化によって、従属変数の2値の事象の起こる確率がどのように変化するのかをみるための確率であり、たとえば、喫煙を独立変数とし、肺ガンにかかる罹患率を従属変数とした場合、オッズ比が2.245であるとすると、喫煙をしている人のほうがしない人よりも、肺ガンになる確率が2.245倍ということになる。

本データで2項ロジスティック回帰分析を行った結果は、**表8-6**

表8-6 2項ロジスティック回帰分析結果：ケアプランの満足度とその関連要因

	家族調査	
	回帰係数	オッズ比
年　　齢	**−.015**	.985
性　　別	**−.474**	.623
ADL	**.052**	1.053
IADL	**−.176**	.839
ケアマネジャーへの接近性	**−.731**	.481
事業者の選択可能性	**.125**	1.133
ケアプランの作成者	**.790***	2.204
ケアマネジャーの評価	**.291****	1.338
ケアプランの評価	**.963****	2.620
定数項	**−4.633**	

（注）　$*p < .05$, $**p < .01$。

のとおり，ケアプランおよびケアマネジャーに対する評価，ケアプラン作者で本人が関わっていたかどうかの3つの変数がケアプランの満足度に有意に影響を与えているという結果が得られた。オッズ比では，ケアプランの評価が2.620ともっとも高く，ケアプランを作成するときの各プロセスの評価が満足度に影響を及ぼすもっとも重要な要因であることが示唆された。また，家族介護者が主体的にケアプラン作成に関わることや，ケアマネジャーの態度も大切な要因であることがわかった。以上の結果から，ケアプランの作成段階において，利用者本人にとっては，事業者が選べるかどうか，また，家族にとっては，ケアマネジャーの態度が良いかどうか，ケアプランの作成の際に問題点が少ないかどうか，自分で主体的に関われるかどうかが，満足度を高める要因であることがわかった。これらのポイントは，理念的にも重要であることが指摘されているが，実証

研究の結果，データによってもそれが裏づけられたこととなった。

4 結果の考察と今後の課題

　結果の考察と今後の課題は，論文における結論でもあるので，もっとも重要な要素であるといえる。ここでは，調査結果から得られた知見や，仮説検証の結果を明確にするとともに，それが理論や実践にどのような示唆を与えているのかを検討することが必要である。なお，ここで気をつけなければならないことは，調査結果とは，まったくかけ離れた結論を導き出さないようにすることである。そういう意味では，結論については慎重に検討しなければならない。

　本研究の目的は，介護保険制度をケアプランという視点から評価調査を試みること，評価調査を通して，利用者のケアプランやケアマネジャーに対する評価の実態を把握すること，さらに，今後の介護保険制度の評価システムや評価手法の構築の一助とすることの3つであり，介護保険制度が施行され，約半年経過した時点において，ケアプラン作成プロセスを中心にした評価調査を実施し，結果をさまざまな面から分析した。具体的な分析方法としては，単純集計，一元配置の分散分析，2項ロジスティック回帰分析を用いた。研究論文の最後は，結果の考察と今後の課題であるが，結果の考察は，テーマに関してこれまで研究してきたことと，分析によって得られた結果とを結びつけて，知見，示唆，提案等を論じるところである。また，それと同時に，研究によって明確になった問題点や限界，今後の課題も述べることができる。以下，本研究の結果のまとめと考察，今後の課題について簡単に紹介する。

結果のまとめと考察

ケアマネジャーやケアプランに対する評価は、全体的にみると、概ね良好であったが、それでもいくつかの課題がみられた。たとえば、ケアマネジャーに対する個々の項目に関する評価をみると、比率的にはそれほど高くはないものの、利用者に対して説明もなく勝手にサービスを入れることがある。この結果は、本当にケアマネジャーが説明しないという問題を抱えているのか、あるいは利用者自身の認知や誤解の問題なのか、詳細な理由はわからないが、いずれにせよ、なんらかの対応が必要とされる問題である。

介護保険制度開始後、半年経過した時点での調査の結果（2000年11～12月実施）、ケアプランに対する満足度や介護認定結果に対する満足度は、いずれも8割以上と高く、利用者やその家族は、非常に高い満足度を示している。高い満足度という結果は、本研究独自の結果ではなく、他の自治体の調査でも同じような結果が出ている。しかし、これが本当に利用者の満足度を表しているかという点においては、そのように結論づけるには慎重でなければならない。ケアプランの満足度に有意に影響を及ぼしている共通の要因は、ケアマネジャーに対する評価およびケアプランの評価である。また、事業者の選択可能性の有無も有意な要因であった。この結果は、介護保険制度において、ケアマネジャーの態度とケアプラン作成の注意点がいかに重要なポイントであるかを示唆しており、ケアマネジャーの仕事の重要性をあらためて再確認させるものであった。

今後の課題

まず、本研究のテーマに関する先行研究が非常に限られていたために、介護保険制度の評価の方法論が確立されていないという問題がある。したがって、介護保険制度の評価に関する研究手法の開発や尺度開発が今後の大きな課題となる。ちなみに、利用者満足度について述べると、主要

な理論枠組みとして「期待感拒絶」モデルという理論があるが，この理論では，サービスの満足感は，サービスに対する期待と実際のサービスのギャップによるが，この点からみると，サービス利用者が何をサービスに期待しているのかをしっかりと把握している必要があるが，日本の場合は，理論研究を含め，そのような基礎的な研究もそれほどなされているわけではなく，今後は，もう少し緻密な議論をする必要がある。

　次に，介護保険制度のような制度を評価する際には，制度実施のプロセス全体を評価することも必要であるために，ある一時点だけで調査をする横断的な研究だけではなく，ある一定期間をおいて，再度同じ対象者を追跡して研究を行う縦断的研究が必要かもしれない。

　最後に，本研究の調査対象者は，要介護高齢者本人ではなく，家族介護者であった。利用者による評価という視点からすると，利用者本人を対象とした調査を実施するのが本筋であろう。しかし，要介護度2以上の高齢者本人を対象とするとなると，実際問題として高齢者自身の回答能力に問題があるといわざるをえない。

Lesson 9 インタビューによる質的研究

高齢者介護の現実世界へのアプローチ

　　高齢者介護の現実世界に，どのようにアプローチすればよいか。本章では，ケアマネジャーに対するインタビューをもとに，介護サービス計画の決定作成（decision-making）にみられる倫理的ディレンマについて書いた筆者の論文を取り上げ，その研究過程を振り返る。

　　どのような研究の関心から問いを立て，実際に研究を進めたのか，そのプロセスを追いながら，論文ができるまでを紹介していく。どのような方法によって研究を行おうとしたのか，現場へのアクセス，データの収集，データの分析，そして論文の執筆という一連の研究における作業過程に焦点を当てて解説する。

1 ケアマネジャーへのインタビューから再構成する介護の多元的現実

事例論文 1

「介護サービス計画の決定作成における倫理的ディレンマ——ケアマネジャーに対する訪問面接調査から」『社会福祉学』第 43 巻第 1 号,2002 年

本論文の要約

本研究は,高齢者のケアマネジメントに携わる介護支援専門員(ケアマネジャー)らの生の知識を収集・分析し,介護サービス計画の決定作成(decision-making)でみられる倫理的ディレンマの経験について調べることを目的としたものである。インタビューを通じて得られる口述データから高齢者介護の状況を明らかにしつつ,今日の制度・政策的脈絡によって規定されてくる人々の相互行為を,質的研究の方法によって明らかにすることを考えた。

介護サービス計画の作成には,高齢者とその家族を含む介護方針に関する意思決定が求められ,作成された介護サービス・パッケージの表層には現れないが,それに関与した人々の間では括弧に括られた暗黙の了解が存在する。客観的な制度的脈絡と相互作用にある個人の主観的現実に接近し,介護方針を決定していく状況の中の人と人との関わりにある意味と対処の仕方について調べることは,今後の高齢者介護における社会的諸問題を考え,検討していくうえで必要不可欠な課題であると考えた。

研究の結果は,調査データの分析・考察から,介護サービス計画の決定作成にある「倫理的ディレンマ」として,①高齢者の自律性支援対援助する義務,②介護サービス計画における本人対家族の不

一致,③在宅介護の継続対施設入所,④異なる専門職間の葛藤,⑤組織間関係の葛藤,⑥ケアマネジメントにおける情報提供と秘密保持,⑦ケアマネジャーの所属する組織との葛藤,について明らかにした。

> 研究の問い

介護保険制度施行に伴い,居宅介護支援事業者では,介護サービス計画を作成するための実務的なマネジメントに追われ,組織の経営に関わる介護サービスの実績報告に関心が注がれた。高齢者介護をパッケージ化された介護サービス計画に集約していく過程では,その背後に存在する個々の社会的脈絡におかれた人々の相互作用,せめぎあう多面的・多元的な現実は放置され,取り残されていくことが懸念された。

介護サービスをめぐり行われる要介護高齢者とその家族との間の一連のやりとりや意思決定,その状況に対するケアマネジャーの認識や相互作用の形態,状況への対処は,介護サービス計画の作成過程においては括弧に括られ,外見上見えなくされているが,そうした複雑な脈絡のある決定作成を明らかに浮かび上がらせることなしには,高齢者介護に横たわる政策や実践上の諸問題を提示し,社会的な解決を図ることは難しいと考えた。

高齢者介護に関する制度改革のもとで,その変化の波を高齢者介護サービスの第一線で直に経験する立場にあるケアマネジャーを訪ね,彼らの認識や行動に関する面接データから,高齢者介護の現実世界へアプローチしようと考えた。

> これまでの研究の経緯との関連性

本研究は,高齢者のケアマネジメントに携わる介護支援専門員らの生の知識を収集・分析するとともに,介護サービス計画の決定作成で生ずる「倫理的ディレンマ」の経験について調べることを目的としている。

研究テーマは，筆者のこれまでの研究の経緯と密接なつながりをもち，過去の研究の成果と課題の連続上に，研究の問いは設定されている。

　高齢者介護は，家族，親族，その他インフォーマル・ケアおよびフォーマル・サービス提供者や専門職が参与するダイナミックな意思決定の過程と捉えられる。同時に，それは異なる価値観が競合するミクロなレベルの相互作用とマクロな制度政策が交錯する脈絡を背景に行われるものと考えられる。

　高齢者介護の意思決定には，介護を引き受け，介護を継続し，介護を終える一連の段階的な過程があり，要介護高齢者がどこで生活するのか，どんな介護をどれぐらい必要とするのか，そして誰がその介護を与えるのかについての選択を含むものである。

　そうしたなかで，要介護高齢者とその家族介護者，あるいは，高齢者介護に従事する援助職とサービス利用者の間においては，難しい倫理的判断を伴う意思決定の場面も増えてきていると考える。

　倫理的意思決定への問いは，観想世界における普遍的な真理を探究するというよりは，むしろ現実世界にある具体的な状況における個別的行為として，人の関わり，交渉や妥協，合意といった経験的なものへの関心によって導かれている。高齢者介護の現場に関連するこれらの問いを，経験的データから探求していく研究の一環として，調査は行われている。

2 どのようにフィールド(現場)にアクセスしたのか

インフォーマント(情報提供者)を探すこと

研究の問いが定まると,次に行われることは,調査の対象として参加・協力できる人を探すことである。知り合いを通じ,可能性のある候補者の名簿を作成し,1人ひとりに電話をかけ,調査の説明を行い,調査に関する内容を示す文書を郵送したうえで,調査への参加・協力の同意を得る作業を進めていった。

各々のインフォーマントを個別に訪問し,面接聴取を行っていく中で,筆者が理解した内容についてフィードバックし,その対話の中で関心のテーマを確認するとともに,その関心についてさらに新たなデータを得ることが可能と見込まれる別の面接対象者の紹介を依頼する。いわゆる,雪だるま(芋づる)式に調査対象者を紹介によって広げていく方式をとっている。データ収集と分析は同時的に並行して行い,それにより対象選択を目的的に行うことを意図した。

組織を通じて機関や施設へアクセスしなければならない場合は,各々の手続きに則って処理を行った。その際,調査を許可する責任者レベルと,実際に時間を割いて面接に応じてくれる調査協力者の双方について配慮し,その手順を踏むことが必要になる。まずは,組織とコンタクトをとり,その中にいる人物にアクセスし,その次に,個別の方法について協議を行っていった。

インフォーマントとなる調査協力者が組織の中でどういう立場にあり,どの程度の自律性・影響力をもっているかを見抜くことも調査を滞りなく遂行するためには必要なことである。

> 倫理的配慮をすること

それぞれのインフォーマントおよび事業者組織に対して、調査への協力は、あくまでも任意のものであること、調査によって知りえた個人の情報は秘密にされること、面接での内容が例示・引用される場合があるが、分析結果からは個人や事業者が特定されないよう匿名の扱いとされることなど、文書をもとに説明を行い、同意を得る過程を踏んだ。

また、組織を通して調査対象者にアクセスする場合は、調査を許可する責任者レベルに、実際に面接に応じてくれる調査協力者のデータが漏れることはないことを約束し、その旨を伝えた。

3　どのようにデータを収集したのか

> フィールド(現場)に足を運ぶこと

本研究は、現場について第一線で知りうる立場にある1人ひとりのインフォーマントのもとへ足を運ぶことによって始められた。大量調査では捉えきれないものを捉え、アーム・チェアの研究では見えてこないものを、現場を訪ねるなかで見出すことをねらいとした。たとえ一個人の面接調査からでも、そのデータの分析を通して、彼らの接する現場という社会の現実、そこで規定されてくる人々の行為や相互作用について注意深く吟味し、関連性を検討し、関心のテーマや論点を確認し、データを意味深いものにしていくことができると考えた。

また、現場に足を運ぶことで、その場のもつ印象や感覚的なデータなど、観察されたり、経験されたりするフィールド・データも、インタビュー・ノーツを書き、データを分析・解釈していく際の手ごたえや確からしさを得るのに役立てられた。

> **文献を利用すること**

この研究においては,「高齢者ケアマネジメントにおける倫理的ディレンマ」に関する文献研究を通じ,面接調査で尋ねる質問のリストを作成した。このリストは,データ収集に向かう際に,何を尋ねたらよいのか,実際に尋ねるべき問いを導き出すのに役立てられている。

一方,厳密すぎる問いの立て方は,フィールドにおけるデータに対してオープンであることを妨げる。質的研究は理論を検証するための量的研究計画とは異なり,フィールド(現場)との対話から,新しい理論をつくりだすことが目標となる。あらかじめ得た知識はいったん括弧に括り,あるがままの現象をあるがままに観察するという姿勢は,新たなフィールドで,新たな理論の創造に向かう際には重要である。

しかし,研究の問いは,研究者の思考や行動を導く指令でもある。最初の問いの設定によって,調査研究のフィールドである現場へのアクセス,データを収集するための1つひとつの作業が始まるといってよい。問いが曖昧であると,これらの作業を円滑に行うことが難しくなる。文献研究は,調査者が研究の問いを立て,データ収集や分析を行っていくために必要な感受性や洞察力を養い,データの意味を解釈していく力や意味付与能力を高めていくことにつながる。

データを収集する過程においても,またインタビュー・ノーツを書くという過程においても,研究者自身の研究の関心や理論的立場は入り込んでおり,研究者の分析立場や理論的関心とデータとの相互作用を通じて出来事や意味について考えられ,その確認が行われている。

> テープによる録音とメモを取ること

本研究では、テープによる録音は、インフォーマントに認められた場合に限り用いた。基本的には、話された言葉をメモに書き取ることで記録した。テープによる録音に抵抗感をもつインフォーマントも少なくない。テープが回ることを意識しすぎ、質問に集中できない場合もある。テープを止めることで緊張が解け、スムーズに話が聴けることもある。

しかし、研究を始める最初の段階では、テープに録音する許可を極力求めていく。録音テープを逐語記録に書き起こす作業は、調査者にとって、何を、どのように尋ねるべきか、知覚する機会となる。また、それを行うことによって、分析すべきデータに沈潜しやすくなり、そのことが新たな意味の発見にもつながる。

テープを録音する場合でも、録音を過信することなく、メモを取るようにする。インフォーマントの語る内容をその場で調査者がメモに書く。インフォーマントの言葉を遮ったり、話の腰を折ったりしないよう、一通りの話がなされた後、調査者は書き取った内容やそのことの意味をインフォーマントに確認する。そして、さらにその語られた内容について尋ねていく必要がある場合には、それについて聞いていく。メモを取ることで、その場で尋ねるべき問いについて考える間合いをとることもできる。

しかし、インフォーマントの目の前でメモを取る行為が、インフォーマントの語る内容になんらかの影響を及ぼさないとは限らない。むしろ、メモに書かれることを承知のうえでインフォーマントが話す内容を統制する可能性は十分にある。

メモは、調査終了後、記憶が薄れないうちに、面接の内容と過程を記録するインタビュー・ノーツを書く際に、役立てられる。

> 問うこと

本研究では，インタビュー・ガイドとして質問項目を用い，調査者がすべてのインフォーマントから「高齢者のケアマネジメントにおける倫理的ディレンマ」に焦点化したデータを得ていくことが可能な，半構造化面接を採用している。

ある1つの質問項目についても，尋ねたインフォーマントによっては，即座に自分の経験を語ることができる人もいれば，無反応な人，言葉を詰まらせる人もいる。何人かとの面接を重ねてくると，しだいに調査者のほうで，標準的な反応が見えてくるが，同じケアマネジャーという仕事に携わっていても，異なる組織，異なる資格，異なる経験をもつ個人によって，多様な反応のデータが得られる。

現場で日々経験する出来事，関わりを，インフォーマントができるだけ自由に語れることが望ましい。そして，可能な限り具体的に，実際にどうやって行動したのかを聞いていくことが必要である。担当の事例に対するインフォーマントの認識と行動，関わる人々の置かれている状況や，その状況に対する対処の仕方，相互行為などについて尋ねていく。

「倫理的ディレンマ」は研究者の関心事であるが，インフォーマントにとって，その言葉はまったく意識に上らないものかもしれず，その言葉によって，別のイメージがもたれるリスクもある。「倫理的ディレンマ」は，いったん調査者の中で括弧に括られたなかで，問いは発せられている。

「倫理的ディレンマ」が最初にありきではなく，それは一次データによって確認されるものでなければならない。研究の関心は，データ収集と分析を繰り返すなかで，継続的に問いが立て直され，データに裏づけられた概念として洗練されていくことが必要である。研究において問うことは，帰納的であると同時に演繹的な推論の過程

でもある。

4 どのようにデータを分析していったのか

> インタビュー・ノーツ
> を書くこと

まず,個別訪問面接で聴き取ったメモをもとに,ワープロ・ソフトを用いて,インタビュー・ノーツを書く。それは,インフォーマントの個別面接記録にもなる。訪問面接の日時を記入し,時系列によって,インフォーマントにコード番号を付す。面接の中で得た基礎的なデータとして,インフォーマントの性別,年齢,保有資格,学歴,職場の経験歴,担当する給付管理件数,管理責任者であるか否か,事業所の設置主体・運営主体,事業所で扱う全体の給付件数,ケアマネジャーの数,事業所のもつ他のサービス事業や事業運営方針についても,記録を整理しておく。

インタビュー・ノーツは,訪問面接を終え,できるだけ早くに,その記憶を鮮明に思い出すことができるうちに作成する。面接の場面を時間の経過,質問項目の流れに沿って書き留めていくことと,ある選択された場面を了解可能な形で書くことの間で折り合いをつけていく。インタビュー・ノーツには,インフォーマントの日常経験を映し出す出来事を中心に,インフォーマントの置かれている状況や人間関係,行動のパターンについて調査者が認識したことを書き留める。

インタビュー・ノーツを書く行為は,その日の訪問面接で把握した他者の行動や認識についての調査者の理解を,文字による報告に加工していく作業であり,そこには調査者の解釈や分析の過程が含まれてくる。また,すでに書いたインタビュー・ノーツにある出来

事やその意味との関連性についての分析・考察を同時的に進行させていく側面もあわせもつ。

> データの意味について
> 考えること

インタビュー・ノーツを読み返すなかで、個別のインフォーマントによって語られていることの意味や出来事について考える作業から、しだいに、1つひとつの脈絡をもった場面ごとに、データの意味することを考える作業に移行していく。

半構造化面接や観察によって集められたデータを読み返し、調査者自身がラベルを付していく。データから概念を解釈したり、テーマを要約したりして、命名するコード化作業を行う。

データから抽出された概念は、似たような特徴をもつ概念どうしにまとめられ、カテゴリーという様式に要約されていく。相互に関連する主要なカテゴリーを見出しつつ、それらの関連から浮かび上がる作業仮説を生み出していく。

表9-1では、情報収集および分析の実際を紹介するため、あるインフォーマントの面接データから、1つのまとまりのある場面を取り上げ、表の左側に、第1段階として、短い文章にした面接内容を示し、右側に、第2段階として、概念を解釈したコード・ノートを示した。

概念化されたデータは、分析の間、そのまま部分化されたままで扱われるというよりは、むしろ、概念が抽出された脈絡に再び置かれ、そこでインフォーマントによって語られているデータのもつ意味について考えられていく。

分析の視点は、まとまりのある脈絡の中でデータの意味を考えることと、概念をデータから抽出することの双方を全体から見下ろすことができるところに置かれる。データの意味が解釈されるために、データの部分化と統合化を繰り返す作業を続ける。

表 9-1　面接内容とコード・ノート（例）

面接内容	コード・ノート
自立支援と思って，デイサービスを勧めるが，	「ケアマネジャーの捉えるニーズ」
家族が行かせたくない。あるいは，本人が行きたくない。	「本人・家族のサービス利用に対する拒否」
83歳の男性で，	「高齢男性」
重度の痴呆がある。	「重度の認知症」
要介護度は4。	「要介護度」
デイサービスを勧め，週3回の介護サービス計画を立てたが，	「介護サービス計画の立案」
送迎の車に乗ることができず，体全体で抵抗する。	「本人のサービス利用に対する拒否」
主介護者は同居している嫁。	「主介護者」「介護関係」
妻は面倒がり，「まあ行かんでいいわ」と言う。	「家族の態度」
嫁は，介護の疲労が目立つようになってきた。	「介護者の疲弊」
デイサービス側は，来なければ収入にならないので，定員から除外すると伝えてきたが，	「サービス事業者側の採算を考えた態度」
送迎の声掛けはしてくれることになった。	「見守り活動」
施設入所やヘルパーの利用は家族の考えにない。	「他のサービス利用の拒否」
しかし，ここ2，3年の間に痴呆が重度化し，	「認知症の重度化」
介護者の疲れが目に見えるようになってきた。	「介護者の疲弊」
(町役場におかれた居宅介護支援事業)	「設置・運営主体」「事業者に対する指導力」

> **表 9-2 理論的分析メモ（例）**
>
> 　ケアマネジャーは「家族介護の限界」に向かいつつある状況を認識しているが，「サービス利用に対し拒否的な本人および家族の態度」が障壁となり，サービス利用による「自立支援」を勧めることが困難なケースについて語っている。
> 　家族介護の限界状況への進行過程には，「認知症の重度化」「介護者の疲弊」「介護関係」が介在している。
> 　デイサービス事業者の「経営上の収支」を前面に出した交渉がなされる一方，「町役場」のケアマネジャーの強みを生かした事業者への「指導力」がうかがえる。
> 　「利用者の希望とケアマネジャーの捉えるニーズの不一致の経験」とカテゴリー化する。

　その際に，調査者の思考プロセスを残す理論的分析メモを書き留めていく。コード化とカテゴリー化を行う作業の過程で，データに示された出来事や対処の仕方，相互行為について，調査者はどのように捉えているか，そのときの思考プロセスを書いておく。それを示した例が**表 9-2** である。

データを比較すること

　表 9-1，9-2 に示した概念は，データ収集，データの比較を重ねるなかで，共通の概念を確認することができると同時に，その概念を構成する多様性も捉えていくことができる。データの比較を繰り返すなかで，概念どうしの関係性や相互性について検討を行っていく。

　さらに，データをたえず比較する過程を説明するために，別のデータも加えて説明を行う。**表 9-3** は，別のインフォーマントの面接データから，左側に面接内容を，右側にコード・ノートを示した。

　表 9-4 は，表 9-3 のコード化に対する理論的分析メモである。

　先ほどの**表 9-1，9-2** に示した概念と共通する特徴をもつ概念が

表9-3 面接内容とコード・ノート（例）

面接内容	コード・ノート
80歳代の女性,	「高齢女性」
痴呆があり,	「認知症」
要介護2,	「要介護度」
夫が介護者。	「主介護者」「介護関係」
実の娘が先立ち,	「家族状況」
40歳代の孫夫婦と養子縁組を行い	「家族形態」
同居している。	「同居」
週3回のデイサービスを利用。	「介護サービス計画」
糖尿病と眼科への通院があり,	「慢性疾患」
夫が付き添う。	「通院介助」
夫は介護疲れがみられる。	「介護者の疲弊」
孫夫婦は遠慮があり, 手を出さないでいる。	「家族のバウンダリー(境界)」「独立」
デイサービスの回数を増やすことを提案すると,	「介護負担の軽減」
妻も正気な時があるので, その時に話をしてから決めたいとのこと。	「高齢者の自律性」
しかし, 「かつて大和撫子であった」妻が, 「わからないこと」をし, 「反抗もする」ようになると,	「認知症の重度化」
夫の手がでるようになった。	「介護者の暴力」「限界状況」
ヘルパーの導入は断られている。	「ヘルパー拒否」

導かれる出来事，状況，相互作用を確認することができる。共通する特徴をもつ概念においても，そこに多様性をみることができる。しかし，文脈があまりに多様化すると，比較の基準がなくなり，分析の焦点が曖昧となる。ここでは「倫理的ディレンマ」という調査者の関心である研究のテーマによって，分析の方向性を与えている。

先の**表9-1**，**9-2**の事例では，「利用者の希望とケアマネジャーが捉えるニーズの不一致の経験」が語られている。しかし，それがケ

> **表 9-4　理論的分析メモ（例）**
>
> 　ケアマネジャーが，孫夫婦にどこまで祖父母の介護状況を伝え，支援を求めるべきかで迷う経験から語られた事例である。
> 　「祖父母夫婦と孫夫婦のバウンダリー（境界）」がはっきりしている。それぞれの「独立した生活」を維持しながら，支えあう方法がないか悩んでいる。
> 　「家族介護の限界」に向かう過程に，「認知症の重度化」「介護者の疲弊」「介護関係」が介在している。
> 　サービス利用により「介護者の負担の軽減」をはかりたいケアマネジャーの意図（これは「援助する義務や責任」から）がある。他方，「高齢者の自律性」をめぐり，その家族に積極的に介入すべきか，消極的な介入にとどめるべきか，ケアマネジャーの戸惑いが語られる。
> 　「援助する義務や責任　対　自律性の尊重」とカテゴリー化する。

アマネジャーにとって「倫理的ディレンマ」の経験として語られているかどうかは，わからない。

　表9-3，**9-4**の事例では，ケアマネジャーは，「家族介護の限界」状況を認識するなかで，サービス利用や親族の協力により「介護者の負担の軽減」をはかりたいと考えるが，高齢の被介護者および介護者の「自律性」をめぐり，ケアマネジャーが積極的に介入すべきか，介入を控えるべきか，戸惑う事例として語られている。**表9-1**，**9-2**の場合と異なるのは，ケアマネジャーの認識に読み取れる，高齢者の「自律性」に対する気づきや配慮である。

> 主要なカテゴリーを見出すこと

　主要なカテゴリーを見出す過程を説明するために，もう1つ別のデータを加えてみる。**表9-5**は，さらに別のインフォーマントの面接データから，左側に面接内容を，右側にコード・ノートを示した。

表 9-5　面接内容とコード・ノート（例）

面接内容	コード・ノート
息子が,	「家族」
要介護 5,	「要介護度」
90 歳代の寝たきりの	「高齢」「寝たきり」
母親を	「要介護高齢者」
デイサービスに出す。	「サービスの利用」
息子はデイサービスしかないと思っている。	「家族の希望」
共働きで,	「昼間独居」
嫁は親を看ないということを条件で結婚している。	「家族の態度」
往診の医者からは,「なぜあんなに体が弱っている人を家に置いておかないのか」と怒られる。	「医師の意見」
本人は,ボケてはいない。	「認知症なし」
小さい声で, ケアマネジャーに「嫌だ」と言う。	「本人の希望」
ヘルパーを勧めたが, 誰もいない家に鍵で入られることを息子が拒否。	「家族がヘルパー拒否」
週 5 回, 3 ヵ所のデイサービスに行っていた。	「介護サービス利用状況」
結局, 発熱, 肺炎, 入院し, 亡くなった。	

表 9-6　理論的分析メモ（例）

　「利用者の希望」といっても,「本人の希望」と「家族の希望」があり, 不一致がある。ケアマネジャーは,「家族の希望」に押し切られる形で, 介護サービス計画を立てている。「本人の希望」「医師の意見」は宙に浮いたままである。
　「介護サービス計画における本人 対 家族の不一致」とカテゴリー化する。

表 9-6 に，理論的分析メモを示す。

表 9-2 の理論的分析メモでは，「サービス利用に対し拒否的な本人および家族の態度」が示された。表 9-4 の理論的分析メモでは，高齢者の「自律性」をめぐる戸惑いが示された。表 9-6 の理論的分析メモでは，介護サービス計画における「本人の希望」と「家族の希望」の不一致が見出された。

これらは，ケアマネジャーが要介護高齢者とその家族を支援する際に，直面する出来事や人々の相互作用の形態を表している。

「ケアマネジャーの捉えるニーズ」には，サービス利用による「高齢者の自立支援」と「家族介護者の負担軽減」が目標に据えられるが，介護サービス計画を作成する過程においては，利用拒否や，高齢者と家族の希望の対立・矛盾など，一筋縄ではいかない現実が横たわる。その状況に対して積極的に介入すべきか，消極的介入に留めるべきか，ケアマネジャーによって異なる認識のパターンが生じる。本研究では，研究の関心に沿い，「援助する義務や責任 対 自律性の尊重」を，高齢者のケアマネジメントにおける「倫理的ディレンマ」の1つとしてカテゴリー化していった。

このように，いくつかのカテゴリーができてくると，これまで出てきたカテゴリーを並べ，その相互性や関連性から分類を繰り返し，その中から主要なカテゴリーとなるものを見出す作業が行われる。

5 そして，それをどう論文として書こうとしたのか

データに浸ること　データを整理し，概念やカテゴリーを発見し，概念間やカテゴリー間の関係性や関連性を見つけていく作業は，調査者自身が行うものであるが，しばら

くの間，このデータに浸るときを過ごし，ある程度，集中する時間をもつことを覚悟しなければならない。

その過程で自分の頭の中にあるものを，図に描いたり，カードにしたりして，主観的なものを客観的に対象化してみる作業を行う。図示する方法は，概念やカテゴリー間の関連を視覚的に把握し，全体を構造化し，意味を見出すのに役立つ。また，カテゴリーごとにカードをつくり，並べてみて，関連性を見直したり，分類し直したりする。そのときに，再び，元のデータに戻り，その脈絡におけるデータの意味を考え直すこともある。

第4節で書き表した内容に関する解釈の作業過程（例）を，図 **9-1** に図示してみた。

論理を構成すること

インフォーマントはすべて高齢者介護に関係するケアマネジャーである。しかし，個別面接聴取や観察から得られたデータの分析から抽出される概念は，各々のケアマネジャーが属する各種の機関・組織や制度的脈絡と密接に関連しており，そうした背景となる文脈や介在する条件を示す関係づけなしには，得られたデータの意味を理解することはできない。

ケアマネジャーは，多様なシステムの人々と相互作用をもち，仕事をこなしていく立場に置かれている。ケアマネジャーにとって一番身近なところにある認識のレベルは，自分の行動に対する認識である。その次は，高齢者や家族との直接的な相互作用に対する認識である。あるいは同じ組織内部の同僚や上司に対する認識がある。さらに組織構造に対する認識や，異なる専門職や機関との関係に対する認識，制度や政策，施策に対する認識が含まれる。

ケアマネジャーの日常的業務は，これらのレベルが錯綜し，多元的な現実世界が繰り広げられている。そうした中で，彼らがみずか

図 9-1 作業過程（例）

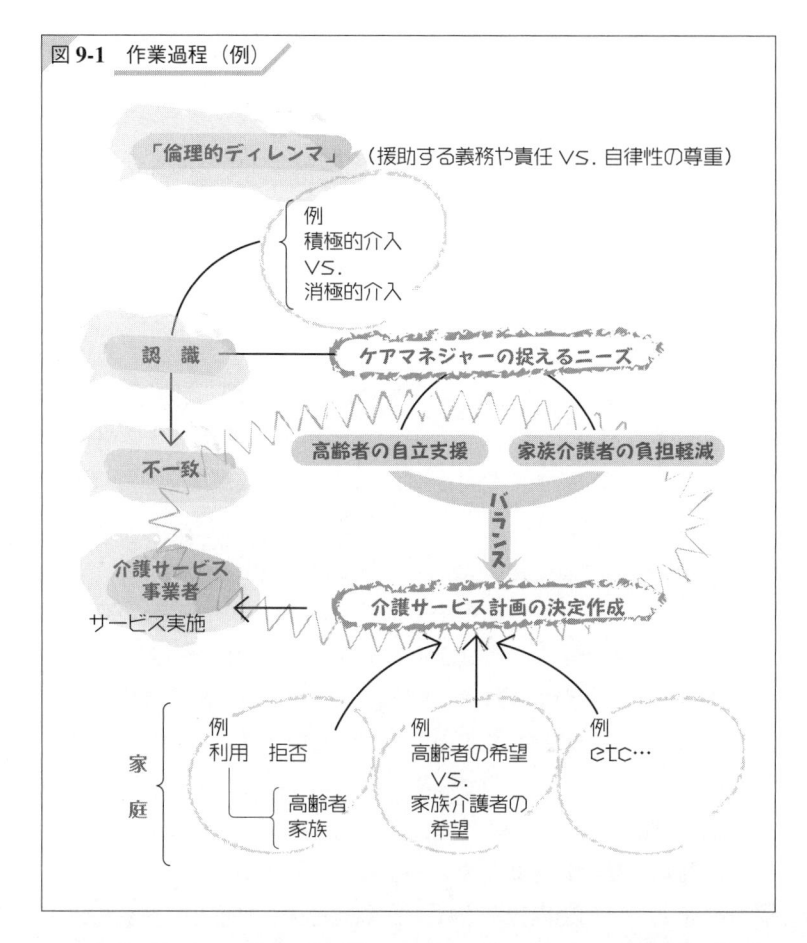

「倫理的ディレンマ」（援助する義務や責任 vs. 自律性の尊重）

例
積極的介入
vs.
消極的介入

認識 → ケアマネジャーの捉えるニーズ

高齢者の自立支援　家族介護者の負担軽減

バランス

不一致

介護サービス事業者 ← 介護サービス計画の決定作成
サービス実施

家庭
- 例　利用　拒否　高齢者／家族
- 例　高齢者の希望 vs. 家族介護者の希望
- 例　etc…

ら仕事を遂行していくうえでよって立つところはどこなのかという問いが立てられる。データから浮上してきたのは，利用者と事業者の狭間に立つケアマネジャーの姿である。

　そして，サービスを利用する側も，サービスを提供する側も，時間単位の金の計算に翻弄され，組織的には経営の黒字が求められ，在宅介護の現場である家庭には一歩踏み込めないまま，地域の中で

孤立した家族の抱える問題が単なる個人の私的諸問題に帰されたまま，それが「利用者の選択」「自己責任」というお題目によって正当化される現実である。

高齢化が進む中で，独居や認知症の不安に対する保険として，施設介護サービスの申請がなされる。民営化や医療化が進み，介護サービスの供給主体の多元化や多様な専門職が参入する一方，家庭の抱える社会的諸問題を解決していくための装置が社会に備えられていない状況が垣間見えてくる。

要介護高齢者とその家族の私的な状況における諸問題（private troubles）が，社会的諸問題（social problems）として捉え返される契機がなく，地域の中で問題を抱える個人や家族が孤立する現実が，データから浮かび上がってくるのである。

研究の限界と課題について

研究には，多くの限界や制約が付きまとい，その中で最善を尽くすことが求められる。十分なデータ収集・分析に至ってから論文を書き始めることができればよいが，調査と並行して書きすすめることもある。研究成果の発表の理由はいろいろ考えられるが，まずは，研究者がみずからの職責を果たすという側面がある。学会誌への投稿は，採用審査を経ることによって，みずからの研究について客観的批判を受ける有効な機会となる。

この論文では個別面接調査によってデータを収集し，概念やカテゴリーの生成においてはグラウンデッド・セオリーを活用しつつ，ケアマネジメントのフィールドに関するデータを直接記述に生かす事例的方法でその分析結果をまとめている。

概念やカテゴリーの発見から，理論生成へと導く研究として展開していくためには，データのディテールを概念の精緻化に生かす方法であらためて研究を行うよう，研究の設問，調査対象の範囲，デ

ータの収集・分析を検討し直すことが課題である。

　社会は，不一致や葛藤が交錯する多元的な現実から構成される。そうした葛藤に満ちた状況に対して，人々がどのように対処しようとしているのか，そこでの相互作用はどのようなものなのか，その形態はどのようなものなのか，フィールド（現場）で得られるデータから明らかにしていくことが継続的な関心である。しかも，生き生きとしたデータによってそれを描き出すことが肝心と考える。

　社会福祉の現場，高齢者介護のフィールドにおいて，人々の私的な状況における諸問題を，客観的事実として相互関連のある社会的諸問題として捉え返すということ，そのための契機，そのための方法を探求しなければならないと考える。そして，社会に規定されつつも，逆に能動的に社会を規定し返す存在としての主体的な個人や集団を見出し，描き出していくことが優先的な課題と考える。

Lesson 10 ミクロレベルの評価分析

障害者の行動療法の有効性 [1]

　本章では、ソーシャルワークの領域でクライエントの問題行動解決に貢献できると注目されてきた行動療法の理論と実践例を紹介し、ミクロレベルにおける介入方法の有効性を証明することを目的としている。この目的のために、筆者は知的障害者小規模授産施設において重度知的障害者の作業上の問題行動に行動療法を適用し、知的障害者の問題行動を改善した。そして、介入方法の効果を証明するために、効果測定の1つの方法である反転実験計画方法（ABABデザイン）を用いようとしたが、社会福祉施設の現場であるという制約から、介入効果を測定するのにやや弱い実験計画法、ABデザインによって、介入効果を証明した。
　本章において、社会福祉施設の現場の抱える問題の解決方法とそれを科学的、客観的に証明できる方法について考えてみよう。

1 研究の枠組み

　ソーシャルワークにおいて，重度知的障害者に対する専門的援助は，十分な効果をあげていないと考えられていた（Beck [1969]）[2]。とくに従来のケースワークは言語を媒介とし，ワーカーがクライエントに対して受容，共感，支持を行い（バイステック [1996]），介入関係を重視してきた。このため，言語をもたない重度知的障害者の具体的な問題行動の改善や新しい行動の形成は，介入目標として取り上げられなかった（Lee [1977]）。したがって，過去のソーシャルワークの文献にみられる知的障害者に対する援助は，軽度の知的障害者の生活上の悩みや両親や兄弟の悲しみ，苦しみ，痛みなどの軽減を主たる目標としていたのであった（Polansky et al. [1971]，Nurse [1972]，Murphy et al. [1973]，Lee [1977]，Empey [1977]，Scalon [1978]，Kratochvil and Devereux [1988]，Lemieux [2001]）。

　しかし，ソーシャルワークにおいて，このような状況にありながら，筆者が関わっている知的障害者小規模授産施設の職員から，重度知的障害者の作業上の問題行動への対応についての相談を受けた。そこで，この問題解決に行動療法が貢献できるのではないかと考え，重度知的障害者の作業上の問題に行動療法を適用し，実践し，ある程度の成果を得ることができたので，行動療法の理論と実践的取り組みについて紹介する。

　なお，障害者福祉施設で働く職員などのマンパワーの多くは社会福祉系の学校の卒業者でありながらも，社会福祉の専門教育のカリキュラムの中で行動療法の講義や演習を受ける機会が少ないため，効果的な指導方法を見つけることができないのが実情である。大学

の研究者の間では,障害者の直接支援などのミクロレベルの問題は社会福祉よりも,むしろ教育や心理学の領域であると考えられていると思われる。だが,クライエントの問題行動の解決に貢献し,ソーシャルワークへの導入も検討されてきた行動療法が,この知的障害者施設の問題を解決するのではないかと考えた。また,この介入方法が介入効果を客観的な数値で評価し,介入効果が見られない場合,他の介入方法を利用するという柔軟性をもっている点もここで実践に用いた理由の1つである。

2 障害者の行動変容の理由

ここでは,障害者に対する行動療法に取り組む前提として,なぜ,障害者の行動を変容しなければならないのか,その必要性について述べる。

(1) 生命を守る観点　障害者の中には,自分の顔を傷つけたり,手をかんだりするなどの自傷行動を起こす者もいる。自傷行動の場合,その行動によって身体が傷つけられ,傷口から病気の感染を引き起こし生命の危険性を招くような事態を起こすことも考えられる。また,他の人々に対する攻撃的行動,物体への破壊的行動が激しくなれば,当事者だけでなく,他の人々の生命をも危険にさらす。それゆえに,生命を危険にさらすような行動は減少されなければならない。なお,過去,行動療法では,障害者の攻撃的行動,自傷行動などの問題行動の除去をめざした実践報告も行われてきている (Risley [1968], Vuklich and Hake [1971], Lovaas and Simons [1969], Dorsey et al. [1982], ローマン゠ハルトマン [1998])。

(2) 心理的成長を促進する観点　生命の危険性を引き起こした

り，身体的に不衛生を引き起こしたりするような障害者の問題行動は，彼らの心理的成長の面でも大きな障害となると思われる。失禁の激しい障害児に対するトレーニングで，子どもをトイレに座らせることに大部分の時間を費やした場合，洋服の着脱行動，歯みがき行動，食事行動などその他の日常生活行動の学習の機会は少なくなる。その結果，彼らの行動のレパートリーは制限され，常に同じ発達段階に留まってしまうのである。したがって，彼らの心理的発達を阻害するような問題行動は変容されなければならない。

(3) 社会的自立による観点　最後に障害者が社会的に自立していくためには，障害者自身にも行動の変容が必要とされる点である。過去，障害者福祉では，障害者は入所施設の保護された状態の中で，自分の人生を終えることが望ましいと考えられていた。しかし，近年，ノーマライゼーションの原理の影響により，障害者も地域社会の中で自立した生活を送れることが要求されるようになってきた。そのため，障害者にも職業技術や自立生活技術が必要とされ，そのための行動変容が必要とされるのである。そして，行動療法の領域において，障害者に掃除をする行動の形成（Cuvo et al. [1978]），授産施設における電話用メモ用紙の作成（Hunt and Zimmerman [1974]），缶の再生利用のための作業介入（Karen et al. [1985]），対人接触スキルの向上（Bates [1980]），料理行動の形成（津田 [1996]）などの社会的自立をめざした介入報告が行われている。

3　障害者援助実践としての行動療法の利点

ここでは，障害者援助実践としての行動療法の利点について述べる。

(1) 容易な理論　　まず，第1の利点は，この理論の基本的原理が比較的簡単であるため，障害者に一番身近にいる両親，家族や施設職員がその理論を理解し，実践をし，介入効果をあげることができる点である。したがって，施設や在宅で障害者の直接指導を行っている施設職員や両親が，ケースワークや心理療法の専門家に代わって，専門的援助，すなわち，行動療法を習得し，実践することができれば，十分な介入成果をあげることができると考えられる（武田・立木［1981］）。

(2) 介入に対する動機づけをもたせる点　　第2の利点は，この介入方法が，障害者に介入に対する動機づけをもたせる点である。とくに言語能力に問題のある重度知的障害者に対しては，報酬を利用することで，介入に参加するきっかけを与えることができる。自分自身の顔や体を傷つける重度知的障害者に対して，ある一定期間自傷行動を起こさなければ，好きな食べ物を与える，あるいは好きな活動に従事させるという方法を導入することで，行動をある程度抑えることができ，自傷行動に対する介入が可能となる。

(3) 介入の評価　　第3の利点は，この介入方法には，問題行動や目標行動の頻度や時間などが客観的に測定され，介入効果の有無を判断することが可能となることである。障害児の夜尿に対する介入において，昼間にトイレット・トレーニング（強化子を利用して，トイレで排尿，排泄する指導）を実施し，1カ月の夜尿の回数が減少した場合，その客観的数値を通して，トイレット・トレーニングによる介入の効果が検証できるのである。

(4) ノーマライゼーションへの貢献　　最後の利点は，行動療法の原理が社会福祉の理念であるノーマライゼーションの原理と共通しており，障害者福祉のノーマライゼーションの実現に貢献できる点である。ノーマライゼーションは，障害者の生活環境

を一般市民と同様にノーマルにすることを目標に，環境を整備することをめざす。一方，行動療法も障害者の環境の刺激を操作することで，行動を変容させ，彼らが一般市民と同様の生活を送れるようにすることをめざしている。つまり，行動療法とノーマライゼーションは，ともに障害者の行動の欠陥を重視するのではなく，環境を調整することで，彼らの生活を向上させることを目標としているのである。

4 介入効果測定 [3]

　効果測定とは，介入の有効性を科学的に評価することである。過去，伝統的な精神医学に基づくケースワークの介入では，クライエントとの面接に十分な時間が費やされたとしても，本当に効果があったかどうか，客観的な数的なデータは示されず，ワーカーの主観的判断のみに評価が行われ，効果の測定については，ほとんど重視されなかった。しかし，ワーカーによる介入の効果測定が実施されたならば，介入の成否の判断が可能となる。このことはクライエントに対して明確な介入結果の提示だけでなく，多大な時間と費用の節約となる。さらに効果測定により，1つの介入の有効性が実証されたならば，他のクライエントにもその介入の適用の可能性が生じる。

　ここで，行動療法による介入効果測定のための実験計画法として，反転実験計画法（ABABデザイン）と多層ベースライン実験計画法を紹介する。

反転実験計画法（ABABデザイン）

(A)はベースライン期，(B)は介入期を示す。まず，ベースライン期(A)とは，介入が行われていない普段の日常生活場面でのクライエントの状態の期間をさす。自閉症児が自分の顔を傷つける自傷行動を示した場合，普段の日常生活場面で，その行動がどのような頻度で出現をしているのかを観察するのである。介入期(B)とは，ベースライン期の状態とは異なり，問題行動の改善のために具体的な介入を行う期間のことである。自閉症児が自傷行動を起こしたならば，たとえば，介入者は子どもに「だめ」と言って，手を握る方法を行う。このように具体的な介入が行われる期間が介入期(B)である。

次にこの介入期(B)をいったん止めて，第2回目のベースライン期(A)を取る。つまり，自傷行動の出現に対して，介入者は，最初のベースライン期と同じ状態に自閉症児を置くのである。したがって，この期間では自傷行動が再び増加することが予想される。次に再び，第1回目の介入期(B)と同じ介入を試みる（図10-1参照）。こ

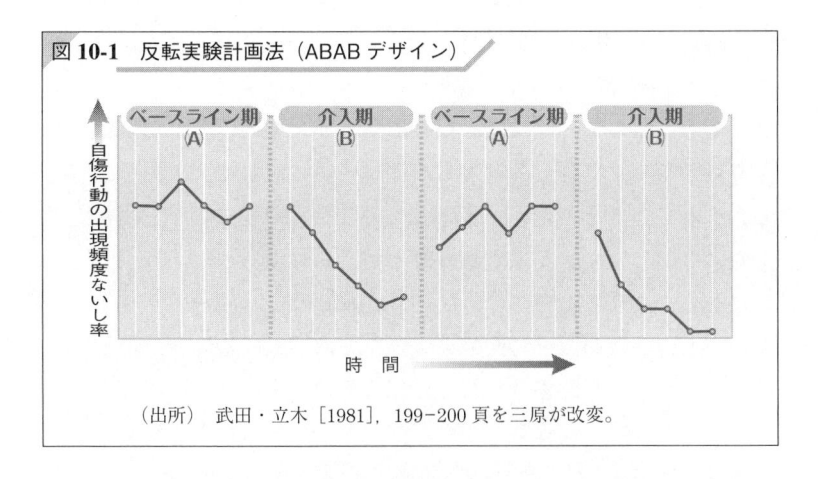

図10-1　反転実験計画法（ABABデザイン）

（出所）武田・立木［1981］，199-200頁を三原が改変。

こで，自傷行動が再び減少をしたならば，はじめて介入者が自傷行動に対して実施した介入が効果的であったと言えるのである。

　この方法は強力な実験計画法であるが，臨床的観点から言えば，クライエントが良くなっているのに途中で介入を中止させ，再びクライエントを元の状態に戻すというような問題点を抱えている。そこで，反転実験計画法（ABABデザイン）に代わる方法としてABデザインがある。この実験計画法は，クライエントが良くなっているのに途中で介入を中止させ，クライエントを元の状態に戻すような問題点はないが，介入効果を確かめるには弱いという問題点を含む。

多層ベースライン実験計画法

　この方法は，同一の介入方法を同一のクライエントの問題に時間的にずらして行ったり，あるいは同一の介入方法を数名のクライエントに対して時間的にずらして行う方法である。

　ある子どもが複数の問題行動を抱えている場合，たとえば，他の子どもをたたく，物を投げる，奇声を発する行動を示す場合，それぞれの行動に対して，何も置かれていない部屋に一定時間閉じこめるという罰技法のタイムアウトの方法を時間をずらして実施する。その結果，子どもの問題行動が減少した場合，タイムアウトの方法は効果があったと言えるのである。一方，ある子どもが他の子どもをたたく，他の子どもは物を投げる，もう1人の子どもが奇声を発する行動を示す場合，各子どもの問題行動に対して，時間をずらしてタイムアウトを実施し，各子どもの問題行動が減少した場合，タイムアウトの方法は効果があったと言えるのである。

　しかし，これらの方法にも問題点が含まれる。同一のクライエントのいくつかの問題を時間的にずらして取り上げる場合，最初の問題がうまく解決し改善されたならば，他の問題にも良い影響を与えることは十分考えられる。また，同一のクライエントの複数の問題

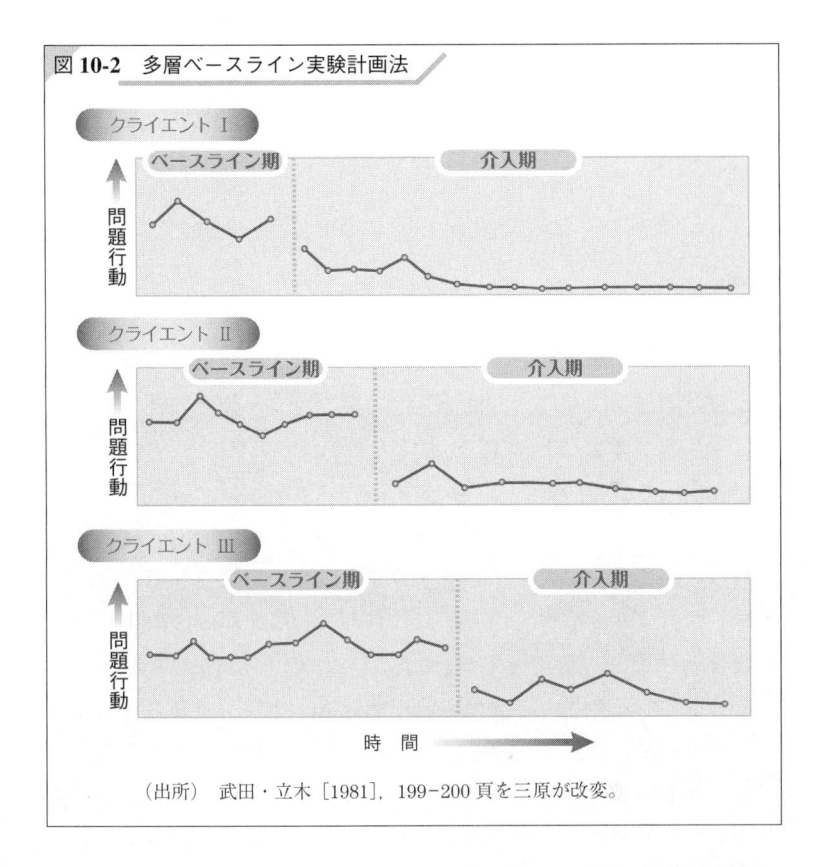

図 10-2　多層ベースライン実験計画法

クライエント I／ベースライン期／介入期／問題行動

クライエント II／ベースライン期／介入期／問題行動

クライエント III／ベースライン期／介入期／問題行動

時　間

（出所）　武田・立木［1981］，199-200 頁を三原が改変。

でも，問題の程度が著しく異なった場合，同一の介入方法が程度の軽い問題では効果があったが，程度の深い問題の場合には効果が現れないといった事態が起こることも予想される（**図 10-2** 参照）。

5 知的障害者授産施設における行動療法の実践事例[4)]

> はじめに

ここでは,冒頭で述べたように筆者が知的障害者小規模授産施設において知的障害者の作業上の問題に対して行動療法を実践した取り組みを紹介する。

この行動療法を実践した西宮市の知的障害者小規模授産施設「すずかけ共同作業所」は,知的障害者に職を与え,彼らの社会的自立を保障するという目的で1978年に設立され,職員8名,障害者33名から構成されている。この授産施設の作業内容は,おもちゃの袋詰め,広告の散らし折り,ぞうきんの作成,公園の掃除,廃品回収である。いくつかの企業からさまざまな仕事が提供されており,授産施設で働く知的障害者たちは,これらの仕事を順調に消化していかなければならない。そして,今,ここで,実際に彼らの作業指導を行っている職員から提出された問題は,作業所で働く人々の中に,過去において職業指導を受けていない重度知的障害者が,何名か含まれているということであった。彼らは作業の理解が遅く,作業を継続して行うことができないという問題をもっているだけでなく,彼らが作業を中断することが,他の仲間の作業を妨げたり,また連鎖的に作業の中断を引き起こしていた。そして,職員がそうした作業の中断を注意することが,彼らに対して注目や関心を増やすことになり,逆に彼らの望ましくない行動を増やしていた。こうした問題について,行動療法では,問題行動も過去の経験に基づいて学習されたものであり,その行動が学習されたときの手続きと同じ原理を使って,知的障害者の問題行動を変えることが可能であると考えるのである。

授産施設の職員との話し合いの結果，とくに作業の継続ができない4名が介入の対象として選ばれた。この4名に共通する主な特徴として，次の3点があげられる。①IQが35以下の成人である，②これまでに職業訓練を受けていないこと，③単純な手作業しかできず，職員が仕事を選び，他の仲間とは違った仕事を提供していること。

　ここでの問題行動は，作業が継続できないということであった。そこで，なぜ，彼らが作業を継続できないのか，彼らの実際の行動を分析してみた。その結果，玩具紙幣の整理やおもちゃの袋詰め，広告の散らし折りといった作業の間，この4名はよそ見をする，席を離れる，口論をする，作業台の上に顔を置く，泣き始めるといった行動によって，職員や仲間からの注目・関心を集めていた。

　行動療法では問題とされる行動は，それを始めるきっかけとなる手掛かり刺激によって起こり，その行動に続く結果，つまり，刺激によって強められると考える。つまり，作業の中断という問題行動は1人の作業の中断が手掛かり刺激となり，他者の作業の中断を連鎖的に呼び起こし，周囲からの注目・関心の刺激によって強められていたのである。

　このような場合，作業の継続時間を延ばすという彼らの良い行動を強めることで，彼らの作業の問題となる中断を減少させることのほうが介入としての効率が良いと思われた。また，作業の継続が形成されたならば，彼らの作業中の問題行動が除去されるばかりでなく，作業の生産を増加させ，なおかつ，将来，彼らが他の職場に行っても，単純な作業ならば行うことも可能になるのではないかと考えた。

　こうした理由から，どのような作業であったとしても，作業を継続して行うという行動を目標行動として選択した。なお，ここで作

業を継続するということは，彼らの能力に応じて作業を進めることを目標としており，彼らの作業ペースを速めたりすることを主な目標としているのではない。

介入方法

(1) 介入対象者　　相川俊介氏（仮名）：23歳，男性。小学校入学時まで，他県の児童施設で過ごす。小学校入学より中学校修了時までは，自宅より養護学校へ通学。義務教育終了と同時に更生施設へ移る。この間，職業訓練を受けたことはない。18歳の時に，現施設へ入所して職業指導を受ける。作業中の態度は，職員が注目・関心を示すと一生懸命に作業を行うが，長続きしない。また，気分にむらがあり，作業中に仲間をなぐったりする行動がある。

近藤恵子氏（仮名）：18歳，女性。養護学校高等部修了後，この作業所に入所する。養護学校の頃，学校からの職場実習で作業所において，1カ月間作業を行ったが，学校ではとくに職業訓練を受けたことはない。作業所に入所してまだ6カ月ほどであるが，実習の経験があるため，作業所の皆との対人接触はよい。性格は無口で恥ずかしがりやである。作業に飽きると，作業台の上に顔をおいて休むことがある。作業のペースは遅い。

吉本史子氏（仮名）：19歳，女性。養護学校高等部修了後，現作業所に入所する。養護学校の頃，もっぱら教科指導と生活指導を受ける。雨の日は体調不全を理由に欠勤することが多い。無口で仲間から非難されると泣き始め，作業を中断する。また，作業に集中できないことが多く，他者の会話に耳を傾け，作業の手を休めることが多い。

野口博子氏（仮名）：26歳，女性。小学校入学時，就学免除を受けたが，16歳の時に養護学校へ入学し，そこで生活指導と教科指導を受ける。作業中，独り言が多く，突然，笑い始める。また，自

分の席を離れ，事務の机の上にある電話の受話器を持ち上げ，一人でしゃべっている。職員から話しかけられても，にこにこ笑っていることが多い。

以上選ばれた4名の平均年齢は22歳である。全員，ある程度の言語的コミュニケーションが可能であるが，数を数えたりすることはできない。調査期間の作業はおもちゃの袋詰め，広告の散らし折り，玩具紙幣の整理であった。

〈目標行動〉作業継続行動

〈介入期間〉1983年4月23日より同年10月3日までの約6カ月であり，毎週1回，午後2時30分〜午後3時まで介入が行われた。

〈場所〉調査は知的障害者小規模授産施設「すずかけ共同作業所」で実施された。

(2) 介入手続き　行動療法の技法の中から，とくにオペラント技法，なかんずく正の強化を用いようとした。しかし，介入対象者が他の仲間7名と一緒に作業を継続しているときに，たびたび介入対象者のみに正の強化子を与えることは作業の中断になる恐れがあるため，延滞強化に頼らざるをえなかった。作業の継続に対する正の強化子として，対象者との話し合いによって，チョコレートが選ばれた。しかし，介入が進むに従い，チョコレートだけでは飽きるという不満の声が出てきたので，彼らの希望を尊重し，アイスクリームやクッキーなども正の強化子として使用した。

こうした一次性強化子を与えるときに，介入者が誉めるだけでなく，職員や仲間全員が言葉で誉め，拍手するという社会的強化子も用いた。なお，作業所はスペースが狭く，介入のためだけに4名を特別に扱うことができないので，他の仲間7名も介入に加わってもらった。なお，作業中，職員はできあがった製品を点検し，運ぶな

ど多忙であるため,筆者が介入手続きを実施した。したがって,本調査を通して得られた結果にある程度のバイアスが含まれていたかもしれない。

(3) 実験計画法　この調査では,反転実験計画法（ABABデザイン）を用いて,介入の効果があったかどうか確かめたかった。しかし,授産施設という場において,せっかく対象者の行動に改善がみられたのに,介入をやめるということは指導上望ましくないという声が多かった。そこで,この反転実験計画法に代わる実験デザインとしてABデザインを採用した。また,今までに強化を行っていた介入者と他の職員とを弁別する恐れがあったので,他の職員に対してもその介入の成果が般化するように介入を行った。

そして,介入は次のような手続きで実施された。

① ベースライン期(A)(3セッション)：介入を始める前の状態を観察するため,作業中,4名の作業継続に対して特別な言語的賞賛を与えず,通常の態度で彼らと接触することを職員にお願いした。なお,彼らが仲間の作業を妨害したときは,職員や介入者から言語上の注意が与えられた。作業所での経験を踏まえた職員との協議の結果や介入者の観察を通して,14分間の作業を継続することが決められた。記録の方法は,14分間を1セッションとし,2分間隔のタイムサンプリングで計7回の観察をし,作業の中断が起こっていないかどうか調べた。ここで,時間間隔を2分間とした理由は,介入参加者全員の作業チェックをしなければならず,チェックを終える時間が2分間であったからである。そして,その結果を作業継続率としてパーセントで算出した。たとえば,7回のうち2回の中断があったならば,作業継続率は $5 \div 7 \times 100 = 71.4$（％）となる。なお,作業を中断したと判断する基準は席を離れる,よそ見をするなどによって作業の手を止めたときであり,仲間に話しかけたとし

ても作業の手を休めることなく，作業を継続していれば，作業が中断されているとは考えなかった。

② 介入期 (B) (18セッション)：介入前にチョコレートを提示し，作業を中断することなく継続したならば，チョコレートをもらうことができることを対象者に説明した。そして，作業を継続する14分間にベースライン期と同じ方法で観察した。さらに作業中，職員にもベースライン期と同じような態度で接触してもらった。セッション終了後，作業継続率の高い者から順番にチョコレートを与えたが，常に成績のよい仲間7名が最初にチョコレートをもらっていた。このため，4名にチョコレートを与える際，特別に全員の前で「いつもは作業をしていない○○君が，今日は頑張って作業をやっていたよ。みんなで拍手をしようね」と誉めて，全員で大きな拍手をした。とくに彼らが70％以上の継続率を示したとき，与えるチョコレートの量を増やした。また，彼らがベースライン期の継続率よりも低い，あるいは同じ継続率を示したときも，次のセッションで頑張って作業を進めるように話し，チョコレートと言語的賞賛を与えた。

③ 般化訓練（3セッション）：4名の継続率が安定してきたとき，介入者に代わって同作業所の女子職員に介入期と同じ手続きを行ってもらった。ただし，介入者の存在が彼らの作業に影響を与えるのではないかと考えたので，介入者はこの介入には参加しなかった。

なお，記録の信頼性を高めるため，同作業所の男子職員1名と同時に4名の作業の継続を記録し，次の公式により信頼性を算出した。

信頼性(％) = (一致数) ÷ {(一致数 + 不一致数)} × 100

その結果，ベースライン期1セッションと介入期1セッションの計2回により，算出された信頼性は93％であった。

> 結果および考察

(1) 結果　介入期における作業の継続過程を見るために、介入期の18セッションを前期、中期、後期の3段階に分け、それぞれ6セッションごとの継続率の平均を算出した。

相川氏の各段階の平均はベースライン期48％、前期74％、中期84％、後期88％、般化訓練期67％であった（図10-3(1)参照）。前期、中期ともにすべてのセッションで高い継続率が示されている。後期の第19セッションで継続率が低くなっている。般化訓練期では、前期の継続率レベルになっている。

近藤氏の各段階の平均はベースライン期52％、前期86％、中期

図10-3　介入期における作業の継続過程

(1) 相川氏の作業過程

(2) 近藤氏の作業過程

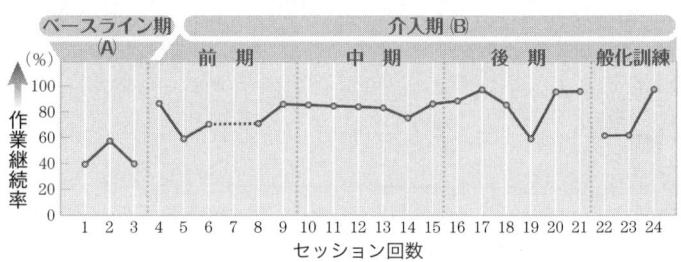

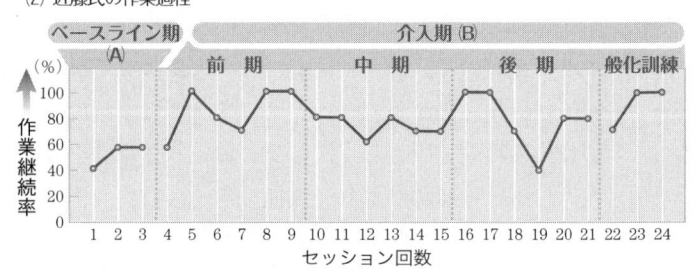

（注）作業継続過程。縦軸には作業の継続率（1セッション14分間中の継続

76％，後期84％，般化訓練期90％であった（**図10-3**(2)参照）。前期，中期ともにすべてのセッションで高い継続率が示されている。しかし，第12セッションの継続率は，これらの期間における他のセッションの継続率に比べて低くなっている。後期の第16，17セッションで100％の継続率が示されている。第19セッションでは継続率が低くなっている。般化訓練期では，高い継続率がみられる。

吉本氏の各段階の平均はベースライン期57％，前期86％，中期86％，後期79％であった（**図10-3**(3)参照）。多くの欠勤があったにもかかわらず，高い継続率がみられる。

野口氏の各段階の平均はベースライン期48％，前期60％，中期

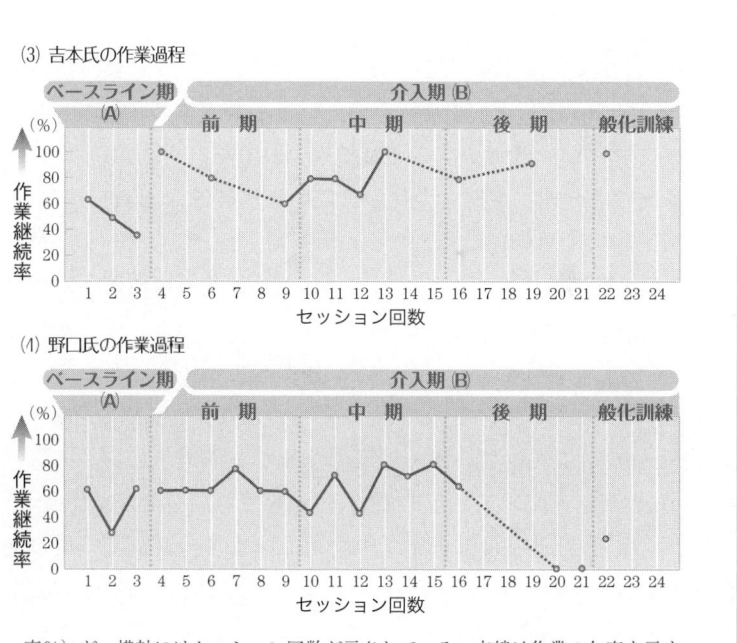

(3) 吉本氏の作業過程

(4) 野口氏の作業過程

率％）が，横軸にはセッション回数が示されている。点線は作業の欠席を示す。

67％,後期19％であった(図 **10-3** (4)参照)。前期では,継続率の変化がみられない。中期の第13セッションから,継続率が高くなっている。第20,21セッションでは,まったく継続率が示されていない。

(2) 考察　以上4名の結果から,1名を除く3名の作業の継続が改善されたと考えられる。

まず,最初にこの4名の結果について,それぞれ考察をする。

相川氏は,前期・中期と順調に作業を継続していた。しかし,第19セッションで,午前中,自分の好きな廃品回収作業に参加できなかったため作業中,作業所の入り口に止められていた廃品回収の車を頻繁に見ていた。つまり,作業終了後,毎回チョコレートが与えられたので,介入よりも他のものに興味を持ってしまったと考えられる。最初の計画にはなかったが,第19セッションで作業の中断に対してチョコレートを与えないというリスポンス・コストを導入した結果,第20セッションの継続率が高くなった。

近藤氏は,前期・中期と全体的に高い継続率を示したが,第12セッションで継続率が低くなった。その原因として,次のことが考えられる。前期・中期で,彼女は自分よりも作業の中断が多い野口氏が毎回,チョコレートをもらっているのを見ていた。つまり,彼女は,少々作業を中断し,低い作業の継続率であったとしても,それをもらえることに気づき始めたのかもしれない。このことから,第12セッションの継続率が一時低くなったと推定される。後期の第16,17セッションで100％の継続率が示されているが,作業中,次のような行為が見られた。彼女は,介入者が2分間隔で作業の継続をチェックするのをうかがい,チェックが始まると一生懸命に作業を行い,それが終わると作業台の上に顔を乗せて作業を中断していた。そして,頻繁に横目で介入者の行動を観察していた。すなわ

ち，彼女は100％の高い継続率を示したが，介入者が作業の継続をチェックするという2分間隔の長さを利用し，その後，作業を中断していたのであった。第19セッションで，相川氏に試みたようにリスポンス・コストを導入してみた。その結果，第20セッションで，継続率が高くなった。

　吉本氏は，各セッションで高い継続率を示した。作業中，彼女は介入者のほうを何度も振り向き，一生懸命作業に励んでいる様子をジェスチャーで示した。この彼女の行為に対して，介入者は知らず知らずのうちに，注目・関心を与えていた。欠勤が多く見られたにもかかわらず，こうしたことが，彼女の高い継続率に影響を与えたと考えられる。

　野口氏の作業継続は改善されなかった。前期では，彼女はセッション終了後，チョコレートを受け取るとき，なぜそれをもらうことができるのか，まったく理解できない様子であった。このため，前期で継続率の変化が見られなかったと思われる。中期の後半，作業中，仲間から作業の中断に対する注意を受けたことや介入に慣れてきたことで，介入の内容を理解できたようであった。それ以後，チョコレートをもらい，全員からの拍手を受けたとき，にこにこ笑っていた。こうして，介入の内容を理解したため，第13セッションからの継続率が高くなったと思われる。第20セッションの作業中，彼女は頻繁に独り言を言って，まったく作業に参加しなかった。すなわち，長期間作業を欠勤していたため，介入内容を忘れてしまったのではないかと推定される。第21セッションの継続率は，介入セッション前にあった仲間との口論の影響で泣いたり，叫んだりしていたことが原因になっていると思われる。第20，21セッションで，リスポンス・コストを導入したが，大きな継続率の変化が見られなかった。

最後に全体的考察を述べたい。

4名のうち3名の結果は目で見る限り，介入導入後，ベースライン期と比較して作業継続が明らかに改善されていることがわかる。だが，本介入において取られた手続きが，この変化を生み出したかどうかは，デザイン上の1つの問題と介入手続き上の4つの問題点により，明らかではないと思われる。

まず，デザイン上の問題は，本調査で用いられたABデザインが，介入手続きと行動の変化の因果関係を明らかにするには，やや弱いということである。これらは，前述したように，より強力な反転実験計画法（ABABデザイン）を実際の介入場面では用いられなかったことによる。

次に介入手続き上の4つの問題点について述べる。

① 作業継続率の低い対象者にもチョコレートと言語的賞賛を与えた点：近藤氏は，作業継続率の低かった野口氏がチョコレートをもらうのを観察したため，作業を中断するようになったと思われる。また，作業継続率の低かった野口氏にチョコレートが与えられたことが，彼女の作業の中断を強化するようになったと考えられる。したがって，この場合，事前にチョコレートを与える継続率の基準を決め，それによってチョコレートの量を調整することを参加者に報告すべきであったと思われる。

② セッション終了後に強化を与えた点：セッション終了後に強化を与えたため，作業中，作業の継続が見られても，強化が与えられなかった。作業継続率の低かった野口氏が，作業中，作業を継続していたときに，強化が与えられなかった。このため，彼女の作業行動が継続されなかったと考えられる。それゆえに，作業の継続に対して，言語的賞賛やトークンによる即時強化が連続して行われるべきであったと思われる。なお，トークンとは，知的障害者が望ま

しい行動を行ったとき，トークン（例：小さい札，図表の印，カード）を与えてその行動を強化し，後でそのトークンと好きな強化物（例：食べ物，衣服，家具，おもちゃの自動車など）とを交換できるようにした手続きである。

③ セッション終了後に毎回強化が与えられた点：相川氏および近藤氏は，セッション終了後に毎回チョコレートが与えられたので，介入に対する興味を失い，作業の継続を維持できなかったと考えられる。したがって，彼らの作業の中断に対して，チョコレートを与えないというリスポンス・コストの手続きが導入された。この方法は一時的に効果があったが，作業の継続を維持していくためには，チョコレートを間歇（かんけつ）的に与えるか，あるいはトークンに代えるべきであったと考えられる。

④ 2分間隔のタイムサンプリングが使用された点：近藤氏は，作業のチェックが行われる2分間の間，作業を中断するようになった。この場合，2分間隔を10秒から15秒に短縮すればよかったと思われる。

以上のような手続き上の問題点を踏まえて，もし3名の作業の改善に影響を与えた1つの要因をあえてあげるならば，対象者への職員や他の仲間による言語的賞賛であったのではないかと思われる。とくに前期後半から中期の間で，継続率が高くなっているセッションが対象者全員に多くみられた。この期間，彼らが作業を継続していたとき，他の仲間が誉めたり，励ましたりしていた。また，4名がチョコレートをもらい，仲間が彼らに大きな拍手を送ったとき，彼らは普段に見せないようなうれしそうな表情であった。とくに相川氏は，好きな廃品回収作業を断り，介入の参加を申し出たりした。このように周囲からの言語的賞賛が，彼らの作業の継続に影響を与えた1つの要因であったと推定される。そして，これらの出来事か

ら，知的障害者の作業指導を行うとき，一次性強化子を与えるだけでなく，彼らに対する集団内の社会的強化も必要であり，作業の結果を常にフィードバックすることが重要であろう。

> 結　論

本介入の対象に選ばれた4名は，IQ 35以下であり，今までに職業介入を受けたことがなかった重度の知的障害の人たちであった。だが，介入結果からみられたように，彼らの作業継続率が向上したのは明らかである。このことから，重度知的障害者にも作業指導を行い，作業能力を引き出し，作業技術を身に付けさせることが可能であるといえる。

また，本介入で用いられた行動療法が知的障害者小規模授産施設が抱える指導上の問題点をある程度改善した。したがって，これらの結果は，この方法が，将来，知的障害者小規模授産施設で1つの作業指導方法として役に立つことを示していると考えられる。

6 残された課題
●行動療法のソーシャルワークへのさらなる発展的な導入のためには

本事例や行動療法の文献報告などから，行動療法が障害者福祉の実践の援助技術の1つとして有効であることが示された。しかし，障害者福祉のみならず，ソーシャルワークの全般において，行動療法を実践的に利用するという傾向が弱い。日本では，武田建が1980年代前半に行動ケースワークとして，行動療法をソーシャルワークの領域で紹介してきた。その後，三原［1985］［1988］，津田［1996］［2003］，桑田［2003］，芝野［2004］などが社会福祉の領域における行動療法の実践事例や理論の重要性を指摘してきたが，まだ，社会福祉全般における行動療法の認識や利用はそれほど高くはない。

その理由として，まず第1に行動療法の基礎理論である学習理論が動物実験から生まれてきたものであるため，人間にその理論を当てはめるのに抵抗がある点が考えられる。とくに食べ物や飲み物などの一次性強化子を利用したクライエントへの介入は，人間を動物と同等であるとするように考えられ拒絶感が強い。そしてさらなる理由は，行動療法の理論があまりに簡潔であるため，精神分析などの理論に比べて，魅力が乏しい点である。

　しかし，障害者福祉施設や在宅で，障害者を直接指導する職員や障害者の家族は，彼らに対する職業指導，日常生活指導（排泄，食事，衣類の着脱，歯磨きなど），対人接触技術指導（挨拶，自己主張など），余暇活動（買物や料理指導など）などのミクロレベルの生活問題の解決に悩んでいるのである。そこで，行動療法家，あるいはソーシャルワークに行動療法を導入しようとする専門家には，この方法が，障害者福祉施設や在宅の障害者の問題行動を解決できることを実践し，証明することが要求されよう。そして，この活動によって，行動療法の重要性が徐々に社会福祉関係者に認識され，障害者福祉のみならず，社会福祉全般においてクライエントの問題解決に利用されるようになると考えられる。

1) 本章は，三原［2006］『行動変容アプローチによる問題解決実践事例』からの一部転載による。
2) Beck の引用は，Proctor [1976] を参照のこと。
3) ここでの内容は，三原［2002］「行動変容」「効果測定」からの一部転載による。
4) 本節は，三原［1985］「精神薄弱者小規模授産施設への行動変容導入の試み」からの一部転載による。

Lesson 11 メゾレベルの評価分析

医療機関の現場から応用可能な概念を引き出す

　「効果的な実践のために研究を行う」ことをめざして，筆者はソーシャルワーカーから研究者になった。本章では，実践を行ってきた者が研究に対しどのように戸惑いを感じ，そのなかで研究をどのようなものと理解してきたかに焦点を当てる。筆者が過去にソーシャルワーク実践を行っていた医療機関をフィールドとして行った，2つの研究のプロセスを紹介しながら，研究と実践の間を行き来する研究の姿を紹介したい。

　現場で起きている現象を研究の手法で描き出すことの難しさ。実践者と対象者が共に動く場である，メゾレベルの現場を対象にする調査の特徴も描き出す。

1 実践者,研究に携わる
●研究と実践のはざま

　個人的な話題からスタートすることになるが,社会人としての筆者の最初の肩書きは,ソーシャルワーカーである。実践者としてスタートを切り,10年の実践経験の後,ソーシャルワーク実践とは何なのだろうか,より効果的に実践を行うためにはどうしたらよいのかを知る方法＝研究の手法を学びたいと考え,大学院に入り直した。本書で繰り返し,実践と研究の関わりについて話題になっているが,このテーマは筆者にとっては,少し大げさにいえば,自身のアイデンティティに関わる問題なのである。実践者なのか,研究者なのか,どちらの領域に参加しても,「こうもり」のような中途半端な気分を抱いている筆者にとって,「研究と実践とはどのような関係があるのか」という問題は非常に大きなものである。

　研究と実践の関連を少し考えてみたい。現場の実践者の側から見ると,現場をフィールドに研究を行うのであれば,研究成果が現場になんらかの貢献をすることを期待する。「現場はつまりこのようにして動いているものなのだ」といった形で,現場の成り立ちを報告したり,あるいは,研究方法の精緻化や現場を社会現象の1つとして位置づけて読み解くといったような,「研究領域に貢献するための研究」にはなかなか意味が見出せない。「だから,なんなのだ」と戸惑いを感じる。「私たちはその結果から何を学べばよいのか。具体的な指針は」と。現場の実践に貢献する研究成果。それが,現場での課題解決をあらゆる営みの基盤としている「社会福祉」における研究の特徴であると言えるのではないだろうか。

　もう1点,研究と実践の間を行き来する立場から感じる戸惑い

が，実践と研究との切り口の違いである。研究には研究の論理があり，プロセスがあるわけだが，それは，実践が当然と考えている論理やプロセスとまったく異なったものなのである。同じ事象を対象としながら，なぜこのように「切り口」が異なるのか，といった戸惑いである。

　実践を行ってきた者にとって，研究の手法を学ぶということは，この「切り口」の違いを理解し活用できるようになることであり，おそらく，逆のプロセスをたどる場合もそうなのだろう。目標は，実践と研究との間を自在に行ったり来たりできるようになることであるように思う。

　そもそも筆者が研究に携わることを決めたきっかけを振り返ってみると，「効果的な実践のために研究を行う」ということであった。ただし，このときに考えていた研究とは，現場で個々ばらばらに存在している実践経験を集め，整理し，ソーシャルワーカー界の財産とするというイメージであった。そのときは，研究には研究の論理があるということをまったく理解していなかった。

　本章では，論文作成プロセスを事例として取り上げながら，研究プロセスを紹介することと，そのプロセスで理解した研究と実践の違いについて紹介することになっている。研究事例の題材は，ソーシャルワーク実践をメゾレベルで分析することを試みたものである。現場のソーシャルワーカーが実践現場そのものに対して感じている「実感」を，現場で蓄積されてきたデータをもとにして分析し，その現象の背後にあるものを読み解くプロセスといえる。また，研究と実践の違いについては，実践を行ってきた者が研究に対しどのように戸惑いを感じ，そのなかで研究をどのようなものと理解してきたか，という点に焦点を当てていきたい。本章で紹介する2本の論文は，いずれも筆者が過去にソーシャルワーク実践を行っていた医

療機関をフィールドとしている。本章のテーマにうってつけの設定である。

2 医療機関における多専門職の協働
● 医療機関における現象を「研究」する

事例論文1
「医療機関における『枠組みとしてのチーム』の形成とその意義」『社会福祉学』第39巻第2号，1999年

> 要約：課題・分析枠組み・考察・結論

本論文は，医療機関における専門職の協働をテーマとして，A病院におけるソーシャルワーク実践のフィールドワークから，「枠組みとしてのチーム」（以下「枠組みチーム」とする）という概念を提案したものである。チームの重要な側面の1つに，チームメンバーが患者のニーズ評価に参加し，より適切な患者支援計画を策定することができるということがある。しかし日本においては，医師が患者のニーズを評価し支援計画を策定し，他の専門職に指示するという規範があり，なかなか合議による患者支援計画を策定することになりにくい。常駐する場が異なる専門職であればなおさらである。「枠組みチーム」は，各専門職が独立部門に属していながら，チームメンバーとして患者のニーズ評価と支援計画策定の過程に参加するチャンスをもつことができる仕組みである。

論文は，「枠組みチーム」の紹介，チームが形成されたことによる効果の量的データによる検証，チームが機能するメカニズムの分析によって構成されている。

「枠組みチーム」が機能するメカニズムとして，チームが対象と

する患者が特定でき，チームメンバーが関与すべき範囲が明確になること，さらに，チームメンバーどうしが対面関係にあり，患者のニーズに従って彼らの役割を変えられることであると考えられた。すなわち，「チームとしての"枠"を形成することによって，その"枠組み"の中でチームメンバーの協働関係に変化を起こすメカニズムが"枠組みチーム"に働いている」と考察した。以下，そのプロセスを追ってみよう。

> 研究プロセス

(1) 研究課題設定の動機　　事例1の研究テーマは，医療機関における多専門職の協働である。そもそも，このテーマを取り上げようと考えたのは，現場での実践経験から，ソーシャルワーカーの機能を最大限生かすことができるのは，患者と第一義的に関わっている専門職との協働の仕組みがうまく機能したときであると実感したからであった。

医療機関は多専門職によって構成されている。多専門職が機関内で働く場合，各専門職の独自の方針を統合して患者の援助課題を設定する仕組みをどのように形成するかという点は重要な課題である。ソーシャルワーカーの立場からこの課題を考えると，医療機関においてソーシャルワーカーの機能をクライエントのために最大限生かすのは，どのような仕組みにおいてか，ということになるであろう。

これまでにもチーム・モデルは提示されてきたが，残念ながら，現在の日本の現状に合致しているものではなかった。そこで，日本の医療機関の「現場の実感」に即して，検討することとした。

(2) とりかかり　　上記のテーマへの取り組みを，フィールドであるA病院のソーシャルワーカーへのインタビューから始めた。その中で，「回診・定例カンファレンスに参加できるようになると，ソーシャルワーカーとしての業務の行い方に変化が現れる」との答えを得た。そこで，回診・定例カンファレンスへの参加に注目する

こととした。本研究はソーシャルワーカー（以下，SW）の「実感」を足がかりに，「いったいこの実感は何なのだろうか」を考えることから始めた。

さらに，SWが回診・定例カンファレンスに参加することとなった5チームについて，それぞれのチームが形成されたプロセスを確認した。このインタビューの中から，回診・定例カンファレンスに参加することによって，SWが患者の療養方針設定に関われるようになる（すなわち，「課題設定レベルでのSWの関与」が可能となる）と仮説を立て検証することにした。

(3) 現場のスケッチ：データの作成　　仮説は立てたものの，この仮説をどのように検証するか，という課題が研究の第1のハードルであった。参与観察では，チームが形成されている場合，スタッフ間の関係はたしかに違う。それは，実践者としても理解可能である。しかし，それをどのようにして目に見えるものにするか，スケッチするかという点が課題だった。具体的には，仮説に基づき指標を設定し，データを収集するということである。指標づくりは，実践では経験しない，研究の中ではじめて経験するプロセスであったといえる。

まず，SWが患者の療養方針設定に関われるようになるという点は，①方針設定に関われるような援助過程の変更，②援助開始期における協働関係の変化，③SWに対する医師の認知の変化の3点から捉えようと考えた。

援助過程について，同病院では，基本的に〈医師によるソーシャルワーク依頼－ソーシャルワーク援助－医師への報告〉という形をとっている。回診・定例カンファレンスに出席している5チームについての援助過程の変更を取り上げ検討したが，その結果，3チームについては，〈定例カンファレンス－ソーシャルワーク援助－定

例カンファレンス〉〈全員面接－ソーシャルワーク援助－医師への報告〉といった形に変更されていた。しかし，残り2チームについては，援助過程の変更といった目に見える形での変更が見られなかった。

　この援助過程に変更がみられなかった2チームは，SWが定例カンファレンスにはまだ出席していないチームであるが，回診に参加することによる，援助開始期における協働関係の変化について，考えた。回診に参加することにより，非公式ではあるがスタッフどうしが情報交換の場をもつことができる。その結果，非公式な「課題設定レベルでのSWの関与」が可能となっているのではないかと考えた。

　そこで，この点に関して，類似する援助課題をもちながら，なおかつチームができていない場合の患者を「対象群」として設定し，個々のケースにおける「課題設定レベルでのSWのケースへの関与」と医師による「ソーシャルワーク依頼内容の適切さ」について数量化した。方法は，過去1年間に依頼があった186ケースについて，あらかじめ作成した質問票に従って担当SWが評価するというものである。

　最後に，課題設定へのSWの関与について医師がどの程度認知しているか，という点について，「ソーシャルワーク援助依頼票」に基づいて数量化した。「ソーシャルワーク援助依頼票」とは，医師からの依頼によって援助を開始する際にSWが受理するものである。依頼票の依頼項目は，8項目があげられているが，そのうちSWの専門的意見を求める項目である「受療」「社会生活背景調査」へのチェックを，「課題設定へのSWの関与に関する医師の認知」の指標と見なし，過去1年間のケースのうち対象となる741ケースについて調査した。また，依頼票を作成しない医師からの依頼ケース

が存在したが，SWへのインタビューとケース点検から，このようなケースは，事前に主治医との間で，SWが課題設定に関与することと，関与のタイミングについての了解があるケースと判断した。

このような形で，回診・定例カンファレンスに参加することと，それによる関係の変化を数量化という目に見える形で表現した。

(4) 仮説とデータ：実体概念と分析概念　　回診・定例カンファレンスが現場に及ぼした影響を描いた後は，これらの現象をどのように理解するか，という点が問題となる。ここでの課題は，回診・定例カンファレンスという実体概念を分析的に理解できるよう，理解のレベルを変えることである。本論文に即して考えると，回診・定例カンファレンスは実体概念である。実体としては，SWは回診・定例カンファレンスに参加することにより，患者の療養方針設定に関われるようになった。また，そのようなSWの課題設定への関わりを医師は認知してきた，ということになる。

この実体概念を分析概念に置き換えることもまた，実践者としては，困難な作業だった。長く実践を行ってきた身には，実体概念と分析概念の違いが今ひとつ理解できない。「実体概念のままでは，これ以上議論は深まらない。事象の一般化も困難であるし，他への適用も不確かなものでしかありえない。回診・定例カンファレンスを概念化し，回診・定例カンファレンスの何がSWの課題設定への関わりを可能としたのかを，論理的に考察しなくてはならない」ということが腑に落ちたのは，正直なところ，分析概念をなんとか駆使し論考を続け，論文を仕上げたときである。

この分析概念と実体概念の関係を図示したものが，**図 11-1** である。

さらに，回診・定例カンファレンスを観察する中から，「枠組みチーム」の特性を論理的に説明することが必要となる。この論考の段階は筆者にとって第2のハードルであった。研究会に何回も論文骨

図 11-1　事例 1 における分析の枠組み

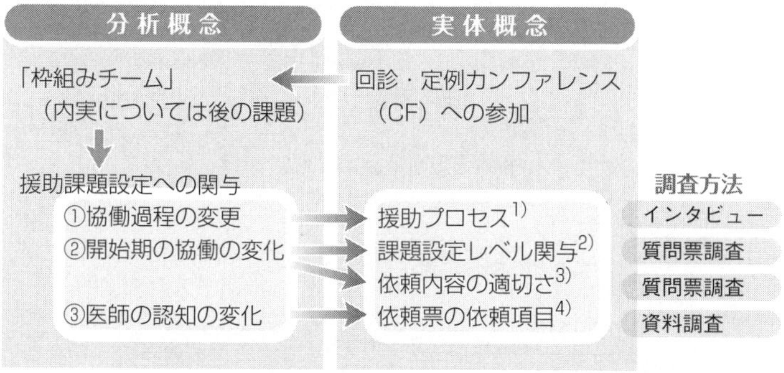

分析概念

「枠組みチーム」
（内実については後の課題）
↓
援助課題設定への関与
　①協働過程の変更
　②開始期の協働の変化
　③医師の認知の変化

実体概念

回診・定例カンファレンス
（CF）への参加

援助プロセス[1]
課題設定レベル関与[2]
依頼内容の適切さ[3]
依頼票の依頼項目[4]

調査方法

インタビュー
質問票調査
質問票調査
資料調査

(注)　1) 援助プロセス：〈依頼 – 援助 – 報告〉/〈定例 CF – 援助 – 定例 CF〉/〈全員面接 – 援助 – 報告〉
　　　2) 課題設定レベル関与：SW による個々のケースの評価
　　　3) 依頼内容の適切さ：SW による個々のケースの評価
　　　4) 依頼票の依頼項目：依頼票の有無／依頼項目（SW の意見を求める項目［受療］［社会生活背景調査］）

子を提示し，ディスカッションの機会をいただき，回診・定例カンファレンスの特徴のうち，何が「枠組みチーム」を構成する要素であり，何が「枠組みチーム」を形成した"結果"であるのか。実体と分析概念の間を行き来しながら，回診・定例カンファレンスの特徴を検討し，さらに論理的整合性が保たれているか，理論にかなっているかといった考察を行い，「枠組みチーム」という概念を形成した。そのプロセスを表すものが図 11-2 である。

「枠組みチーム」とは，特定の患者群を対象に各部門に所属する専門職種をメンバーとして構成されたチームであり，患者の援助課題の設定段階における協働システムとしてのチームである。この「枠組みチーム」に不可欠な要素として，チームメンバーを限定することと対象とする患者の範囲の明確化があると考えた。チームメ

図 11-2 枠組みチームのメカニズム

回診・定例 CF の特徴（構造）	「枠組みチーム」のメカニズム	回診・定例 CF の特徴（結果）
①-1 チームメンバーの限定（→②）	**対面的関係形成** 役割を取り払った自由な討議が可能となる。	②目的を絞らない，緩やかな討議ができる。
①-2 患者の範囲の明確化（→③）	**「枠」の形成** 枠内のすべての患者への関わりが可能となる。	③全対象患者に関して援助課題設定が可能な仕組みをとっている。

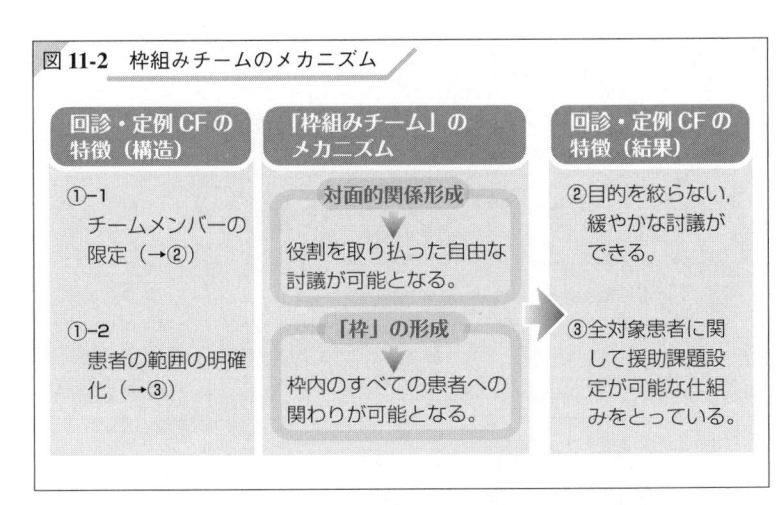

図 11-3 「枠組みチーム」の有無と課題設定への SW の関わりの範囲

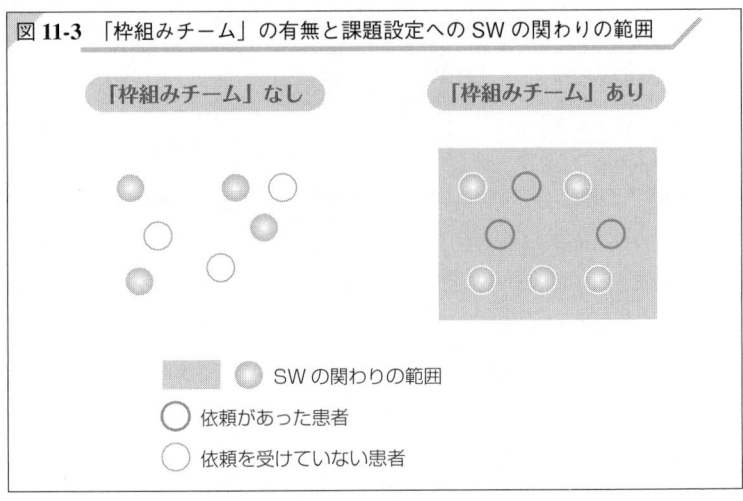

「枠組みチーム」なし　　　　　「枠組みチーム」あり

　SW の関わりの範囲
○ 依頼があった患者
○ 依頼を受けていない患者

ンバーが限定されたことにより，メンバー間の対面的関係形成が可能となり，その結果，役割を取り払った自由な討議と必要に応じた役割の変更が可能となったこと，患者の範囲が明確化する，すなわち「枠」が形成されたことで，枠内のすべての患者との関わりが可

能となったことを考察した（**図11-3**）。また，回診のみに参加していた2チームは「枠組みチーム」の過渡的状態であると考えた。そして，このようにチームが形成されることで，チームメンバーが援助課題設定へ関与することが可能となったと結論づけた。

> 研究の意義

事例論文1において「ハードル」と表現したが，現場で起きている現象を研究の手法で描き出すことは，筆者にとって困難なことであった。それまで当事者として位置していた者が，そのポジションから一歩ひいて第三者として客観的に描写するのである。それまでに培ってきた視点やスキルとは異なった，研究者としての視点とスキルが必要とされた。

研究を進めるプロセスは，「研究」を理解するプロセスであったといえる。分析概念を用いてどのように概念構成するか。研究者としての第一歩は，分析概念と実体概念の違いを理解し，分析概念によって概念構成できるようになること，と言われる。しかし，実践者は，実践を中心にすえて，さまざまな事象を現場の視点で概念化してきている。筆者は実践者として，10年の経験の中でそれを身につけてきていた。その概念化の方法を，一度別の場所に置くということは，たとえば，外国語を学ぶような困難さだったといえる。いやむしろ，「違う」ということに気が付いていなかった分だけ，外国語を学ぶよりも困難だったかもしれない。さらに，「枠組みチーム」の論考は，諸要素間の関連性や本質的な要素の探索である。そのためには社会福祉以外の関連理論も参照し，論理的整合性が求められた。

事例1は，いうなれば現場の実感を検証するという作業を行ったのである。なぜ検証することが必要なのだろうか。このことについて，最後に触れたい。実感は実感のままではいけないのだろうか。また，多くの実践報告を蓄積するのみではなぜ不十分なのだろうか。

現象をいったん分析概念を用いて整理することで，論理的分析と論理的考察が可能となる。その結果，ここで生成されたモデルは，他の実践現場に適用することの妥当性を的確に判断することができる。たとえば，実体としては回診や定例カンファレンスという形をとっていなくても，「枠組み」形成に必要な要素を別の仕組みで補うことで，同様に機能することが期待できる。

また，分析概念を用いることで，実感や実践を越えて考察を深めることができる。たとえば枠組みチームの場合，「枠」が明確になることで，責任の及ぶ範囲が明確になるということを意味するといえるが，この点に気づくことができるのも，分析概念を用いて考察したことによっているという。

今回の一連の作業では，過去に自分が実践を行っていた場をフィールドにした研究であるということが一方では利点となった。経験に基づいた実感があるということは，「場の文脈」を理解する一助となった。しかし一方で，この「場の文脈」の理解は主観的なものとの区別が困難であり，そのことを意識しないと研究自体の客観性を失うことになる。研究の客観性を保つために，意識してソーシャルワーカーへのインタビューを行ったが，同時に，現場のデータによる検証が可能であったことが役に立った。研究を行う者と実践現場との距離が近ければ近いほど，量的調査手法に助けられることが多いといえるだろう。

また，本研究では，何にも増して現場のソーシャルワーカーの協力がかけがえのないものであった。ケース記録やケース依頼票の開示や，3名で200ケースに近い質問票への記載など，協力いただいた事柄は枚挙に暇がない。しかも，研究している本人さえ，フィールドにいる間はどのような概念が提示できるのかがわからない，といった状況である。あらためて，現場と研究の協働がいかに高次の

相互の信頼関係によっているか，を示しているといえるだろう。

3 医療ソーシャルワーク実践の変遷
●現場のデータを研究対象にするということ

事例論文 2
「医療機関におけるソーシャルワーク業務の実証的検証——特定機能病院における『退院計画』援助の定着」『社会福祉学』第 41 巻第 1 号，2000 年

要約：課題・分析枠組み・考察・結論

事例 2 の場合，1979 年から 98 年まで 19 年にわたり蓄積された A 病院のソーシャルワーク原簿データ（ケース数 9221）が先に存在した。このデータを用いて，「ソーシャルワーク援助内容の変遷」を実証的に検証するという課題があらかじめ設定されていた。

本論文では，保健医療領域のソーシャルワーカー（SW）の典型的な援助内容である「退院計画」「受療援助」を取り上げ，これらの援助がどのような要因によって増大しているかを検証した。19 年間を 4 つの時期に区分し，それぞれ①特 3 類以前 I 期（1979-82），②特 3 類以前 II 期（1983-87），③特 3 類創設期（1988-93），④特定機能病院期（1993-98）とした。また，影響を与えた要因として，外的要因である「医療政策」と機関内要因である「枠組みチーム形成」をあげた。さらに，本論文では，援助内容の量的な増大のみではなく，援助システムの確立といった質的な充実にも焦点を当てた。

分析の結果，「受療援助」のケース数の増加は「枠組みチーム」形成によってもたらされたが，一方，「退院計画」のケース数の増加は，「医療政策」の変化によっていたことが認められた。とくに，特 3 類創設期には，総ケースの約半数が「退院計画」に関わっていた。

また,「退院計画」の数量は,制度創設という外的要因により増大したが,「枠組みチーム」を形成することによって,病棟から適切に依頼を受けるようになったことが認められた。さらに,特定機能病院期において,「退院計画」ケース数が減少していたが,これは医師レベルで他院とのネットワークができあがりつつあり,「退院計画」の一部である転院援助が医師により行われていたためと考えられた。しかしその一方で,SWが依頼を受ける転院は,さまざまな理由で退・転院困難な患者であった。このような変化の中で,的確にSWが関与するために,「枠組みチーム」を形成する必要性はますます高まっているといえると考察した。

> 時系列のグラフから,概念を生成した分析へ

　本論文作成に際しては,じっくりとデータを眺めるところから始めた。すなわち,さまざまな変数と援助内容をクロス集計し,援助内容の変遷を表したグラフをたくさんつくり,じっと眺めるなかから,グラフの示す意味を考え,どのような視点から概念化を行うかを検討した。

　その結果,ソーシャルワーク援助内容の中でも,とりわけ退院に関わる援助の動きが顕著であることが見て取れ,退院援助の増加の意味を探ることを中心的な課題とすることとした。具体的な分析枠組みとしては,ソーシャルワークの代表的な援助内容である「受療援助」「退院計画」を取り上げ,両者の数字の変化に影響を与えたのは,何であるか,に焦点を当てることとした。ここでは,「時代区分」,「ソーシャルワーク援助の質的変化と量的変化」を取り上げる方向で,分析の枠組みを固めていった。

> 現場の記録を分析可能にする

　(1) ルールの見えないデータの活用　　本研究のもっとも高いハードルは,現場のデータをどのように分析に活用できるよう

加工するか,という点であった。

　本研究では,すでに述べたとおり,現場で蓄積してきたケース原簿をデータとして使用した。データを扱い始めた当初,SWの援助内容に関しては,項目の分類方法,重複チェックのなされ方に明確なルールが見出せず,それらのデータをどのように活用できるのかと,戸惑いを感じた。「このような不十分なカテゴリーで分類されたデータをどうやって分析に使ったらよいのだろうか……」。これが,正直なところ筆者がまず感じたことだった。「しかし,19年の貴重なデータをそのような理由で〈お蔵〉にしてしまうのは,どう考えても〈もったいない〉」。不十分でもよいではないか。19年分のデータという重みがそれを許すだろう。なんとか,このデータを使おう」と考え,データのカテゴライズを始めた,というのが,当初の思いだった。

　研究をまとめた論文では,ほんの半ページほどの記載であるが,この研究では,「SWの援助内容をどのように変数としていくか」が一番時間をかけて検討した点であった。

　そもそも,ケース原簿では,ソーシャルワーク援助内容は以下の12項目に分類され,重複チェックがされていた。

　①受療に伴う援助,②社会生活背景調査,③経済的問題の解決,④社会資源の紹介,⑤社会保険制度の紹介,⑥社会復帰に伴う援助,⑦退院後の方向づけ,⑧転院に伴う援助,⑨家族調整,⑩心理的問題への援助,⑪院内・外調整,⑫その他

　この分類は,現場でSWおよび関連スタッフが認識しやすい形でSWの機能を整理したものである。すなわち,ソーシャルワーク援助内容のパッケージといえる。

　この援助内容を,3段階に分けて,分類整理した。

　(2) 3つのプロセス　　第1のプロセスとして,まず重複のパ

ターン分析を行った。

　12項目の援助内容の重複状況を分析し，項目間の関連を調べた。その結果，記載項目の重複チェックの行われ方には，いくつかのパターンがあることが理解できた。

　①受療に伴う援助－④社会資源の紹介－⑥社会復帰に伴う援助，⑦退院後の方向づけ－⑧転院に伴う援助，の2グループには，それぞれチェックに重なりが認められた。

　また，②社会生活背景調査，⑨家族調整，⑩心理的問題は，他の多くの項目と重複してチェックされている状況が明らかになった。

　このことから，「受療援助」グループ，「退院援助」グループというように援助項目群を形成できる援助内容があること，その一方で，他の援助項目と結びついて，チェックされている基礎的な項目群があることが考えられた。

　第2のプロセスでは，項目間の関係分析結果に基づき，援助内容を，(a)療養における局面（療養開始/療養場面の変更）と，(b)援助のレベル（包括的/具体的）の2軸を設定して概念整理を行った。結果は，**表11-1**のとおりである。包括的レベルとは，SWが課題の設定の段階から患者に関わる意味合いを含める援助項目をさす。一方，具体的援助は，チームリーダーである医師から，具体的課題を提示され，その課題に対してSWが対応するというものである。また，これらの項目は，包括的援助の下位項目としてチェックされていることが多い基礎的な項目群でもある。

　そして，第3のプロセスとして先行文献との照合を行った。本分析に先立つ重複チェックと概念整理の結果を踏まえ，さらに文献のソーシャルワーク業務の分類項目を参照して分類項目を決定した。その結果，論文では**表11-2**のように，カテゴリーと分類基準を整理した。

表 11-1　事例 2 における分析枠組みに従った援助項目

		療養における局面	
		療養開始 療養に伴い生ずる 生活再構築援助	**療養場面の変更** 退院に伴い生ずる 生活再構築援助
援助レベル	包括的レベル	①受療に伴う援助 （②社会生活背景調査）	⑥社会復帰に伴う援助 ⑦退院後の方向づけ ⑧転院に伴う援助
	具体的レベル	②社会生活背景調査/③経済的問題の解決/④社会資源の紹介/⑤社会保険制度の紹介/⑨家族調整/⑩心理的問題への援助/⑪院内・外調整	

表 11-2　事例 2 におけるカテゴリーの形成

❶受療援助　［包括的レベル＋療養開始時］

「受療に伴う援助」を含むケース
「社会生活背景調査」を主な援助内容とするケース
　（②③に含まれる「社会生活背景調査」を除外する）

❷退院計画　［包括的レベル＋療養場面変更］

「退院後の方向づけ」「転院に伴う援助」を含むケース
「社会復帰に伴う援助」を主な援助内容とするケース
　（①に含まれる場合にはこれを除外する）

❸経済問題　［具体的レベル］

「経済的問題の解決」を主な援助内容とするケース
　（①に含まれる場合にはこれを除外する）

❹その他　［具体的レベル］

上記のいずれにも含まれないケース

> 現場のデータを読み解くということ

事例2では、現場が作成した項目を分析したうえで、新たに研究課題に合致するカテゴリーづくりを行った。現場が作成した項目は、現場の必要性に即していることが特徴である。したがって、その前提となっている文脈を読み取ったうえで、分析に活用できる形に再構成していくことが必要となる。すなわち、「なぜ、このように分類したのか」を読み解く作業としての「現場での分類項目」の分析が必要である。そして、分類項目間の意味を踏まえたところで、ようやく、それらの項目の意味と限界を理解でき、分析に活用することができるようになる。

　実践現場でつくられる分類項目が現場の文脈によって形成されているという点は、本事例では、たとえば「経済問題」の扱いに現れている。「経済問題」は、論理的整合性に着目するという研究の視点に立てば、その他の「具体的レベル」のカテゴリーの1つでしかない（表11-1）。実際、経済問題の援助プロセスを分析すると、「社会資源の紹介」と変わらない。しかし、現場では、「経済問題」は他の「社会資源の紹介」から独立して項目立てされている（表11-2）。これは「経済問題」は対象者の医療へのアクセス、ひいては生命の保障に関わる問題であるため、SWの間に「社会福祉」という立場から最重要業務の1つであるという暗黙の了解があることを意味していると考えられる。事実、SWは医療機関の中で患者の「経済問題」を解決する専門家として認知されてきた経緯がある。この暗黙に了解されている事柄を可視化できたのは、「分類項目の分析」を行ったことによる。

　現場のデータは、最初から研究・分析を目的とした項目ではない。ソーシャルワーク実践者は、問題や課題に焦点を当て、その問題・課題に取り組む援助・支援プロセスを概念化する。そうすることで、

SW間，また，他専門職との間で容易に概念を共有でき，意見交換できるようになる。これが現場のデータである。そのため，データを分析に活用しようとするとおのずと限界があると見られがちである。

しかし，これらのデータの意味を読み解くことは，それ自体が現場の文脈を理解することであり，実践現場の調査に不可欠なプロセスである。現場のデータを，筆者が当初感じたような「不十分なカテゴライズによって表現された不十分な数値」と認識するのではなく，「実践現場の現象」の1つとして理解し，その意味を読み解き，活用していくという姿勢が必要であろう。

4 そして今考えること
●実践と研究

メゾレベルの調査

最後に実践現場を研究するということについて，若干の考察を行いたい。本事例には，実践現場そのものを研究対象とするメゾレベルでの研究であるからこそ特徴的である点が見出せる。実践現場において，実践者は現場という"場"で対象者とともに動いている。このような"場"を対象に調査を行うという点が，メゾレベルの研究の特徴であろう。「実践者」は動きながら現象を捉えられるよう事象から概念を生成する。そこに，研究という新たな視点とスキルが導入されると，動いている実践者自身も組み込まれた実践現場を，一歩ひいた視点から眺められるようになる。その結果，今回の2件の事例論文では，実践者の取り組みの意味と，実践者が共有している概念が暗黙にもつ意味といった実践者としての視点のみでは認識できない事柄を，認識することができた。この意味で，メゾレベルでの研究は他のレ

ベルにはない特徴を有していると考えられる。

> 実践と研究の協働

本章では，論文作成過程を描写するとともに，実践者が研究を行うということをめぐって経験した苦労と発見について述べてきた。

研究の視点と手法を理解するのにいくつかのハードルを越えなくてはならなかったのは，事例1で述べたとおりである。実体概念と分析概念の相違の理解を中心として，事象を分析可能な概念として理解することは困難なものであった（じつは今でも，かなりの集中力を要する事柄である）。実践者がこのような困難さを感じる理由の1つは，同じ事象を実践者はすでに実践者の論理で概念化していることからきているのではないだろうか（便宜的に，これを「実践概念」と呼ぶ）。研究の視点と手法を理解するのみではなく，これまで実践者として用いていた実践概念との使い分けを余儀なくされる点が，困難さを助長しているのではないかと考える。

しかし，一方で，研究への理解が進むと両者を理解することの強みが見えてくる。筆者は自身の経験から，「分析概念」を用いて事象を理解することで，実践現場で展開されている動きや「実践概念」の意味をより鮮明に認識することができると考える。

事例1で述べているように，分析概念を活用することで，理解の抽象度が上がり，他の領域にも応用可能な概念を生成でき，洞察が深まる。また，実践を客観的に理解することが可能となり，目の前で起きている現象をより柔軟に考察することができるようになる。また，事例2にあるように，分析枠組みを用いて「実践における項目」を検討した結果，「実践概念」のもつ暗黙の意味を認識するに至ることもありうる。

本章の冒頭で，筆者は実践者が研究成果に触れた際に，「だから，なんなのだ」「私たちはその結果から何を学べばよいのか。具体的

な指針は」と戸惑いを感じると記した。おそらく、この戸惑いは、研究者が実践データに触れたときに「どのように活用したらよいのか」と感じる感覚の裏返しなのではないだろうか。これほど、研究と実践の間の溝は深い。しかし、それは接近方法の違いからきているものであり、この溝を"埋める"ということは、研究・実践それぞれの強みを殺ぐ結果になる。むしろ、この両者にある溝に、いかにして"橋渡し"するか、ということが考えるべきことなのだろう。研究者の見地からは、研究成果をどのように実践に活用できるか、という点にまで関心を広げること、あるいは、実践者の見地からは、研究成果を実践に応用できる力量を身につけること。その点を模索することが今後必要なことなのではないか、と痛切に感じる。

　実践と研究を複眼的に活用できるようになることで、新たな可能性が広がっていると感じる。今後、さらに実践研究への取り組みが行われることを望むとともに、筆者自身も取り組んでいきたい。

Lesson 12 計画研究

地域福祉のフィールドから

　社会福祉における計画研究は，新たな段階を迎えている。計画策定の場が，新しいガバナンスの実験として期待されているからである。とくに地域福祉計画においては，その取り組みが計画の重要な役割と見なされ始めている。

　そのための分析枠組みとして「計画空間」という概念を提示し，行政計画を対象としたこれまでの研究が扱いえなかった計画策定の「現場」の分析を可能にする。地域福祉の「計画空間」には多様なメンバーが参加し協議しながら，地域福祉実践の現実を踏まえた，しかし新たな可能性を拓く計画を構想する。そのプロセスは文字どおり一種のガバナンスの学習・実験の場である。計画研究を担う研究者は，その実験現場に参加し，発言しながら研究を進める。

1 計画策定「現場」と計画研究
● 新しい「現場」としての計画

「現場」をもつ計画の研究

　市町村における計画策定ブームに対応して，社会福祉の研究者は計画策定委員会の委員（長）や計画へのアドバイザーとして協力が求められている。市町村における計画策定数の総合計は，計画の種類数×市町村数に及び，研究者が計画研究に関心をもつかどうかに関係なく，多くの研究者が動員されている。1つの社会貢献として位置づけ参加しているものの，大半の研究者は研究フィールドとして計画策定の「現場」を組織し，参加するには至っていない。

　市町村による計画策定の本格的な取り組みが実現したのは，1990年の「老人保健福祉計画」の義務化以降である。それ以前の社会福祉における計画は，全国レベルでの計画が中心であり国の社会福祉政策と一致した内容から，政策形成と異なる計画独自の領域は未成立であった。老人保健福祉計画以降，障害・児童の分野の計画を経て，現在は「地域福祉計画」にまで市町村に計画を求める制度環境が進んでいる。なお，高齢の分野では介護保険制度への移行を経て，介護保険事業計画と老人保健福祉計画の2本立ての策定となっている。さらに2005年に成立した「障害者自立支援法」においては，「障害福祉計画」の策定が義務づけられたところである。このような市町村の各種計画策定の義務化といった制度環境の拡がりが，社会福祉における計画研究が成立する条件となっている。

　では，計画策定「現場」を研究フィールドとして組織し，参加するというのはどういうことか。さらに，それを成功させるための方法とはどのようなものか。本章はこれらの疑問に答えることを目的

に，あくまで「現場」をもつ計画の研究に関する方法に関心を置きながら，解説を進めることにする。まず，そのためのいくつかの前提条件について，触れておきたい。計画研究には，計画策定の現場を直接の対象としない理論研究の領域が存在している。今回はその領域については言及しない。また「現場」への応用性をもつ計画の技術に関しても，計画策定現場で用いられている方法を抽出するのではなく，理論モデル上でつくりだす技術研究も成立する。この点については，ここでは，「現場」との相互作用の中で行われる研究部分に力点を置いて解説を加えることにする。

　本章では，研究フィールドを組織する，そこに参加する，といったこれまで計画研究の方法を説明する際には十分に配慮されていなかった内容を扱う。その理由は，これからの計画が行政のみによって運営されるものではなく，計画策定という新しい「空間」をみんなでつくりだす作業が必要であり，いわゆるガバメントからガバナンスといわれる転換の一環として計画を位置づける必要を認識するからである。そのために研究者も役割を担うことが求められているわけで，とりわけ計画策定という「空間」に参加しながら，新しい計画の機能を模索・開発する必要があると考える。

> 新たなフィールドとしての計画研究

社会福祉の研究領域において，計画研究は独立した1つの分野として成立しているわけではない。むしろ，先のガバナンスという考えを背景にしながら，新たな研究フィールドとして開拓されている段階にあるといってよい。隣接領域にある「政策研究」では，その範域が確定され学的な体系づけがなされているのに対して，計画研究は多様な分野からの参加フィールドといった状況にある。社会福祉分野での計画研究には概ね4つの分野から研究者が参入してきている。その際，それぞれの分野から計画研究へ向かう背景や

理由には固有のものがあり，研究フィールドとしての扱い方も異なっている。

　計画研究を担う第1のグループは，社会福祉の政策研究を担ってきた研究者によるもので，国の政策が市町村によってどのように実施されるのか，その過程を計画の中に見出そうとする研究といえる。また，地方政府による政策決定・形成過程として計画策定を捉えようとする目的から計画研究のフィールドに参加している者もある。つまり，計画の現場は，政策評価のための「鏡」としての性格をもっている。ここでの計画は，政策主体である国・地方政府が作成する計画であり，政策が実施されるに当たっての計画上での将来推計（の方法）への関心が大きい。また計画の実施状況の評価は，文字どおり政策評価のための「鏡」としての機能を発揮することになる。

　第2は，社会福祉行政をフィールドとしてきた研究者が文字どおり計画行政の浸透を背景に，社会福祉計画行政といった内容で行政における計画の策定方法を現場での適用を視野に入れながら研究するといったグループである。とくに介護保険制度の導入以降には，高齢者福祉行政のあり方が大きく変化し，新たな介護行政と言いうる領域が形成され，しかも介護そのものの現場とは距離のある計画行政のウエイトが高くなっている。さらに障害分野における介護保険の導入が視野に入る動向の中で，横断的な市町村の社会福祉計画行政の展開としても計画研究の重要性を増している。また，今後はガバメントからガバナンスへの展開を推進する場面として計画を位置づけ，そのための方法の研究が模索されることになる。

　第3は，対象別の高齢福祉や障害福祉に属する研究者が，当該分野での問題解決や計画化の課題にどう対応するのか，という立場から計画研究のフィールドに参加するタイプである。たとえば，高齢福祉の研究者が老人保健福祉計画の策定や介護保険事業の計画に関

与したり，障害福祉分野の研究者が，障害者の福祉計画に言及するといった例である。対象別分野の研究は，対象固有の問題や援助方法，ケア・サービスの領域を中心に研究が取り組まれており，それらの研究成果を計画作業の中にどう生かすのかが研究の課題ともいえる。計画研究として新たな領域が成立するというよりは，対象固有の問題と計画化の課題といった関係の中で研究が成り立つ場合が多く，計画研究として対象分野を越えて，他分野との関連が模索されるような研究はむしろ少ないといってよい。計画は，問題を映す「鏡」の役割を果たしており，また問題への行政の対応を映す「鏡」ともいえる。

> メゾ研究としての計画研究

第4のグループは，地域福祉やマクロ・ソーシャルワークを分野とする研究者によって担われている。地域福祉研究者は，もともと援助技術分野としてはコミュニティワークあるいはソーシャル・プランニングに関心をもっている場合が多く，計画策定については方法論の立場からも関心が高い。その点では，第2，第3のグループに比して，地域福祉という性格も含めて分野横断的な接近の条件を有しているといえる。さらに地域福祉計画ではとりわけ住民参加の方法が強く求められており，そうした計画の固有性から計画策定のプロセスの研究が課題ともなっている。また，当該地域の地域福祉という総体を把握するうえでは，地域福祉計画の策定過程で実施される現状分析作業（結果）が有益である。これらのことから，地域福祉の研究者においては，他のグループに比較して，計画のプロセスへの関わりは研究上重要な意味をもつといってよい。なお，筆者はこの第4のグループに属しており，本章では，サブタイトルにあるように，地域福祉を研究フィールドとしたものを取り上げることになる。

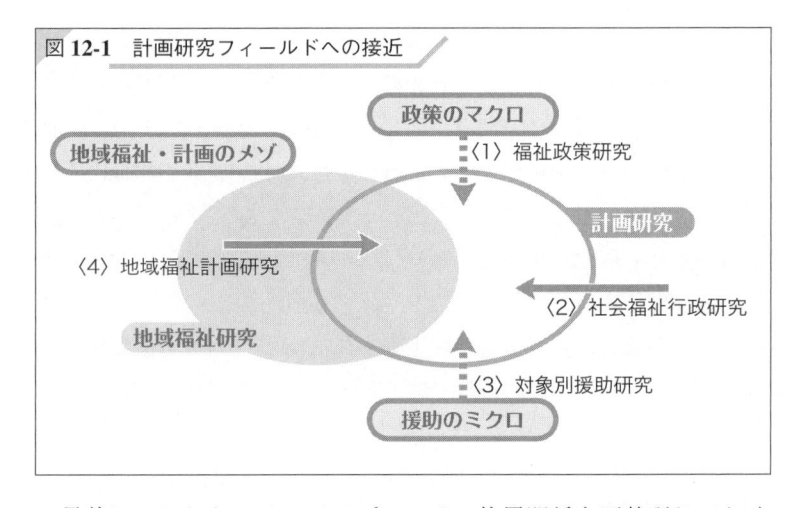

図 12-1　計画研究フィールドへの接近

- 政策のマクロ
- 地域福祉・計画のメゾ
- 〈1〉福祉政策研究
- 計画研究
- 〈4〉地域福祉計画研究
- 〈2〉社会福祉行政研究
- 地域福祉研究
- 〈3〉対象別援助研究
- 援助のミクロ

最後に，これらの４つのアプローチの位置関係を再整理しておく。図 12-1 に示すように，計画研究の領域は，第１の福祉政策のマクロ研究からの接近と第３の対象別援助のミクロ研究からの接近の中間の位置にあるという点で，メゾ研究に位置するといえる。他方，第２の社会福祉行政と第４の地域福祉は，もともとメゾ研究領域に位置しており，そこからの接近ということになる。本章が取り上げる地域福祉の研究フィールドの領域を円として挿入すると，第４の接近は地域福祉計画研究の矢印を表すことになる。計画研究の円と地域福祉研究の円との交差が地域福祉計画研究の領域となり，この領域への接近は，これまで地域福祉研究の領域からのみ接近されてきた。ただし，今後は他の３領域からの接近が盛んになることが予測され，これらの接近がうまく融合することが，福祉領域におけるガバナンス研究の進展に結びつくといえる。

2 「計画空間」という枠組み

●ガバナンスの実験空間

> 計画策定「現場」の特性

社会福祉の計画をその策定「現場」と「研究フィールド」の両面から捉えてきた。ここでは、計画策定という「現場」は、社会福祉が研究フィールドとして扱う他の「現場」と比較して、どのような違いがあるのか、計画策定「現場」の特性を整理しておきたい。

すでに、Lesson 2において「現場」と「研究」の関係については整理されている。本書で扱う「現場」は、対人援助分野で用いられるいわゆるクライエントと社会福祉の専門ワーカーからなる直接援助の現場に加えて、政策立案や事業の運営実施といった援助論でいえば間接援助の現場を含んでいる。ここでいう計画策定の「現場」は、この間接援助の現場であるとともに、計画策定を機に一時的につくられた意図的な「現場」ということができる。そして、計画研究にアプローチする研究者にとって、自分のフィールドにある社会福祉の現実を映す「鏡」としての位置にあるともいえる。「鏡」という表現は、すべての実像を映すことを意味するわけではないが、容易に観察できることをイメージしている。つまり、計画策定という「現場」は、社会福祉の現実を観察する研究者を助ける機能があるということであり、整理すると次の2点がその特性として指摘できる。

第1の特性として、計画は本来外部からの観察や把握を容易にしうる情報等の集約性をもって存在しているということである。たとえば、計画策定「現場」の成果として「計画書」が生み出され、そこには高齢者福祉、障害福祉といった各分野における問題の現状・

計画の課題・解決のための計画項目，計画実現のための財源が順序立てられて記載されているという「資料」が存在することである。私たちは計画策定「現場」を調査しようとするとき，その出発点として重視する資料がこの「計画書」ということである。ただし，すべてが計画書の中に集約されるわけではない。策定主体に都合の悪い計画項目は，もともと計画書に集約されていない可能性が高いのである。

第2の特性は，計画策定の「現場」で展開される策定作業が分析的な作業であり，その過程は計画を研究することと親和性がおおいに高いということである。たとえば，社会福祉計画に必要な技術である社会調査やデータの分析に関する方法は，同時に研究上用いるそれらのものと重なりがあり，研究者はその技術を計画現場に応用しつつ，その結果を用いて研究している面をもつといってよい。さらに計画の策定・実施・評価といった一連のサイクルは，作業的には研究的な過程と重なっており，「仮説構築→実証→仮説再構築」と一致している。計画策定は，「計画案に盛り込まれた事業の効果と実行可能性に関する仮説を構築すること」（坂野［1996］）であり，その意味では計画の実施とは仮説を実証するプロセスと見なすこともできる。計画を実際に実施することなしには，計画に盛り込まれた仮説の妥当性を確認することはできないのであり，その妥当性を検証する作業の役割をもつものが，計画の評価作業である。

では，計画のこうした集約的で分析的な世界は，岩田が *Lesson 1* でいう社会福祉研究の対象としての「現実世界」に相当しているのであろうか。むしろ，「計画世界」とでもいいうる独自の分析的な領域を形成し，それゆえ机上で作業される傾向も強く，「現実世界」とは大きく距離のあるリアリティのない世界となっているのではなかろうか。その点では，計画研究がどこまで「現実世界」のリアリ

ティを計画「現場」の中に見出しうるのか，研究の新たな方法を開発する必要がある。この作業は，最初に提出した計画策定「現場」をどう組織するかという問いを解くことにも関係している。

「計画空間」という研究対象の枠組み

計画策定「現場」の特性は，計画書に代表される集約性や計画の過程が分析的な過程と一致している点において，計画研究を進めるうえで優位に作用する。反面，そのような条件に寄りかかりながら進められる計画研究では，「現実世界」のリアリティを反映した研究となりえない。そこで，「現実世界」のリアリティを計画「現場」の中に担保するための計画の捉え方を提案したい。それは，研究対象としての計画策定「現場」を捉えるために，研究の対象としての「現場」を「計画空間」と置き換えてみるという方法である。

その「計画空間」という枠組みには，仮説的ではあるが次の5つの要素が含まれていると考えている。

① 計画策定委員会やそのもとにつくられる作業グループ，さらには各種住民の懇談会などの参加の場をなす「空間」
② 計画を必要としている，問題解決の諸実践と諸課題に関する「情報」
③ この「情報」を提供する人をはじめ，多様な人たち（首長，行政職，専門職や住民代表，福祉当事者など）の参加による「協議」
④ 「情報」を処理し，「協議」を経て合意された「計画（書）」
⑤ 「計画空間」そのものの運営を担当する「マネジメント（体制）」

「計画空間」は，まず多様な主体による参加の空間として機能することが求められ，次にその空間の中に蓄えられた情報を平等な立場で協議する空間として期待され，最後に合意された形で計画書を作成する空間である責任をもつことになる。このような機能や役

割をどこまで果たせているのか，誰がそのマネジメントを担うのか。それを阻んでいるものは何か。参加した各主体間の関係はどう形成され，計画の過程を通じてどう変化するのか。こうした「計画空間」の中の構造や構造変化を分析することによって，「現実世界」を反映した計画策定「現場」としての把握が進むといってよい。つまり計画研究の新しい領域として，「計画空間」の中に展開する「現実世界」を分析する方法の開発が求められる。

今日「計画空間」において新たな期待がなされている。計画を手段にした行政による統治である「ガバメント」ではなく，行政・住民・専門事業者などが対等な関係に立つ「ガバナンス」としての「計画空間」への注目である（武川［2005］）。そして，この「空間」で協議・計画化される内容は，行政が実施する従来の「公共」ではなく，住民や民間事業者も参加し担うところの「新たな公共」をめざした事業や活動ということができる（右田［2005］）。このような視点から，「公共性の空間」あるいは「公共空間」という表現を用いながら，その再構成が提起されているのである（今村［2002］）。

言い換えれば，こうした「計画空間」におけるマネジメント自体が，1つのガバナンスの実験といってよい。なかでも，地域福祉計画では，扱われる地域福祉それ自体がガバナンスに深く関わっているとともに，計画の策定過程がガバナンスの学習・実験として取り組まれる実践が現れているといえる。

以下では，「計画空間」の5つの構成要素に即して，地域福祉をフィールドとしてこれまで取り組んできた筆者の計画研究作業に用いた分析枠組みを，研究に着手した時間的な流れに沿って紹介する。

3 地域福祉の「計画空間」への接近
● 地域福祉計画研究への着手

> 「計画空間」のマネジメント：コミュニティワーク実践研究

　構成要素⑤の「計画空間」のマネジメントは，地域福祉やコミュニティワークの研究分野で先行して研究されてきた。なぜなら，地域福祉計画の策定過程においては，住民等を計画の策定過程に巻き込み，計画の実施に際しての活動の主体として組織することが，コミュニティワークの実践として取り組まれてきたからである。とくに社会福祉協議会による地域福祉の計画づくりにおいて，その実践上の蓄積はけっして少なくない。計画策定の「現場」を単に分析的な作業の空間だけではなく，ソーシャル・アクションや住民参加が展開される場であり，その過程を組織化的な作業として活用してきたのである。

　筆者の地域福祉計画の研究は，このコミュニティワーク実践研究の文脈から着手されてきたといえる（図12-1の地域福祉計画研究の矢印に相当する）。その1つが「コミュニティワークとしての『計画化』」（平野［1993］）である。計画の策定過程は，分析的な作業過程と組織化的な作業過程の循環として成立していることを踏まえながら，非日常ともいえる地域福祉計画の策定は，それに先行して恒常的に取り組まれているコミュニティワーク実践の蓄積に左右されることを明らかにし，両者を関連づけようとした論文といえる。先の「計画空間」の構成要素に基づいて説明すると，「計画空間」の組織化に成功するためには，「計画空間」に参加しうる程度にまで地域住民や専門職の組織化が進展していること，そしてそのような組織化さらにはマネジメントを支えるワーカーに，計画的な支援の経験

が蓄積されていることが必要であることを指摘した。

その後，今回提示した「計画空間」のマネジメントに結びつく「計画の組織化」という用語をコミュニティワークの1つの手法として設定し，他の3つの手法（「住民の組織化」「ネットワーク化」「サービスの開発」）と関連づけながら，コミュニティワーク実践のモデル化を試みている（平野 [2002a]）。この実践モデルは，「計画の組織化」を含むコミュニティワークの4つの手法をどのように選択的に組み合わせて，地域福祉を推進するかを示したものである。先の「コミュニティワークとしての『計画化』」の論文の指摘を4つの手法を用いて解説すれば，「住民の組織化」や「ネットワーク化」の取り組みの後に，「計画の組織化」に着手する場合，その2つの組織基盤を用いた「計画空間」の運営が可能であり，その結果，計画の中に「サービスの開発」に関するプログラムを採用することが容易になる，といった手法選択の組み合わせを描くことができる。

「計画空間」への研究者の参加

筆者は，地域福祉計画の「計画空間」に参加し，帰納法的な研究によって，上述のようなコミュニティワーク実践のモデル化をはかってきた。現在は，地域福祉計画研究としてかかる「計画空間」のフィールドワークを進めながら，その分析枠組みを組み立てている途上にある。にもかかわらず，その成果の一部を示すのは，大学院生や若い研究者にこうした新しい計画研究への参加を呼びかけることを企図としたからである。

策定計画「現場」という表現を排して，「計画空間」を用いた研究方法上の理由は，「現場」という用語を用いると，研究者はその「現場」に対して観察者の位置に立つことを想定しがちになるが，「計画空間」では，研究者も専門的な立場から参加し，一定の役割を発揮するという実践的な求めを明確にしやすくなるからである。ただ

し，委員等を担わないで文字どおり観察者として「計画空間」を観察することを否定しているわけではない。

　「計画空間」への参加者として関わる場合，研究者は専門家としての判断を問われることになる。「現実世界」を乗り越えようとして，計画を必要としている実践や課題（構成要素②）に対して，新たな枠組みを提示して，新たな活動主体の地域福祉への参加を促すことが重要な役割として期待されている。それゆえ，研究者は計画というフィールドを調査研究しながら，たえず新たな地域福祉の枠組みを模索することになるし，反対に研究上新しい枠組みを模索するために「計画空間」に参加することにもなっている。「計画空間」では，地域福祉実践の履歴（現実世界）の記録機能を果たすことが求められ，計画研究はその履歴を記録，分析しながら，当該地域における新たな地域福祉実践（可能性を扱う世界）を構想することに必然的に深く関わることになる。計画過程においてなされるこの分析的な作業は，文字どおり研究の過程と重なっているのである。

　しかも，「計画空間」に参加する研究者が「計画空間」のマネジメントに関わる例は，とくに地域福祉計画の場合に少なくない。それは，研究の対象となりうる地域福祉計画の現場では，実際に「計画空間」が参加空間としての機能を高めており，そこに参加する研究者に中立的な立場よりも，マネジメントそのものに関わることを実践的な要求として出されているからである。もちろん，研究者の枠組み提示やマネジメントによって，参加の空間が支配されることは避けなければならない。

4 地域福祉の「計画空間」の分析
●高浜市地域福祉計画のプロセス研究から

「計画空間」における策定委員会の分析

次に，私たちが行った事例研究を用いながら，計画研究として求められる，「計画空間」の構成要素①の「参加空間」の形成に関する分析枠組みを紹介する。その素材は，高浜市地域福祉計画の「計画空間」に参加した研究者によって執筆された「住民参加による計画活動実践におけるプロセス研究——高浜市地域福祉計画策定モデル事業の事例から」(荒川・伊藤・平野［2002］)という論文である。そこでは，「計画活動」という概念を用いながら，地域福祉計画の策定過程を地域福祉実践の1つとして位置づけ(図12-2を参照)，「計画空間」を「参加空間」のマネジメントの視点から分析を試みている。一般的に計画研究では，策定委員会で作成された計画内容や進捗の評価が検討されることが多いが，「計画活動」を重視した計画を研究の対象とする際には，策定過程自体を一連の活動として捉え，その過程における各主体の活動や専門的な関与のあり方を検討することが重要となる。

まず，「参加空間」の形成に関する分析として，計画策定委員会の構成に関するものを取り上げる。策定委員会をどのようなメンバーにし，どのような作業を行うか。計画策定のねらいからすると，「計画志向」「改善志向」「過程志向」の3つの達成目標に分けることができる(岡村［1987］)。

「計画志向」は，地域社会の中にある解決しなければならない問題を明らかにし，かつそれの有効な解決策を協議するという目的が設定され，問題を科学的に分析する調査研究活動が不可欠となる。

この点が重視されると、委員会メンバーとしては専門家集団を集めることが採用されることになり、コミュニティからの参加においてもその点が優先される。

「改善志向」というのは、具体的な改善を計画策定の中で実現するというところに重きを置く方法であるため、たとえば改善課題に関わる利害関係者を参加させ、具体的に利害調整を実現する作業を行うという方法や、改善計画の実効性を高めるため有力者を構成メンバーとして選ぶ方法も無視できない。議会で議決を得るなど予算的な裏づけを確保することが重要となる。具体的に利害調整を実現する作業には、意見対立のあるコミュニティのメンバーたちを巻き込んでおく必要があるともいえる。

「過程志向」では、地域社会を構成する各代表メンバーが計画に盛り込むべき課題について十分発言できる機会をつくり、同時に自分たちで地域福祉活動の実践を計画的に担えるような能力を育てあげることに目的が置かれる。またこれまでの実践を評価し、さらに改善するための討議ができるように条件を整える必要がある。その意味では学習が大切にされる委員会運営となる。積極的にコミュニティのメンバーを多く参加させることが志向されることになる。

高浜市においては、計画行政の展開（計画志向）よりは「過程志向」を強く求める判断が出発点にあった。その背景にはこれまで高浜市がトップダウン型の福祉自治体づくりを進めてきた傾向が強いことから、その転換が求められており、しかも分権化・合併時代における行政プランナーや住民参加の主体形成の強化に、弱小自治体の行政課題が設定されていたことが理由としてあげられる。

インターグループワークの視点から

「計画空間」に形成される参加の空間は、策定委員からなる「策定委員会」に加えて、幅広い参加を可能にする「協議」の場

づくりが求められる（構成要素③）。そしてかかる「計画空間」を運営する立場からは、参加組織間の関係をどう調整するかが重要となる。これを分析する枠組みとして、インターグループワークの視点から「策定委員会」を評価する方法がある。そもそも、インターグループワークとは、地域内の各種組織・団体および機関の協働を実現させる過程において、それらの集団の代表者を代表者会議あるいは協議会に結集させ、協働の結論に到達するように援助することを意味している。

「策定委員会」において各集団の代表者が集まって協議し、決定したことをその代表者のもとの所属集団が了解し、それぞれの所属集団の活動方針として遂行することが求められるが、そのために代表者とその所属集団との間に協力的な結合関係が求められる。そして、代表者会議と参加各集団との関係維持の強化が重要となる。そのためには、「代表力の強化」に加えて、代表者会議の権限やその性格を、各集団により理解するように働きかけたり、代表者会議の進行状態に関する情報などを直接各集団に提供するなどの交流がはかられることが求められる。とくに、各集団に他の集団・機関の機能、立場、実状などを直接説明することや、場合によっては一緒に直接的な協働・連帯行動に取り組むことも必要となる（平野［2003a］）。

高浜市の事例研究では、「策定委員会」と「ひろば委員会」（幅広い参加を可能にする「協議」の場づくり）との関係の分析結果として、以下のような取り組みが評価されている。「策定委員会」に「ひろば委員会」の代表を多く組み入れ、両者の連携強化をはかり、結合性の高い「計画空間」を確保しようと試みられた。また、住民が自由に語り合う場（「ひろば委員会」月2回開催）に行政職員が住民の立場で参加し、そこに一種のコミュニティワーカーを担う「計画活動サポーター」（外部の計画研究に従事する大学院生等が担当）が立ち

会うという新たなスタイルは、インターグループとしての「策定委員会」の意見反映を手助けする実験的方法として作用した。

「策定委員会」運営上のもう1つの成果は、計画の「計画素案」を「ひろば委員会」等に対して報告する会（勉強会）を、「ひろば委員会」を代表して参加している策定委員自身が担ったことである。これは、策定委員という代表としての責任を踏まえた説明であり、「策定委員会」から「ひろば委員会」へのフィードバックを担ったことになる。

5 「計画空間」における計画の技術
●ニーズ把握・推計の課題

地域福祉計画では何を把握するのか

「計画空間」を用いて計画研究の独自性を示し、さらに地域福祉計画にそれを適用しようとすると、第4節で示したコミュニティワーク実践研究の文脈に依拠しながらも、それに加えて地域福祉計画そのものの捉え方を再整理することが必要となる。それを単純化させて試みたものが、図12-2である。Bの「地域福祉計画策定」とは、Aの「地域福祉実践」に分析的・組織化的に働きかけて、地域福祉計画の中に構想されるA'の「地域福祉実践（像）」に導くための役割の体系を意味する。A→B→A'という関係、すなわちAという「現実世界」とA'という「可能性を扱う世界」とを媒介する位置に、Bの「地域福祉計画策定」言い換えれば「計画空間」がある。

計画研究の重要な領域は、計画の技術としてのニーズ把握・推計の方法に関するものである。社会福祉計画論のテキストとして秀逸な『社会福祉計画』（1996年、有斐閣）の後半部分で展開されてい

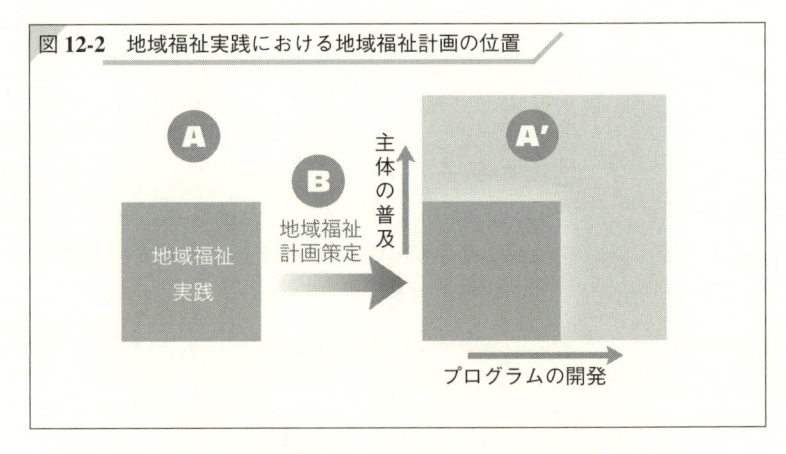

図 12-2　地域福祉実践における地域福祉計画の位置

（図：地域福祉実践 A → 地域福祉計画策定 B → 地域福祉実践 A'。縦軸「主体の普及」、横軸「プログラムの開発」）

る問題分析・ニーズ把握等は，計画の技術研究の到達点を示すものである。**図 12-2** が示すように，地域福祉計画の策定 B において取り組まれるべきニーズ把握・推計の作業は，計画を必要とする地域福祉実践 A の状況把握であり，その把握結果に基づく，地域福祉実践 A' の可能性の推計ということになる。

　地域福祉計画におけるニーズ把握が地域福祉の実践主体のニーズ把握により力点を置かれる点は，高齢者や障害者といった属人的な対象をもつ福祉の場合の利用者のニーズ把握を重視するものとは大きく異なる。先に「計画空間」の構成要素②の説明において，計画を必要としている諸実践と諸課題に関する「情報」と表現したのは，こうした地域福祉計画のニーズ把握に関する情報を視野に入れたからである。それゆえ，「計画空間」の中にどれほどの地域福祉実践からの計画ニーズが蓄積されるか，言い換えればニーズ把握によってこれらのニーズをどこまで把握できるか，その方法とはどのようなものなのかが問われることになる（平野［2002c］において，「編集」という方法を提案している）。なぜなら，計画として将来の地域福祉の推進を生み出す条件を「計画空間」の中で把握しなければならな

いからである。

　第4節において策定委員会の構成メンバーの選択を素材にして，計画策定の達成目標を分類したが，その1つである「計画志向」を選択する場合には，「計画空間」において分析的な作業が重視されることになる。「過程志向」に見られた組織化的な作業を重視するのではなく，ここにいう計画の技術を発揮して，当該地域における地域福祉実践の到達点を把握し，その実践をどう伸ばすのかということを分析することが求められる。

　すでにこれまでの地域福祉実践の実績があるとの前提に立つと，地域福祉計画のニーズ把握は，地域福祉の実践への参加ニーズの把握に力点が置かれるのは当然で，「計画空間」のマネジメントにおいてもその視点が重要である。地域福祉の推進のうえで生じている諸困難を把握し，取り除く方策は，計画の重要な項目となる。図 **12-2** の A' の「主体の普及」に対応してその課題を克服する支援が必要なのである。また，地域に不足しているプログラムについては，その「開発」を計画に盛り込むことになる。ただし，そのプログラムの開発においても，それを実施する主体の確保について計画化することが地域福祉計画の特性といえるし，その組織化を策定過程，つまり「計画空間」の中で試みる必要がある。

| 地域福祉実践の集計と推計 |

　計画研究は，「集計」（アグリゲーション）という手続きを踏む点にメゾ研究としての契機がある。坂田が，「社会福祉計画とは，事業単位でとらえた社会福祉のもつ諸課題を計画という技法を用いて解決しようとするもの」であり，「社会福祉計画の最小単位は事業であり，個々の福祉援助実践ではない」（坂田［1996］，2頁）と強調している点に注目しておきたい。地域福祉の実践をどう集計するのかは，利用者のニーズを集合的に処理する「集計」の方法とは

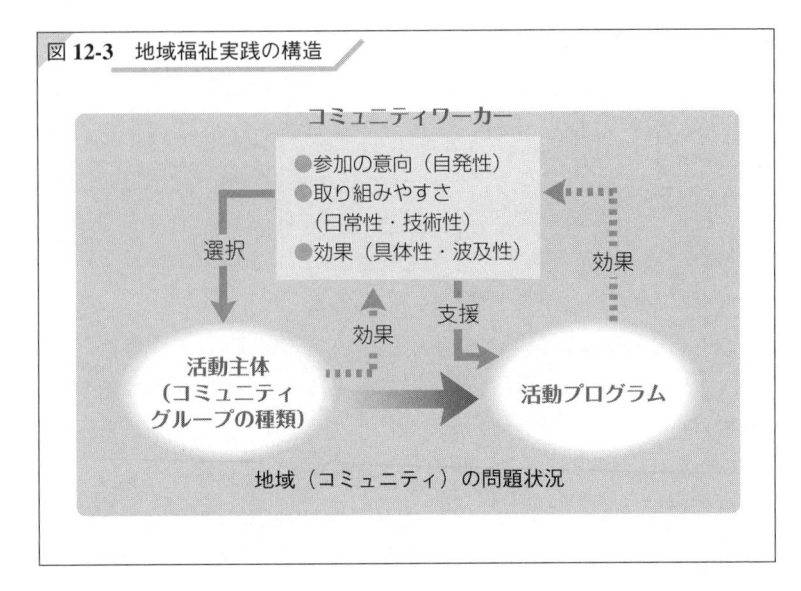

図 12-3 地域福祉実践の構造

コミュニティワーカー
- 参加の意向（自発性）
- 取り組みやすさ（日常性・技術性）
- 効果（具体性・波及性）

選択 → 活動主体（コミュニティグループの種類） —効果→ 支援 → 活動プログラム ←効果

地域（コミュニティ）の問題状況

異なって，独自の方法が必要となる。

　筆者は地域福祉実践の構造をコミュニティワークの援助を入れて，図 12-3 のように考えてきた。ワーカーは，地域（コミュニティ）の問題状況を踏まえて，コミュニティ（住民）の「参加の意向」や「取り組みやすさ」，さらには効果の具体性や波及性などから判断して，①参加（活動）主体の選択（誰が参加の主体になるのか），②参加主体による活動プログラムの実施（どのようなプログラムを実施するのか）の支援をはかるというモデルを想定している。

　これらの循環が地域福祉の実践に反映し，そのなかで新たな支援課題や活動プログラムの課題を発見することになる。地域福祉の活動主体と活動プログラムの循環が効果的に回転し始めると，プログラムがいくつかの実績をもちながら地域の中に蓄積されるとともに，さまざまなコミュニティグループが形成されるという波及効果も生まれてくる。その意味では個別的で短期の活動プログラム実践支援

とともに、ワーカーの援助としては長期的な地域福祉の総合的推進の視点をもたなければならなくなる。その段階では、個別のプログラム化とは別次元の地域福祉計画という計画的推進の総合的な「協議」の場が必要となってくる（平野［2003b］）。その協議の場である「計画空間」において、これらの地域福祉実践の「集計」をどのように扱うか（構成要素④）が、計画研究上の重要課題といえるのである。

地域福祉実践には、専門職によるコミュニティケアも含まれる（平野［2002b］）。この点における「集計」の問題を十分に紹介することはできないが、先の計画策定の達成目標の分類でいう「改善志向」を選択する場合には、この集計的な分析作業が重要となる。多くの計画現場では、これらの専門職によるコミュニティケア実践については、個別計画の中で取り上げられる傾向にあり、地域福祉計画での関心が低い傾向にある。しかし、対象横断的なケア、共生ケアとも呼ばれるサービス開発が進むなかで、また入所施設から地域生活への移行とともに、地域住民が反対をするといったコンフリクトの問題が発生するなかで、地域福祉計画においてもこの種の領域を取り込むことが重要といえる。

こうした領域での分析的な作業を可能にするためには、地域福祉の「計画空間」に専門職の積極的な参加を求めることが必要である。そのための専門職を対象としたフォーカス・グループ・インタビューや専門職によるケア・カンファレンスの累積的な把握が、計画の技術として求められている。筆者は、地域福祉を「福祉資源の容器」と捉え、その資源の効果を左右しようとする機能を有していると整理している（平野［2002a］,［2002b］）。その「容器」の機能を担うものの１つが、ここにいう「計画空間」であり、その場への専門職の巻き込みであるといえる。

最後に，本章で新たに提示した「計画空間」の構成要素に沿って，第3，4，5節と3つの地域福祉計画研究を取り上げながら研究枠組みを紹介してきた。なお，この第5節では，具体的な研究事例を紹介するまでには至っていない。今後の現場研究を踏まえて補足していきたい。その最初のものが，日本地域福祉学会の研究プロジェクトによる地域福祉計画研究の成果（『協働と参加の地域福祉計画』ミネルヴァ書房）の中に含まれている。その著作全体は，総合的な地域福祉計画研究に関する適切なガイドブックともなるであろう。

Lesson 13 問題を政策と結ぶ研究

ホームレス政策の分析

　社会福祉研究において「問題」は，その客観的な記述や分析がなされる素朴な問題論ばかりでなく，具体的な政策やサービスと結びつけた「対象」として，さらに政策からの漏れや排除としての新しい問題の提起，としても論じられる。とくに社会福祉分野で有効なのは，政策と結びつけた問題研究であり，それは政策論の一部でもある。

　本章ではホームレス問題についての2つの異なった角度からの研究を取り上げる。1つは保護施設の利用者記録とその前提となる生活保護政策の戦後史を分析したもの，もう1つは路上のホームレスへのインタビュー調査を通して，福祉国家における現代のホームレス問題の意味を解釈した研究である。問題論の多様な展開可能性を示したい。

1 社会福祉「対象」研究といわゆる「問題論」について

　社会福祉研究の1つの領域として，社会福祉が課題とする，あるいは課題とすべき社会問題についての研究がある。これは，社会に生じている「問題」を記述し，その原因と目される諸要素との因果関係や，その結果のもつ社会的意味について分析するものであり，たとえば介護問題のように，すでに何十年も多くの研究が取り組まれた課題から，虐待やDV（ドメスティック・バイオレンス）の問題，外国人労働者問題，ニートやフリーター問題など新しいものについての研究まで，さまざまにある。むろんこれらは，社会福祉の専売特許ではなく，社会科学の多くの分野，あるいは医療や保健学，住居・都市論なども含めて，多様な研究分野の一領域となっている。

　ところで，このような「問題」論は，どのような分野の研究者が行うにせよ，「問題」だという価値判断と，これに基づいたなんらかの社会的解決の要求をその内に含まざるをえないものである。つまり，社会問題論というのは，一見すると，介護問題やDV問題の客観的状況を明らかにするという側面に焦点が当たりやすいが，「問題」と捉えるという意味では，常になんらかの「考え」がそこにある。

　だが，社会的解決の要求との関わりでいうと，問題論にもいくつかのレベルがあると考えられる。すなわち，第1に，要求すべき政策やサービスの具体像については漠然としたままで，社会問題の客観的な記述や分析がなされる，いわば素朴な問題論のレベル。第2に，具体的な政策やサービスと結びつけて，その「対象」としての問題を論じる研究。第3に，具体的な政策からの漏れや排除として

の新しい問題の提起。第1に比べると、第2、第3のレベルは、社会福祉の政策やサービスの対象論であり、単純な問題論を超えているといってもよい（岩田［2001］）。

　例をあげてみよう。介護問題は、当初さまざまな介護困難についての調査や要介護の測定などをその内容とした問題レベルで論じられていた。そこでは、解決要求は、ホームヘルパーの派遣の拡大など、比較的漠然としたものである。しかし、介護保険制度の導入を契機に、介護保険の要介護認定、サービス給付内容、一部負担などの制度の規定によって、介護保険がどのような層の介護問題にどの程度対処しているのかを検討する、いわば具体的な制度対象として論じられるようになる。また同時に、この制度によっては十分対応できない問題、たとえば認知症の高齢者への対応の弱さや、低所得者のサービス利用回避などの問題の再提起の可能性が生まれてくる。

　第2、第3のレベルは、制度やサービス供給論の一部をなすものでもある。それゆえ素朴な問題論のレベルである第1のレベルが他領域を含めた多くの研究者の研究領域となるのに対して、第2、第3のレベルは、社会福祉研究にとって、社会福祉政策やサービスの評価＝批判と一体となった、独自の研究領域として展開される可能性をもつ。別の言葉で言えば、具体的な制度やサービス供給の対象論は、問題論であると同時に、社会福祉の政策・サービス供給／論そのものであり、問題をその解決策と関連づけて明らかにするところに、社会福祉研究の1つの強みがある。

　本章では、以上のような問題＝対象論の具体例として、筆者が行ったホームレスについての2つの研究を取り上げる。両者ともややボリュームの大きなものであるが、ホームレスのような貧困を戦後日本の福祉制度がどのように対象とし、あるいは対象としなかったかを分析した研究（第2、第3のレベル）と、路上生活者へのインタ

ビューに基づくホームレス研究（第1のレベル，および第3のレベル）の2つを並べることで，問題論と対象論の差異を示すことができると思われる。

2 個別施設の退寮者記録を素材にした研究
● 『戦後社会福祉の展開と大都市最底辺』ミネルヴァ書房，1995年

> 本書の要約

本研究は，第2次世界大戦後の日本の福祉国家体制において，「不定住的貧困」がどのように形成され，これに対して社会福祉がどのような原理と方法で対応していったか，を明らかにしようとしたものである。

ここで「不定住的貧困」とは，歴史的には「浮浪」「ルンペン」等，あるいは今日では「ホームレス」と呼ばれているような「慣習的住居や職業をもたない」，そして多くは家族ももたない状況にある人々の貧困を総称する概念として用意した。このような「不定住的貧困」は社会福祉の源流としての救貧法や慈善事業の1つの主要な救済対象であったが，戦後の福祉国家は，貧困線以下の所得で把握される普通の労働者・市民の貧困＝近代的貧困の予防の体系として確立し，またその救済も現金給付による居宅保護を原則としたものであった。だが，このようなタテマエとは別に，日本の戦後の出発点にはむしろ多くの「不定住的貧困」が存在したし，そのような形態の貧困はその後もさまざまな形態で出現している。これに対して，どのような原理と方法による対策が動員されていったのだろうか。

以上の課題に答えるために，「不定住的貧困」が蝟集（いしゅう）する大都市東京に限定した2つの研究を行った。1つは戦後東京の「不定住的貧困」対策の歴史的検討，もう1つは「不定住的貧困」の形成プ

ロセスを明らかにするために行った，生活保護法による更生施設A荘の創設当初1952年から85年までの退寮者記録（2757ケース）を素材とした利用者分析である。A荘は戦後東京の「浮浪者」対策用に設置された施設の1つで，現在まで「不定住的貧困」に対する収容保護を行ってきている。歴史的検討は，このA荘の位置を明らかにし，その利用者の選別の原則と変遷を明らかにして，利用者分析の基礎とするとともに，従来ほとんど顧みられなかった東京都の「もう1つの貧困政策」を明るみに出すことをねらいとした。

この2つの分析から，次のような考察を行った。第1に，A荘をとりまく東京都の「不定住的貧困」に対する対応は，大まかに，①戦前の東京の「浮浪者・ルンペン対策」を前提とし，②1945～54年の敗戦直後から新生活保護法成立期における「浮浪者」対策，③国民皆保険・皆年金体制の確立から高度経済成長へ移行する1955～64年の保護施設再建整備期，④地方自治法の改正を契機として「身近な自治体」による社会福祉供給の拡大期1965～72年，⑤オイルショック以降，社会福祉の普遍主義，在宅福祉を先取りした東京都社会福祉審議会の答申が準備された1985年までの「住所不定者」対策の5つに分けて考察できる。

敗戦直後の東京の社会福祉の眼前にあった実質的緊急課題は「不定住的貧困」対策であったが，それは「特殊な対象」として生活更生相談所と保護施設による「集中管理方式」のもとで処理されることとなった。この特殊な対応はしだいに戦後の開かれた社会福祉の一般体系との調整を余儀なくされていき，傷病者や高齢者の急迫時に限定した施設保護，さらには法外援護による応急保護中心の体制に変貌していった。

第2に，A荘利用者退寮記録の内容から，職業移動，地域移動，および困窮の原因，施設入所の理由に関する項目に着目して分析を

行い，次いで「不定住的貧困」の形成過程の類型化を行った。これらの分析から，利用者は，①多くは社会にスタートする時点では比較的安定した生活の枠組みを獲得していたこと，②安定が崩れた原因としては，職業からの分離（失業・倒産）があり，近代的貧困と同じ根元をもつこと，③職業からの分離は，東京と地方の経済格差を前提に「求職＝上京」という地域移動を促したが，東京への流入窓口は保証人などを必要としない住み込み，ドヤ，飯場など，不安定な居住形態，職業が選ばれやすかったこと，④とくに未婚者ではそれらの仮の住居や不安定な職業に滞留する傾向が強いこと，⑤これらの稼働能力をもった不安定な人々の貧困への社会福祉の対応はしだいに疾病のときなど「急迫」状態だけに限定され，その一時的避難所としての機能しか果たせなかったこと，⑥一部最初から不安定な職業や居住状態にあった人々が存在するが，彼らは地域移動を経ないで，東京在住のまま不定住的貧困を出現させており，繰り返しの保護施設利用者になっていることが把握された。

結論：東京のような大都市には自立生活の枠組みを失った人々を身元保証なしに引き受け，そこに滞留させる「窓口」の根強い再生産がある。「不定住的貧困」は貧困一般の延長線上に，またとくに「外部社会」からの流入を契機として，この窓口にいくつかの類型で形成されている。これに対して戦後の社会福祉は，彼らの「特殊性」を根拠に，疾病等の急迫時の一時避難所としての役割に終始し，彼らが東京で自立生活を獲得するまでの体系的な援助の方向を打ち出すには至らなかった。

> 研究のきっかけ

この研究を始めるきっかけとなったのは，長い間倉庫の中で眠っていたA寮の退寮者記録が処分されるかもしれないという危機感から，A寮職員の方が，誰か分析してくれる人はいないだろうか，と言い出したことに

よる。当時筆者が勤務していた大学の同僚だった窪田暁子氏が興味を示し、筆者に声をかけるとともに、当時の同僚であった橋本明氏と3人でささやかな研究会を結成することになった。もちろん、その前から戦後の「施設」研究についての共同研究があり、筆者は生活保護法による保護施設を受け持って若干の歴史的考察を行っていたが、そのときから居宅保護に比較しての施設保護研究がほとんど欠落していることに強い危機感をもっていたということがあった。

とはいえ、職員の方々からの依頼は、最初はインフォーマルなものであったから、これをフォーマルなものに変えて、きちんとした研究組織をつくる必要があった。そこで、退寮者記録から「利用者のデータベース」をつくるという目標の研究グループを前記3人で組織した。1989年にはトヨタ財団の準備研究の助成、1991、92年には文部省の科学研究費補助金を受けることができ、資金的なめどがたって、データベースづくりに着手した。

このデータベースづくりと並行して、A荘関係者を中心に戦後の更生施設の歴史に関するヒヤリングも開始した。すぐ後でも述べるように、1つの施設に集積された利用者データを分析するためには、その施設の位置づけを十分把握することが不可欠であったからである。ところが、この作業を始めてみると、A荘をめぐる東京都の戦後史は、居宅保護中心の貧困対策史ではほとんど触れられてこなかった「浮浪者」「住所不定者」対策の変遷そのものであることに気がつき、またそれは戦後近代的な装いで出現した新しい社会福祉の展開の裏面でもあることに興味をそそられていった。

> 研究課題の設定

そこで、データベースの作成が終了したときを機に、著者単独で次のような課題を設定して、研究に取り組むことを決心した。すなわち、まずA荘を利用するような人々の貧困は、生活保護法が居宅保護の対象とした

貧困一般とは異なって認識されてきたという仮定のもとに，まず「慣習的，規則的な居住」に欠け，施設利用に至るような状態の貧困を，貧困一般と区別する意味で「不定住的貧困」という概念で括ることとした。

この「不定住的貧困」については，貧困概念についての理論的歴史的解釈を参照したうえで，所得の不足としての近代の貧困の延長上にありながら，私生活の枠組みの解体を媒介として，社会構成員としての存在証明の喪失に至るような，特殊な形態であると規定した。これは戦前の「浮浪者」調査の第一人者であった草間八十雄ら東京の下層社会研究で用いられたことのある「定居的貧困」「不定居的貧困」にヒントを得た筆者の造語である。後述するように，後の研究では筆者はホームレス概念を使用するようになるが，ここでは近代社会での自立生活の枠組みをもった貧困と，この枠組みをもちえない貧困＝慣習的な居住と職業の欠如とが，社会で識別されているというところに重点を置きたいと思ったので，あえてこなれない用語を持ち出したのである。これは，むろん抽象的な概念であり，現実の世界ではＡ荘の利用者の当時の現場の用語であった「浮浪者」「住所不定者」「病院からの帰来先なし」等を包括するものとして使った。

このような概念装置を用意したうえで，①これが戦後の東京でどのように形成され，またどのような特徴をもっていたかをＡ荘利用者データから明らかにすること，②戦後東京の社会福祉は，一方で「普通の都民」の最低生活やサービス・ニーズに近代的な福祉原理を当てはめていったが，「不定住的貧困」に関してはＡ荘のような保護施設を動員して，異なった原理と方法でこれに対処した，という仮説をたて，歴史資料と①の結果の両方から検証することとした。

> ケース記録分析の問題と再加工

「はじめに記録ありき」であったから，本研究では退寮者記録（ケース記録）を素材とする分析を行うことは自明のことであった。しかしこれは普通の調査とは異なり，既存データの分析となるので，このデータを分析可能なように加工することがまず必要であった。

この種の加工でもっとも重要なのは，記録に使用されている用語や分類の定義を明確につかむことである。しかし，この研究の場合，素材が長期にわたって，複数の人々によって記録された大量のものであるために，記録の取り方や，いくつかの分類コードの意味づけが時代や記録者によって異なっているということが問題であった。

たとえば退所理由で，命令退所，無断退所（自己都合）の区別があるが，初期には命令退所に仕分けされたものが，しだいに無断退所（自己都合）に分類されるようになっていることに気がついたことがある。こうしたことは，その時々の施設の方針と結びついているから，事業概要や当時勤務していた職員からのヒヤリングが必要になる。また，施設の記録には福祉事務所から送付された記録が貼付されていることがあり，時々両者に矛盾した事実の記載がある場合がある。どちらを事実として受け取るかは，難しい問題であるが，施設入所後，何回かのアセスメントを経た後の記録が信憑性が高いと判断し，これを規準とすることにした。いずれにしても，大事なことは記録者の定義やその変遷を踏まえつつも，最終的には自分の分析規準をつくるということであり，この規準にあわせてデータを再加工することである。

さらに困難な点は，ケース記録の中の生活歴の記載内容の把握であった。婚姻関係，学歴，疾病分類，障害分類，利用社会施設分類，退所先，在所期間，退所理由などは分類されたコードがあったが，

職業移動、地域移動、婚姻・家族の変動などについては生活歴からそれを読み取り、一定の分類に従って区分することになるが、生活歴の記載は自由記入によるため、内容も記載方法も一定していない。とりわけ職業については、社会福祉分野では一般に大ざっぱな把握ですませている傾向があるが、本研究のデータにおいても、会社員というような曖昧な記載、あるいは「この間職を転々」というような書き方が多々みられ、その分類にはかなり悩まされた。また、とくに浮浪・困窮の原因については、記載者の主観が強く出るところでもあり、またもともと複数の要因が絡んでいると考えられるため、職業、傷病・障害、家族関係上の問題、居住上の問題、その他の生活困難、その他の6つに括り直してみた。

　全体としてみれば、個別A荘のケース記録を、一般的な文脈において観察し直すうえで、なるべく一般的な社会統計と対比できる形での再加工を施すことに気を配った。

使用する概念と分析の枠組み　このデータ加工と並んで、使用する概念をはっきりさせる必要が出てくる。本研究でのキーワードはまず先に述べた「不定住的貧困」である。このほか、重要な概念として、「自立生活の枠組み」「社会への接合＝帰属」を用いた。前者は日本における生活構造研究の成果をアレンジしたものであり、後者はアメリカのホームレス研究の中で使われるようになった概念である。

　退寮者記録（ケース記録）の分析においては、「不定住的貧困」の形成過程を明らかにすることが目的であったが、これを類型的に把握するために、まず今日の社会における自立生活の枠組みとそれを介した社会への「組み込まれ」＝接合を示す事項を生活歴に沿った順序で単純なモデルとしてあらかじめ設定する。A荘利用者の各ケースをこのモデルに当てはめ、どの時点のどの事項との関係で、

どの程度の自立生活の枠組みと社会への帰属が保持されていたか，逆に不安定化されていったかを各事項ごとに判定し，それを樹状図（デンドログラム）に落として，入所前まで追っていくという手順である。モデルは次のようである。

① 自立生活の枠組みの形成時　社会への出発の時期における家族の有無，学歴から判定する安定度，初職の安定・不安定，

② 社会人としての自立生活の確保・維持ないしその喪失の始まり　自分の家族の形成の有無（未婚か既婚），最長職（もっとも長く就いていた職業）の安定・不安定，家族関係上の問題の有無，

③「不定住的貧困」の形成と入所時点　「不定住的貧困」の出現と上京の前後関係，直前職の安定・不安定，直前住居の種類。

以上は江口英一の貧困研究において確立されていた，社会階層移動の手法の応用であり，貧困を過程として捉えるダイナミック分析であるが，データが大量で長期にわたっているため，各事項はできるだけ単純化して把握する必要があった。この枠組みによって「不定住的貧困」形成はいくつかのパターンに分かれる結果となったが，これらのパターンをさらに結婚の有無と入所時期区分に分けて検討した。

> 個別施設におけるケース分析と歴史研究の必要

本研究は，その半分を歴史研究に割いている。個別の施設に集積されたケース記録を意味あるものとして利用するためには，利用者は少なくとも政策の変化（施設の位置づけ）と処遇方針の変化によって変遷しているはずであるから，施設の位置と利用者選別の原則を十分に把握することが必要になる。個別施設の悉皆（しっかい）データといっても，それはすでにある意図をもった政策によって切り取られた「対象」でしかないからである。ここでケースは，単純に貧困問

Lesson 13 ⚫ 問題を政策と結ぶ研究　293

題としては扱えない。厳密に言えば，政策が選別し，その対象としてすくい上げた問題にほかならない。そうだとすれば，もう1つの焦点は当然A荘およびこれを含んだ東京の保護施設の歴史であり，あるいはそれと関連した福祉政策全体の戦後史を追うことにならざるをえない。冒頭で述べたように，社会福祉の問題研究は，政策の「対象」研究として展開されることになる。

　本研究の扱った「不定住的貧困」への社会福祉の対応が記録されている文書は行政や施設の内部資料が主であり，またそれらはすでに個人が秘蔵しているようなものであった。そのため，関係者のヒヤリングと，ヒヤリングを介して資料の在処を尋ねるという方法によって，資料収集を行った。この種のヒヤリングは時間との戦いでもあり，敗戦直後の状況を知っている関係者が途中で死去されたこともあった。ヒヤリング記録はテープに録音した。東京では，施設の労働組合や職場による「浮浪者」や「住所不定者」に関する内部文書やマニュアルが作成されていたのは，幸いであった。

　歴史研究を始めると，むしろそちらに興味が移り，不必要なほどの資料にあたったが，これは後に東京のスラム研究を行ったときに大いに役立った。またこれはあくまで東京の歴史なので，これと対比するうえで大阪などの同種の政策史にも興味をもった。この点は大阪や名古屋の研究者がその後展開することになる。

　ともあれ，個別施設のケース記録は，その施設の位置や利用者の性格を決めていく政策動向抜きに扱うことはできない。両者を重ね合わせたときに，問題論であり政策「対象」論であるものとして，分析可能なものになる。またこのようなやり方に，1つの社会福祉研究らしさがあるように思う。

限　界

本研究の第1の限界は，あくまで1つの施設，および東京の社会福祉政策史に限定さ

れた，事例研究にすぎないという点である。個別施設の限界を，別の施設の事業概要等のデータによって，またとくに東京の社会福祉政策史研究が補うという，上に述べたような方法をとったとはいえ，一事例の分析であるという限界は消えない。一事例分析をより一般化したものにしていくためには，比較例証法によって，たとえば大阪との比較，外国との比較，あるいは戦前期を含めた日本の「不定住的貧困」への政策史全体の中にこれを置き直すことによって，本研究で得た結論はさらに批判・吟味されなければならないといえる。ちなみに，大阪については別の研究者が，外国については筆者によるイギリスとの制度比較の試みがすでになされている。

　第2の限界は，問題論のレベルで見ると，施設対象による「不定住的貧困」の分析は，常に政策による対象規定に枠づけられており，施設が対象としなかった同種の貧困については述べられないという点にある。素朴な第1のレベルの問題論と政策・サービスの対象論が並行してなされると，政策・サービスの果たす役割がもっとクリアに見えてくるであろう。この点は，以下に述べる路上生活者へのインタビュー調査に基づく別の研究によって補強されることになる。

3　問題論＝政策「対象」批判としてのホームレスのインタビュー調査

●『ホームレス／現代社会／福祉国家』明石書店，2000年

本研究の要約

　前節に述べた施設対象研究が完成しかかっていたときに「遭遇した」のが，1992年の暮れから東京・大阪で急増した路上生活者・野宿者問題であった。その驚きと疑問から，路上での直接の問題調査を意図し，これを基に分析したのが『ホームレス／現代社会／福祉国家』である。

　この研究は路上生活者や野宿者と呼ばれる人々の存在を，1980

年代前後から欧米で社会問題化した,福祉国家のもとでの新しい「ホームレス問題」と類似の文脈の中にあるものと仮定し,日本のホームレスの人々の特徴を,単に客観的な指標だけでなく,彼ら自身の「ホームレスという経験」に焦点を当て,いわば内側からこれを把握しつつ,現代社会と福祉国家の1つの現実として記述することをめざしたものである。

　ここでは,ホームレスという概念を用い,まずその数と分布,年齢,性別,対応する冬期臨時宿泊事業利用者のデータから得られた,路上生活の理由や,生活歴などを分析した。これを前提として,新宿駅周辺を中心とする都内の路上での観察および61名へのインタビュー調査を行い,その結果を次のように構成し直した。

　1つは「路上で生きる」ということの内容を明らかにするために,「場所と移動」の状況および「生活必需品の調達」「仕事」「健康状態」について,また「路上での人間関係やトラブル」について彼らの「語り」を通して示した。2つめは「ホームレスになる」という経験を彼ら自身がどう考えているのかを,仕事の喪失,家族との別れ,さまざまな失敗を中心に示した。これらを通して,ホームレスとして路上にいる彼ら自身が,ホームレスとしてのアイデンティティをどのように獲得,あるいは抵抗しているのかを考察し,彼らの中に死への恐怖や「あきらめ」と「希望」が交互に現れていることを確認した。

　最後に,福祉国家という文脈の中にこの問題を置き直し,ホームレスのようなタイプの貧困は,福祉国家の想定していた市民像や制度利用のモデルから大幅に逸脱したものであり,それゆえホームレスは市民の範疇からも福祉の権利からもこぼれ落ちる傾向にあると結論した。

研究のきっかけと経緯

　研究のきっかけは、本節の冒頭に述べたような、路上生活者の人々の急増である。とくに新宿駅の地下街に広がった、いわゆる「段ボール村」の景観は、そこを日常的に利用していた筆者にとって、見過ごすことのできないものであった。A荘利用者と保護施設の歴史研究は、たちまち現代の貧困問題として転換され、ともあれ「何かしなくてはならない」という気持ちが募っていった。当初は、研究というより、ささやかなボランティア実践であって、何人かの施設関係者や学生などと路上を回ったり、救世軍の給食活動に参加して、東京都内のいくつかの場所でホームレスの人々と出会った。そのうち、「スープの会」というグループを立ち上げ、定期的な夜間の巡回活動を始めることになった。この会に、上智大学の都市社会学者園部雅久氏とそのゼミ生たちが参加し始めたこともあって、調査の実施が現実味を帯びてきた。

　といっても、ホームレス支援としてのボランティア活動においてホームレスの人々の調査をすることは、必ずしもメンバーから歓迎されることではない。むしろ、「調査をする」＝調べるということへの警戒、ホームレスと支援者の間に築かれている信頼関係を壊すものという反対や批判がしばしば生じる。新宿における私たちのボランティア活動においても例外ではなかった。試行的に、正月三が日に簡単な調査をグループとして行ったが、それをきっかけに調査という行為そのものへの反対の声が上がった。しかし、ホームレス問題の解決のためには社会調査は不可欠であり、ホームレスの人々への「暖かい」支援は、もっと強力な財源や制度的枠組みを持たない限り、自己満足の範囲を越えられない。

　そうしたことの繰り返しの議論の果て、結局はグループとしてではなく、筆者と園部氏、当時東京都立大学の大学院生であった山

口恵子氏，北川由紀彦氏，が中心となって100名を目標にインタビュー調査に取り組むことになった。ただしこの共同の試みは結局共同作業として結実させるというよりは，各人の研究としてまとめるという方向へ向かった。おそらくその1つの理由は，筆者以外は都市社会学の研究者であったことがある。社会福祉領域の研究者に比べて，ホームレス問題への関心は都市社会学のほうが高かったという証でもあり，筆者も多くのことを学ぶことができたが，おそらく筆者自身の中に，都市社会学的に「ホームレスと都市の問題」を描くのではなく，社会福祉研究としてまとめてみたいという気持ちがあったのではないかと今になって思う。

> インタビュー調査について

インタビュー調査という手法を選択したのは，路上での大量調査を行う資力も組織ももたなかったため，というのが正直なところである。順序としては，量的調査があって，その後質的調査を行う，という手順が望ましいのはいうまでもないが，現実はなかなかそうはいかない。またボランティア活動を通して，問わず語りに，いろいろな話を聞いてきた経験が，それをもう少し組織的に行いたいと考え，インタビューにつながっていったともいえる。

しかし，インタビュー調査で何を明らかにしたいのか。近年の質的調査ブームの中で，インタビュー調査は多用されており，「半構造面接法」などとわかったような名前を付けて，とりあえず自由に聞き取ってしまう，というような傾向がある。しかし，インタビュー調査はこの調査の特質を生かした形で利用してはじめて生きるものであり，そのように設計され，実施される必要がある。筆者が考慮したのは，ホームレスの人々が，「ホームレス生活」やその「経験」をどう考え，どのような言葉で筆者に話してくれるか，というまさにそのことであった。したがって，ホームレスの分布や客観的性質

などは、別のデータからもってくるしかないと割り切り、もっぱら「ホームレス生活」を詳しく話してもらうこと、「ホームレスという経験」をどう咀嚼し、何を今思っているのかを話してもらうことにだけこだわることにした。

　この場合、「嘘をつく」ということをどのように考えるかということがある。たとえば過去の職歴、婚姻歴、学歴などについて「嘘」をつかれることはよくある。客観的データを得たい場合は、「嘘」をどう処理するかが大きな問題となる。しかしここで筆者が知りたいのは、「嘘」そのものでなく「嘘をつきたくなるような状況」にある人々であって、したがって、「嘘」であろうとなかろうと、「そう言いたい」ことに焦点を合わせることにした。むろん、インタビューの中で、つじつまの合わない話、嘘っぽい話が出てきた場合に、注意を促すというようなことは行うわけだが、その結果何が正しいかを明らかにするわけではなく、どうしてつじつまの合わない話となるのかを考察する、という態度に終始するということである。

　具体的なインタビューのやり方としては、まず、おもにボランティア活動時に少し話をしてみて、本格的なインタビューを依頼し、了承を得てから日時と場所を約束するという手順をとった。中には、約束の日までに自分のこれまでの経歴や考えを図書館に行って書いてきた、といって手帳の切れ端を渡してくれた人もいた。しかし多くは約束した日時に約束した場所に行っても、当人が現れない。ホームレス生活というものは、そのような約束どおりに動けるようなものではないのであろう。そこで、しだいに、了承をとったらすぐ始めるという手法も使った。またボランティア活動は夜間なので、別の日の昼間に駅前や公園で声をかけ、そこでインタビューに入るということも行った。謝金は2時間のインタビューへの報酬として1000円程度を妥当とし、筆者はインタビューの後に現金で

渡した。これについても議論があって、現金ではなくテレホンカードなどにすることにこだわる人もいたが、結局テレホンカードは売られて、現金化されるのである。

　インタビューは了承を得てからテープレコーダに録音したが、何人かは拒否したのでノートにとった。録音した場合もできなかった場合も、できるだけ早くノートを整理することを心がけた。経験では、録音しなくとも、直後であればかなりその言葉をそのまま再生して書き込むことができる。逆に録音してしまうとむしろそれに頼ってしまう傾向にあり、録音が失敗したときは悲惨なものとなる。

　インタビューの場所が問題であって、公園のベンチというのが望ましいのではあるが、雨天や人の目などを避けるとすれば、喫茶店などを使うこともあった。「段ボール村」がまだあった時期であったので、段ボールの家の入り口でということもあった。「まあ、お入りなさい」などと言われて面食らうこともあった。いずれにせよ、彼らの寝起きしている場所やその生活についての観察は、インタビューと同じように重要なものであり、これについては客観的な状態と、彼らによるその説明の両方を重視した。

　なお、インタビュー対象の選定は、もともと母集団そのものについてはっきりしたことがわかっていない対象であったことから、かなり行き当たりばったりであったが、年齢や性別、経歴などにおいてある程度の多様性を反映させたいという気持ちはあった。何も話していない人にいきなり依頼することはありえないので、ボランティア活動中のいろいろな雑談から判断するのであるが、もちろん断られることもある。途中で気づいたことは、相対的に学歴の高い人は了承してくれやすいということであった。またそれは、調査者の側にも、放っておけば、自分と「同質」の「話しやすい人」を選んでしまうという傾向があるということである。ホームレスとして

はレアケースになるはずの大卒者，ホワイトカラー出身などが選ばれていきやすいのである。そこで，途中からむしろ話したがらない，嫌がる人を説得して話してもらうという方向転換を行った。これはなかなか大変であったが，人にまとまった話なんかしたことがないと尻込みしていた人や，周囲の人が「あいつは頭がおかしいから無理」というような人が，結果的には2時間ものインタビューに答えてくれたこともあった。

ただし，数少ない女性については，男性に保護されている形態をとりやすいこと，1人の場合はおそらく精神疾患などの影響で話を聞くことが不可能であるなどのため，成功例はわずかであった。これは路上生活が，とりわけ女性にとって，それほどに過酷なものだという事実の裏返しにすぎないのであろう。

| 概念装置と仮説 |

第2節の研究が「不定住的貧困」という概念を利用して，歴史を通した多様な不定住型の貧困を総称したのに対して，この研究ではあえて「ホームレス」というレッテルをそのまま用いた。その理由は，この研究は，欧米ではオイルショック以降の新しい世界経済秩序のもとでの社会経済構造の変化の中で現れた新しいホームレス問題が，日本では10年以上遅れて出現したにすぎない，という一般的な文脈を強調したかったからである。そのため，路上で生活している人々への簡便なレッテルである「ホームレス」という言葉を，括弧つきで用いることにしたのである。

しかしこれには2つの批判があった。1つは「不定住的貧困」にあった貧困という言葉が消えることによって貧困や失業などとの連関性が失われるというもの。もう1つはホームレス概念はもっと広く，不適切な家に住んでいる人もホームレスであるから，ここでの路上生活者では狭すぎる，というのである。だが，筆者は「あえて」

路上生活者に集約的に示される,以下の仮説のような「生きていく場所」＝ホームの喪失に焦点を合わせるために,この概念を使うことにしたのだから,これらの批判はあまりピンとこなかった。

インタビュー調査という手法との関連で,筆者が用意したのは,次のような仮説である。まず,①人間は誰でも社会の中で「生きていく場所」＝ホームをもち,それを拠点として社会のメンバーとして,つまり「われわれ」の一員として生活を送っている。しかしこの「生きていく場所」は社会の中で差異や序列をもち,さらにその確保自体,現代の経済社会の中でますます不確実なものとなっている。ホームレスは競争と自己責任が強化されている現代社会のこの不確実性が生み出した問題である。②しかし同時にこれは福祉国家の中で「隠蔽(いんぺい)」されてきた下層の人々の焙り出しでもある。③福祉国家にとって,これらの問題は,そのメンバーの外にある「彼らの問題」にすぎなかったため,生活保護制度すらこれを排除する傾向にあったが,これを「われわれ」の社会の中に包摂する必要が生じている。④だが,実際にホームレスの人々自身は「ホームレスという経験」をどのように捉え,社会との関係をどのように考えているだろうか。どのような包摂策がそこから導き出されるだろうか。

以上については,大量に存在していた英米のホームレス研究の文献を渉猟し,また第2節の研究との関連で考え出したものであるが,とくに強い影響を受けたのは,アメリカのT.ライトの研究(Wright [1997])であった。アメリカにおいては「アンダークラス」として病理的な側面が強調されやすいホームレスについて,ライトは「彼らの貧困」としてこれを捉える社会の価値体系に注目し,ホームレスの外観への嫌悪や公共空間をめぐる社会的抗争は,結局社会自体の価値の反映であり,それをどのようにホームレス自身の活動から打破しうるかを考察した。筆者は,ホームレスが社会経済的

な原因からつくりだされるということを強調することは大事なことだと思っているが、同時にそればかり強調したからといって問題解決に結びつくとは限らない。「ホームレスであること」はなぜ排除されやすいのか、彼ら自身はどうしたいと思っているのか、その点を明らかにすることなしに、解決策はありえないと考えたのである。

インタビューの分析と結果の構成については、先のライトのほか、P. ウイリスの名著『ハマータウンの野郎ども』(1985年) の影響を受けた。ウイリスは、貧困から導かれる文化やその中に育つ若者の将来に対する「洞察」が、貧困を打開する道をかえって「制約」していくことを参与観察とインタビューで構成している。伝統的な貧困研究において槍玉にあげられる「貧困の文化論」を新たな形で位置づけ、客観的な社会経済要因のみから貧困を描くことの一面性、とりわけ貧困の中で暮らす人々の考えを含んで分析する必要のあることを鮮やかに描いて見せたこの著作は、ホームレスのインタビュー調査において大いに参考になった。

具体的には、ライトが強調するホームレスとしてのアイデンティティの醸成がどの程度なされているかに分析の焦点を当てたが、ここではそうしたものがつくりだされているはずだという予断をもちこまず、むしろそのアイデンティティへの「同調」と「抵抗」、逆に「世間」への「同調」と「抵抗」という二重の概念装置を用意して分析することにした。結果的には、日本のホームレスは世間とホームレス仲間への「同調」と「抵抗」を行ったり来たりしながら、必ずしも「ホームレスである自分」を基盤においてそこからの脱出を描くというよりは、「あきらめ」の方向へ行きやすいという結論を導くことになった。

残された課題

本研究の焦点は問題論の第1レベルであり、同時に福祉国家の諸制度批判であった。

またこの第1レベルの問題認識については，インタビューという手法を生かすために，ホームレスの人々の経験や考えに主眼をおいた。それはともすればホームレス問題は単に路上での困窮や迷惑として扱われ，公共空間からの締め出しや施設収容による解決策に結びつきやすく，またそれが失敗に終わりやすいという政策への批判＝第3のレベルを念頭に置いたからであった。

しかし具体的な政策への踏み込んだ批判や提案は，ホームレスの全体像についての「客観」的把握に基づかない限り，なかなか難しい。この研究で踏み込んだホームレスの人々の主観的世界は，ホームレスについての客観的世界と一体的に取り扱うことによって，はじめて生きてくる。この課題はその後，当時の厚生省の予算で行われた東京および大阪の量的調査，および全国調査によってクリアされることになる。東京の量的調査を担当した筆者は，この路上レベル，施設レベルの2つのデータによって，ホームレスの3つの類型を明確に描くまでに至った（都市生活研究会［2000］，岩田［2004］）。これらの類型は，じつはすでにインタビュー調査でも示唆されているのであるが，筆者自身がこれを意識し，分析の用具として，あるいは政策提言の基礎として使う段階にはなかった。もし研究の順序が逆だったら，このインタビュー調査の分析の仕方も変わっていたに違いない。

Lesson 14 外国研究・国際比較研究

外国研究者との協力による子育ての経済支援策の評価

　昔から日本人は，自分たちの外の世界に関心をもち，海外との交流を行い，異なったライフスタイルを上手に吸収し，自分たちの生活・文化の一部としてきた。現在でも多くの人が海を渡り，家の中は輸入品で溢れ，街ではさまざまな国の料理を楽しむことができる。
　日本の社会福祉制度も，これまでの長年にわたる外国との関わりによって，現在の形になっている。21世紀になって，さらなる情報技術の進歩や人・モノの国境を越えた移動の拡大など「国際化」が急速に進む中，社会福祉研究において外国と関わることの意味は何か，外国研究・国際比較研究の手法・課題とともに考えてみたい。

国際比較とは

「国際化」は日常頻繁に耳にする言葉の1つである。しかし、日本人にとって外国との付き合い方はまだまだ手探りの部分が多く、社会福祉の世界もその例外ではない。筆者の個人的な経験として、日本で外国の話をするとその反応として、「日本は遅れている、このままではいけない」という声や、あるいは逆に「海外の話を聞いても役に立たない」「文化が異なるから意味がない」という声を聞くことがある。こういった声には、日本人の「外国のものに対する複雑な思い」が色濃く出ているが、これは明治維新以来の社会全体の風潮と共通するものかもしれない。

たしかにこれまで日本における外国研究の中には「進んだ海外の仕組みを日本に取り入れるための研究」があり、その背景に「日本は遅れている」という意識があったことは否定できない。また、そういった意識が、「外国もの」に対する感情的な反発を招いたり、「経済的発展を遂げた現在、日本が学ぶものは何もない」と考えたり、「日本独自のもの」へのこだわりに転化することもあっただろう。しかし、これらはすべて「社会福祉の研究」をするうえでまず避けなければならない態度である。はじめに、「外国研究」の意義を再確認したい。

1　外国研究の意義

筆者らが外国の社会福祉の制度や実情を学ぶ意義として、少なくとも以下の4つをあげておきたい。

第1に、それぞれの国の歴史や文化、社会の状況などと合わせてその国がつくりだしてきた社会福祉の考え方や制度を理解するとい

うことである。日本の場合，他国から「輸入」してきた制度や概念が多い。ソーシャルワーク，コミュニティワーク，ケアマネジメント，アドボカシー，アカウンタビリティなどカタカナ語が多いのはその現れである。これらを十分に理解したうえで議論しようとするならば，その「オリジナル」について歴史的・社会的文脈とともに理解しておくことが不可欠である。その意味では，外国研究というものは程度の差はあれ，すべての研究者に求められているといってよい。

　これらは，ともすると「文化が違う」という議論に結びつきやすい。外国研究を進めていく過程で必ず登場する議論である。文化が異なることは当然である。しかし，少なくとも「どう違うのか」「どの程度違うのか」「どのような形で影響しているのか」を説明しなければならないだろう。さらに付け加えるならば，文化の差異というのは，国際間に限らず日本にも当てはまる問題である。東京など都市部の状況だけを見て日本全体の社会保障・社会福祉の制度政策を論じることに問題があることは言うまでもない。「文化」を持ち出して安易な結論づけをすることには慎重でありたい。

　第2に，海外の事例と照らし合わせることによって，日本の現状を相対化して理解するというものである。国際比較研究は，自分の姿を見るための鏡を提供してくれる。少子化や高齢化の現状はどの程度深刻なのか，日本における社会保障の規模が大きいのか小さいのかといったことは，他国と比較することで理解がいっそう深まるようになる。また，システムの構造の特徴も同様である。税を中心にしたシステムを構築している国（北欧やイギリス）などと比較することで，日本の制度における社会保険主義が明確になる。こういった場合には，日本との間での2国間比較よりも，複数の国を同時に比較することでさらに特徴と位置が明らかにできる場合がある。ま

た，同じようなシステム上の特徴をもつ国が見出せたり，特定の尺度に基づいてグループ化・類型化が可能になる。

ところで，相対化して位置を確認すると，今度は「優劣をつける」「ランクづけを試みる」のは人間のパターンである。たしかに，社会保障給付費や年金の額など数値化しやすい分野ではこういった比較は行いやすい。そして，これらは，「日本は遅れている」とか「日本のほうが進んでいる」といった勝ち負け論へとつながる可能性がある。ただし，これらは，すべての国が同じ方向をめざしているといった「福祉国家の直線的な発展観」に基づく考え方である点に注意しておく必要があるだろう。同じコースを横並びで走っているのでなければ，競争は成立しない。先に述べたとおり，それぞれの国は，歴史的文化的背景を踏まえて現在の制度を選択しているのであり，外国研究では，それぞれの国の特徴を明らかにすることにまず意義を見出すべきであろう。さらに，社会福祉，福祉サービスの場合には，質についての議論を伴うことから，もともとランクづけすることは簡単ではない。

第3に，「他国の経験から学ぶ」という点である。これは古くから存在する姿勢であり，かつて制度や概念を輸入してきた日本の基本的な態度である。もちろん現在においても「優れたものを取り入れる」ことを否定するべきではない。同時に，「失敗したものを取り入れない」ことにも注意を払うべきであろう。経済の停滞，失業の増加，家族の多様化といった現象は，他のいくつかの国でも経験されてきた変化である。その際に，どういう取り組みが行われたのか，何がうまくいって何がうまくいかなかったのか，を明らかにしておくことには依然として意味がある。他の国での失敗をむざむざ繰り返すことは避けなければならない。外国研究を進めていくことは，その一助となるはずである。

第4に,「国際化」そのものを理解するという点である。経済が国際化し,人が国境を越えて移動するようになっている。また,バブル以降の不況の長期化,外資系企業の進出等により,年功序列や終身雇用など日本型経営の手法などが大幅に見直されるようになってきた。各国がそれぞれ維持してきた制度がある一定の方向へと収斂していく可能性があるが,社会福祉の分野についてはどうかを見極めなければならない。また,日本の社会自体が急速に国際化し,多様な文化や価値観を内包していることを念頭に置く必要がある。外国研究は,それぞれの国における国際化に伴う課題を明らかにするうえでも必要となっている。

2　外国研究の類型

　「外国研究」と一口に言ってもさまざまなものが存在する。「アメリカの児童福祉」「ドイツの介護保険」「イギリスの児童法」「イギリスの○○地区における○○実践」など,範囲や領域,マクロ・ミクロなどで無数にあるが,おおよそ次のような研究の類型がある。
　(1) 歴史研究　　それぞれの国で,社会福祉の理念や制度がどのように発展してきたかを捉えるものである。貧困観や社会保障の意義,社会権,自助と社会保障の関係,社会福祉における公と民,ボランタリー・アクションなど,国を越えて共通するテーマである。文献や当時の記録を中心に研究を行うことになる。直接対象とする事柄だけでなく,それを取り巻くその国の時代性も含めて理解することが必要である。
　(2) フォーマルな部門・制度研究　　それぞれの国の社会保障や社会福祉の制度を検証する研究である。年金,手当,医療,介護,

保育などの制度の研究などがあげられる。具体的なサービスの提供の仕組み，内容，費用，提供者などが含まれる。制度の仕組みや構造だけでなく，それがその国で生活している一般の人にどのような影響があるのか，負担やアクセスの度合いはどうかという点はもちろんのこと，サービスの水準にも言及することが求められている。

(3) インフォーマルな部門・民間活動などの研究　地域における民間，おもに非営利組織の活動なども興味深いテーマである。フォーマルな制度に対して，民間活動などの果たしている役割と重要性，ミッション，その活動の内容，関わっている人々，組織の運営や財政，公的部門との関係，について明らかにすることには意義がある。事例研究的な様相が強くなる場合があり，全体像の中で，相対化して捉える必要がある。また，「公」「民」という概念自体，それぞれの国でどう捉えられているのか，まず整理する必要がある。同様に，近隣組織や家族についても理解が必要になる場合が多い。これらについては，社会学や文化人類学の分野で蓄積がある場合も多い。

(4) 自治体や分権化，政策策定と市民参加　社会福祉制度の背骨を構成するものとして，国と地方自治体の関係，地方自治体の仕組みに焦点を当てた研究は不可欠である。社会福祉制度のガバナンス全体を捉えることで，フォーマル，インフォーマルの部門の果たしている役割がいっそう理解できるようになる。また，自治体や分権化の議論は，同時に「自治」や「市民参加」と直接関係するテーマであり，それぞれの制度が，どういう政治・市民参加のプロセスで形成されてきたかを検証することは重要である。

3 国際比較研究

　これまで述べてきた外国研究では、たとえ一国研究であっても、意識的・無意識的に自国との比較の要素が含まれている。特定の国について研究するだけでなく、複数の国と比較して各国の相対的な特徴や位置を明らかにすることを主目的とする研究を国際比較研究と呼ぶ。国際比較研究は、比較そのものを最初からめざし、そのための手法や尺度を用意して行うものと考えてよい。

　社会福祉に関する財政支出のGDP比など、経済的なデータの比較は、比較的早くから行われてきた。また、近年では「脱商品化」などの指標をベースに福祉国家諸国を「自由主義」「保守主義」「社会民主主義」の3つの類型に分類したG.エスピン-アンデルセンによる研究がよく知られている。この1990年のエスピン-アンデルセンの研究に対する批判として提起されたのは、ジェンダーの視点が不十分というものであった。男性のフルタイムの雇用者に焦点を当てた研究だけでは、その国の福祉国家の水準を明らかにしたとは言えないというものであり、その後、「脱家族化」などの指標の重要性が確認されている。社会福祉に関していえば、とくに「国家」と「それ以外」(「家族」や「地域」)との間に位置するものであり、この領域の分析なしで福祉国家の国際比較研究は成り立たないと考えることができる。すなわち、家族などのインフォーマルな部分がどの程度、個人のニードの充足に関して役割を果たしているのか(あるいは、国家などフォーマルなシステムがそれを行っているのか)を明らかにすることが重要になっている。

　さて、比較を行う場合には、比較を行う基準・尺度を決めること

が大事である。「日本人はおにぎりを食べ，イギリス人はサンドイッチを食べ，アメリカ人はハンバーガーを食べている」(少々乱暴だが) としてみよう。それをただ説明するだけなら，「そういう文化なのか……」ということで終わってしまうだろう。比較研究を一歩進めるのであれば，研究者の関心に適合するように，なんらかの尺度が設定されるべきである。たとえば，上記の場合であれば，一食あたりのカロリー数であるとか，一食あたりの費用がその国の平均所得の何％になるのかなどが考えられよう。

　しかし，この分野において，比較の尺度や方法が確立しているわけではない。これはおもに「サービス」の比較の困難さに起因する。年金などの現金給付の場合と違って，福祉のサービスでは質の問題を取り扱わなければならないからである。さらに，サービスの提供者をめぐる比較も容易ではない。ボランタリー組織のサービス供給面だけに焦点を当てるだけでは，ミッションや社会性などについての研究が不十分ということになりかねない。同じ土俵に乗せること自体がたいへん難しいということを理解しておく必要があるだろう。

4　外国研究の手法

　「外国研究」といっても，フィールドが海外であることや，コミュニケーションのツールが外国語になるという点を除けば，特別な手法が用いられるわけではない。本書の他の章で説明されている研究方法は，基本的にすべて応用可能と考えてよい。この章では，外国で研究を行う場合に注意すべき点について若干述べることにする。

> 文献を通じて

　文献研究はどのような場合にも基本である。それぞれの国の研究者による論文等を読む

ことがまず第一歩である。まず、それぞれの国の学会誌や学術専門誌の中から、自分の関心に当てはまる論文を探す作業が必要になる。この作業自体は、日本の他の研究ととくに異なるところはない。制度・政策を研究する場合には、根拠となる法律やこれを審議した議会や委員会の議事録、公的機関等の報告書などから接近することも重要である。これらから制度や政策の成立背景や論点を知ることができる。たとえばイギリスの場合には、グリーンペーパーやホワイトペーパーと呼ばれる公的な政策提言書や議案が発刊されている。これらは通しの番号がついているので検索しやすい。

　近年は、インターネットの普及や拡大などによって、多くの情報が日本に居ながらに入手できるようになった。学術系の情報源だけでなく、一般のメディアからの情報も有益である。一部のインターネット上のニュースサイトでは、「コミュニティケア」や「年金」などのキーワードを用いて過去の記事の検索が可能である。これらは、一般向けなので平易な言葉で解説しており、またこれに関連した記事を検索しやすいようにページが工夫されている。

　さらに、それぞれの国の制度の問題点や課題が一般の人々にどのように伝えられているのか、また世論はどうなのかといった点についても、外国人にも理解しやすいものとなるだろう。また、専門職団体や利用者の支援団体やセルフヘルプ・グループなどもホームページを立ち上げている。これらは、潜在的な利用者を念頭において情報提供をしているのでわかりやすい。「～で困った場合には」とか「～を利用するためには」といったQ＆Aのコーナーなどがとくに役に立つ。さらに、これらを通じて得られる英語の表現や単語なども将来的には重要な資産となる。

　文献を用いる場合に注意したいのは、日本で翻訳された資料だけを用いることは避けなければならないという点である。翻訳の作業

の過程で、翻訳者自身の解釈が入ったり、重要な点が見落とされていたり、文脈が切断されてしまう場合があるからで、翻訳や解説されたものだけではなく、必ず原典に当たるべきである。

さらに、当然のことながら、政府による公式文書には、制度・政策の欠点や影響が記述されているとは限らない。そもそも、論者によって意見は大きく異なることが多い。その国や社会で生活していないのであれば、新聞や雑誌などの記事から制度や政策について、社会的にどう評価されているかをフォローアップしておく必要がある。とくにインターネットだけを頼りに文献を収集した場合には、民間団体などについても大きな組織だけに偏ることがあり、批判的な意見や少数派の意見を入手できない場合があることに注意しなければならない。

> 国際機関のデータや資料を活用する

高齢化率や出生率などの人口動態やGDPや社会保障に関する支出などは、各国の社会福祉制度を研究するうえでもっとも基本的な情報であり、チェックしておく必要がある。これに関しては、国によって統計の定義が異なる場合が多いという点をあらかじめ覚悟しておく必要がある。言い換えれば、日本と比較すること自体が容易ではないということである。たとえば、日本の場合には、人口1000あたりの離婚の数のデータがよく用いられるが、ヨーロッパ諸国では、基本となるのは婚姻人口1000あたりの離婚の数であり、また、有子世帯全体に占めるひとり親世帯の割合といったデータもよく用いられる。また、福祉の財政に関してよく日本で用いられる「対国民所得」というデータもヨーロッパ諸国ではほとんど用いられない。

比較研究を行う場合には、国際機関が整理しているデータを用いることが有益である。同じ定義で集約されていれば比較することが

容易となる。国連やOECDなどの国際機関がさまざまなデータを公表している。また,テーマごとに報告書なども発刊されているので,まずは利用したい。

> 海外でのフィールドワーク

外国研究をするのであれば,その国を訪れるのが研究者としての基本的な姿勢であろう。たしかに,近年のIT等の技術の発達によって,外国の情報へのアクセスは格段に向上した。しかし,その社会全体のもつ「温度」や「匂い」,一般の人々の日常生活の中での社会福祉の位置づけといったものは,実際に行ってみなければ(さらに言うと実際に暮らしてみなければ),わからないものである。もし,来日したこともない海外の研究者が,「日本の社会福祉は……」と語るのを耳にすれば,おそらく私たちは違和感を覚えるに違いない。その逆を筆者らが行うことがないよう心がける必要があるだろう。実際の経験を踏まえた言葉がもっともよく響くのである。

調査を実施する場合には,その手法自体は,日本で行うものと基本的に同じである。聞き取り調査を行うのであれば,さまざまな形のものが想定される。その領域の専門家に話を聞くことは重要であるし,歴史研究であれば,当時の事情をよく知る人から話を聞くことも理解を進めるうえで有益である。また,そのテーマの現状や課題について地方自治体の担当者や施設職員などから話を聞くことも考えられる。ここで注意したいのは,どこか特定の地域がピックアップされ,それについて論文等で紹介された場合に,後から研究に取り組む者たちが,同じところを訪問するケースが多くなるということである。その国全体を理解するうえでは,広くさまざまな地域を対象に研究を行うことが重要であろう。

また,同時に複数の国で,同じ調査票を配布して比較研究するよ

うな場合では，日本語で作成したものを英語に変えて実施することも考えられるが，その意味や文脈が，相手の言語に100％転換されているかどうかに気をつけなければならない。たとえば，日本語では「曖昧」な表現であっても回答者が理解できる場合があるが，英語の場合では意味を明確化しないと伝わらない場合が多い。まず，事前に，ネイティブの人と一緒に慎重にチェックする必要がある。

　　整理の仕方，まとめ方　　海外の研究を行った場合に，それをどのようにまとめるかも重要な点であるが，基本的に注意すべき点がいくつかある。

　第1に，いわゆる「紹介型」の研究にとどまらないようにするという点である。「～では」という形での見聞記録ではなく，その中身を個人の視点や尺度によって分析し，見解を提示することが重要である。

　第2に，断片的な説明に終わらないようにするという点であり，少なくともその国のシステム全体について言及しておく必要がある。たとえば，サービスの利用料がかかるとしても，年金など所得保障のシステムが充実している場合もあるし，給付額が少なくても住宅や医療が保障されている場合もある。本来，福祉サービスの一部分だけを他の制度，たとえば住宅や所得保障，医療などから切り離して論じることはできないのである。もちろん，個人の研究において，その国のシステムすべてを論じることはできないが，システムの構造上の特徴については言及しておく必要があるだろう。また，制度ごとの分析は，現実の生活を分断してしまう可能性がある。

　第3に，社会福祉の研究では，その国の生活者の姿がイメージできるものにすることが重要である。実際に生活している人間にとって，それを取り巻く制度がどのような形になっているかを示すべきである。たとえば，「自治体の条件整備団体化が進んでいる」とか

「GDP比で日本より○％以上高い」と言われても,まずピンとこないのではないだろうか。

　生活者を取り巻く制度の現状を把握し,説明しようとする場合,どのような方法が考えられるのであろうか。1つの方法として,日本と同じ状況を設定し,そのケースがA国やB国ではどのように扱われるのかを調べて説明してみることが,各国の社会福祉制度の特徴を比較検証するうえでわかりやすい。たとえば,「70歳で公的年金の平均額だけで生活している高齢者が,日本で言うところの要介護度1の状況になった場合に,どのようなシステムからどのようなサービスが得られるのか,その場合の負担はいくらか」等を研究対象としている国について調べてみるといった方法である。

5　国際比較研究の例
●子育て支援策の比較

　研究の位置づけ　さて,ここで,筆者自身の経験も含めて,国際比較研究の一例を示しておきたい。筆者自身が,これまで取り組んできた「外国研究」の中に,「子どもをもつ家庭への経済支援策の国際比較研究」というテーマがある。近年,少子化が急速に進行するなか,日本では子育て支援のためのさまざまな施策が実施され,保育サービスの整備と児童手当などの直接的な金銭給付にとくに焦点が当てられている。程度の差はあれ,少子化は他の先進国においても見られるが,「日本の子育て支援は,どういった特徴があり,どの程度の水準なのか」ということを明らかにするためには,国際比較が必要になる。

　「子育ての支援策」を比較するうえでは次の点に注意しなければならない。第1に,「子育て支援策」といっても,児童手当,児童

に関する税控除,保育,育児休業など多岐にわたり,1つの施策だけを取り上げて比較しても全体像をつかんだことにはならない。たとえば,手当などの「給付」ではなく,「税控除」を中心に支援を行う国もある。また,手当の額が,保育などの費用に見合った額でなければ,家計面でのマイナスが拡大するなど,十分な支援がされていないということになる。

つまり,A国では,児童手当は日本円で1万円,B国では1万5000円といった形で,児童手当だけを取り上げてその額を比較するだけでは不十分ということである。同様に,児童手当など家族関連「給付」総額のGDP比を比較する方法では,子どもの割合の小さい国では支出総額自体が少なくなるなど人口構造などに大きく影響されたり,税の控除や保育サービスの自己負担などの額がカウントされないなど,やはり限界がある。比較研究においては,複数の施策を一体的に取り扱うことが求められている。

第2に,家族に関する政策は,家族のタイプによって大きく異なることがあるという点である。多子家族に力を入れている国もあれば,母子世帯に対して手厚い施策を展開している国もある。このため,「子育て支援策」については,家族形態別に比較分析する必要がある。また,物価水準の違いなどをどう考慮するかも課題である。

これらは比較対象とする国の数が増えるほどいっそう複雑となる。しかし,比較研究では,一定数以上の国を含まない限り全体的な傾向がつかめない。比較研究の意義は,他国の経験から学ぶだけでなく,自国の位置を再確認するところにある。

研究の手法

これらの課題をクリアするためにさまざまな試みが行われてきた。以下に取り上げるのは,イギリスのヨーク大学を研究拠点とした「子どもがいる家庭への経済的支援策の比較研究プロジェクト」である。これは,研究

者のネットワークをベースに，共通の条件下での特定の家族状況に対する福祉制度の適用状況，たとえば，「その国の平均所得を得ている父親と専業主婦の母親と7歳の子ども1人からなる家族」に対して，適用される税控除，児童手当，教育，保育，医療，住宅などの「支援パッケージ」をシミュレーションして比較するのが目的である。

実際には，各国共通の所得水準別に複数の家族形態が複数設定される。次に，それぞれの家族に対して各国の税控除や社会保障給付を当てはめ，保育コストや住宅コスト，教育コスト，医療コストなどを換算・控除する。保育費については，それぞれの国でもっとも用いられている保育サービスを終日用いた場合の費用を計上する。教育費については，公立学校に就学する場合にかかる諸費用を含む。医療費については，「それぞれの家族メンバーが年に一度，一般医の診察を受け，抗生物質を処方してもらった場合」など複数のケースを想定し，その場合の自己負担額が計上される。

各国のこれらの子育て支援策全体（「支援パッケージ」と呼ばれる）の価値を最終的に手元に残った可処分所得の形で算出する（**表14-1**）。

次に，この可処分所得をベースに，各国の「パッケージ」の価値を比較する（**表14-2**）。この際には，可処分所得を直接比べるのではなく，それぞれの国の「子どものいないカップル」と「子どものいる世帯」との可処分所得の差を比較することで行う。すなわち，その差（＝子どもの分についての給付）が大きいほど，パッケージの価値は高いことになる。言い換えれば，水平的な再分配の視点に基づく尺度が比較に用いられている。

なお，比較については，児童手当などの給付と福祉サービスなどのコストのインパクトを区分して分析するため，パッケージの価値

表 14-1 パッケージ換算表の例

MATRIX July 2001 COUNTRY UK CASE 4:
One earner national average male earnings

	Single	Couple	Lone parent + 1 aged 2yrs	Lone parent + 1 aged 7	Lone parent + 2 aged 7 and	Couple + 1 aged 2yrs and 11
1. Earnings	2086	2086	2086	2086	2086	2086
2. Income tax	-342.82	-342.82	-279.17	-299.49	-299.49	-299.49
3. Employee social security contributions	-170.86	-170.86	-170.86	-170.86	-170.86	-170.86
4. Income related child benefit			0	0	0	0
5. Non income related child benefit			67.17	67.17	112.02	67.17
6. Gross rent	378	378	378	378	378	378
7. Net rent	-378	-378	-378	-378	-378	-378
8. Gross local taxes	47.71	59.91	47.71	47.71	59.33	59.91
9. Net local taxes	-47.71	-59.91	-47.71	-47.71	-59.33	-59.91
10. Childcare costs			-385.1			-385.1
11. School costs/benefits				0	0	
12. Health costs	-1.82	-3.63	-1.82	-1.82	-1.82	-3.63
13. Guaranteed child support (alimony/maintenance)			0	0	0	
14. other	0	0				

表 14-2 パッケージの価値

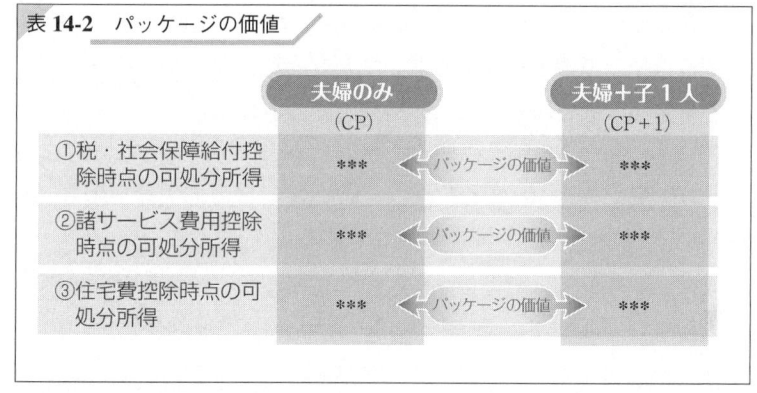

	夫婦のみ (CP)		夫婦+子1人 (CP+1)
①税・社会保障給付控除時点の可処分所得	***	←パッケージの価値→	***
②諸サービス費用控除時点の可処分所得	***	←パッケージの価値→	***
③住宅費控除時点の可処分所得	***	←パッケージの価値→	***

は，①収入から税，社会保険料，社会保障給付を給付控除した時点での可処分所得の差，②さらにそれから保育，教育，医療にかかるコストを控除した時点の可処分所得の差，そして，③住宅費にかかるコストを控除した時点の可処分所得の差という3段階で行う方法がとられている。

これによって，家族手当全額や保育サービスの料金など個別の施

策だけを比較するのではなく、複数の施策（税、社会保障給付、保育費用など）を一括して把握できることになる。

また、水準を比較する過程で、「児童手当が高い」「保育サービスが無料」といったそれぞれの国のパッケージの特徴を比較することができる。さらに、家族形態や所得水準別の支援策の実情が明らかにできる。こういった点は、これまでの社会支出の総額の比較では無視されてきた部分である。

加えて、多くの国を含む国際共同プロジェクトに用いやすいという長所もある。たとえば、2001年のプロジェクトでは、22カ国のデータの収集と算出については、各国ごとに1～2人の担当者が実施し、全体で約40名の研究者が関与している。すべての参加国に同じ条件を課して実施することがポイントであるが、あまり複雑で費用がかかる方法ではこれは不可能である。

なお、同研究拠点では1990年代前半から基本的に同じフォーマットを用いて数年間隔で比較分析を行っている（Bradshaw et al. [1996]、埋橋 [1997]、Ditch et al. [1998] など）。同一のフォーマットを用いることによって、時系列的な比較が可能となり、児童手当の拡大など制度改革の影響を考察することができる。

その一方、この手法にはいくつかの短所があることも指摘されてきた。第1に、一定条件下で、各種制度のすべてが利用される・機能するという前提で行われており、現実とは必ずしも一致しない場合がある。すなわち、知識、情報の不足、サービスの偏在や不足、スティグマ等でサービスへのアクセスが制限されるような状況は考慮されない。次に、サービスについてはすべてコストとして算出・比較されるので、サービスの質が考慮されない点である。たとえば低額で質の低い保育サービスが提供されている国と、高額であるが質の高いサービスを提供している国とを比較すると、コストが

安いほうが評価されるということになる。さらに，世帯単位での比較，実際の消費や貯蓄・負債を考慮しないといった点にも問題がある。

こういった点については，数値化された比較だけでなく，記述による補足的な説明が必要になる。上記の研究プロジェクトでも，パッケージのシミュレーションだけでなく，各国の人口，世帯の動向や，税，社会保険，児童手当，保育，医療，教育，住宅，養育費支払いの制度，出産・育児休業などの社会制度個々の概要と近年の政策動向について情報を収拾し，整理分析している。

> 結果の紹介

2001年の研究プロジェクトでは，22カ国について，9つの家族形態と8つの収入水準のケースに基づいて「家族」を設定し，それぞれについて，税・社会保障給付等換算時，諸コスト控除時，住宅費控除時の3段階でシミュレーションを行った。その組み合わせは相当な数になるので，ここですべての結果を示すことはできないので，そのうちの1つのケースだけを事例として示しておく。

図 **14-1** は，伝統的な男性稼得者モデル（平均収入のケース）のパッケージを主要12カ国について比較したものである。ここでは，夫婦＋子ども1人（7歳），子ども2人（7歳＋14歳），子ども3人（7歳＋14歳＋17歳）の3つを検討する。図は，税と社会保障給付等を控除した時点のパッケージの比較である。この時点ではどこの国もほぼ同様に子どもの数に従ってパッケージの価値が高くなる。ここでいうパッケージとは，子どもがいる家庭にどの程度所得を残すかを意味するものであり，その水準を子どもがいない夫婦世帯との差で示すものである。図表は，子どもをもつ世態のパッケージ（可処分所得）が，子どものいない世帯のパッケージ（可処分所得）に対して，何％程度上乗せされているのかという数値を示したものである。

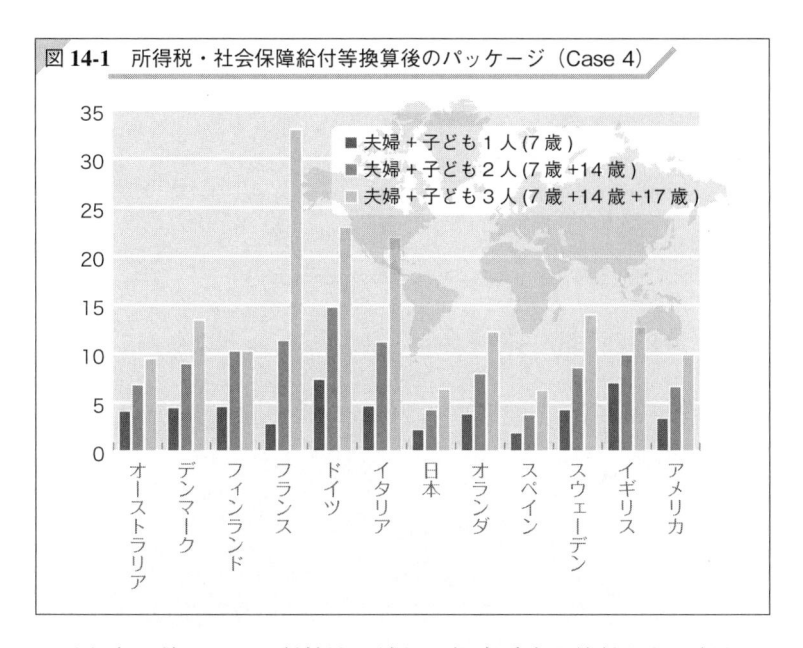

図 14-1　所得税・社会保障給付等換算後のパッケージ（Case 4）

凡例：
- 夫婦＋子ども1人（7歳）
- 夫婦＋子ども2人（7歳＋14歳）
- 夫婦＋子ども3人（7歳＋14歳＋17歳）

（国：オーストラリア、デンマーク、フィンランド、フランス、ドイツ、イタリア、日本、オランダ、スペイン、スウェーデン、イギリス、アメリカ）

　子どもの数によって税控除の適用，児童手当の給付などが行われるために，子どもの数に応じてパッケージの価値は上積みされることになる。たとえば，スウェーデン，デンマーク，イギリスでは，普遍主義的な児童手当による上乗せであり，オーストラリア，ドイツ，日本，スペインは税控除による支援である。イタリアやフランスでは，税と手当両方の支援が行われている。フランスで子ども3人のケースがとくに高くなるのは，普遍主義的児童給付に加えて，子ども3人以上の世帯に対して所得制限つき給付が行われた結果である。

　次に，そこから医療費と教育費を控除した後の水準について見てみたい（図 14-2）。いくつかの国では，税や社会保障給付によって上積みされていた可処分所得が減少する。たとえば，アメリカやオランダでは医療費によって，日本の場合はおもに教育費によって

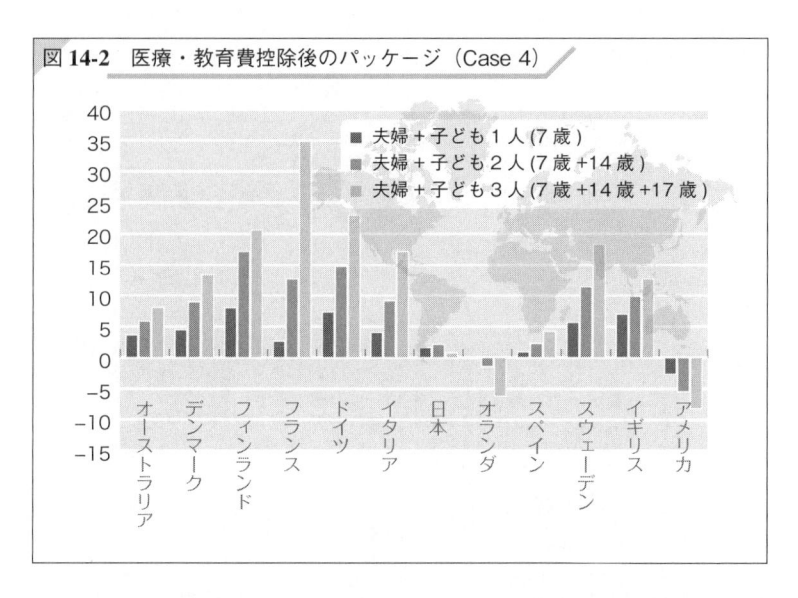

図 14-2 医療・教育費控除後のパッケージ（Case 4）

■ 夫婦 + 子ども 1 人（7 歳）
■ 夫婦 + 子ども 2 人（7 歳 +14 歳）
■ 夫婦 + 子ども 3 人（7 歳 +14 歳 +17 歳）

オーストラリア　デンマーク　フィンランド　フランス　ドイツ　イタリア　日本　オランダ　スペイン　スウェーデン　イギリス　アメリカ

パッケージの水準が下がる．もちろん，この時点から世帯人員が増えるに従って食費等の支出も増加するため，どの国においても，この可処分所得の差が最終的に維持されるわけではないが，すでに差が出ており，総じてフランス，ドイツ，北欧諸国などが高い水準にあり，日本はアメリカなどと並んで低い．

ところで，各国のパッケージは，家族形態や所得水準によっても異なる．国によっては低所得者向けのミーンズテストを伴う手当や一人親世帯向けの手当を用意している．また，就学前の子どもへの保育サービスのコストも換算される必要がある．このため，1つの家族形態だけを比較して，A国の支援策がB国の支援策よりも水準が高いと結論づけることはできない．たとえば，母子家庭の場合には，パッケージの水準は就学前の子どもの保育サービスのコストと母子家庭向けの給付や税控除に大きく左右される．母子に対するパッケージの分析は，今後の家族政策の比較研究において大きな位

置を占めるものであるが，ここでは省略する。

> 筆者の体験から

筆者は，イギリスのヨークに滞在していた1990年代後半にこのプロジェクトに関わる機会を得た。それまでの日本の研究者も含めた多くの先達たちの仕事を引き継ぐ形での参加であり，現在は，また新しい人たちがこのプロジェクトを引き継いでいる。各国の研究者がそれぞれの国について同じ作業を行ってデータを提出し，これらを分析するということ自体は興味深いことであり，数十カ国の比較といった個人研究では不可能なことを，国際的な共同作業で可能にしている。その一方で，自分が訪問したことのない国も含めて比較することには多少違和感もあるし，各国の細かい事情を考慮しないで，結果だけを分析することにはやはり限界があると考えている。筆者の場合，日本とイギリスの比較など事情がわかる国に絞ってデータを利用することが多い。

日本のケースを取り扱う場合に，いくつか問題点がある。先に，一定の条件下でのシミュレーションでは，必ずしも現実の状況と一致しない場合があると指摘したが，日本の場合にとくに問題となるのは，保育・教育に関連した状況であり，保育所の待機児童の問題や塾や家庭教師などの学校教育費以外の費用についてである。これらは，制度上は利用できるはずのサービスであったり，本来は必要とされないコストであるはずだが，現実には，とくに都市部においては子育てをしている家庭の大きな負担となっている。もしこれらの状況を踏まえると，さらにパッケージの価値が下がることが予想できる。日本のパッケージの水準が他の先進国と比較して高いとは言えない点は否定できないとしても，その程度を示すうえでは重要な点となる。また，日本の年功序列の賃金体系や社宅や企業による家族手当などの「企業福祉」の部分をどう評価するかも大きな問題

点である。また，住居費については各国の比較分析でもとくに問題となってきた。これは人口密度の高い日本を含めた比較研究をする場合に大きなネックとなるが，どう住居費を算定するかについては，現在も試行錯誤が続いている（2001年のプロジェクトでは，勤労者の平均所得の20％相当額を一律「住居費」として計上することとなったが，これにも問題がある）。

　このように短所や限界はあるものの，これらの手法が，手当や保育サービスなど個々の施策だけでなく，税，教育，医療などを含めて総合的に議論するための1つの土台を提供できることには変わりはないと思われる。各国の研究者みずからが，自分の関心領域や比較対象国の実情に合わせて手法をアレンジしていけば，「高齢者への経済支援」などさまざまなケースに応用しうるものである。また，個人で多国間の比較を行うことには限界があるが，対象国を2,3カ国に限定し，文献研究などを通じてその状況を踏まえ，包括的な比較研究を進めていくことは可能であろう。

6　これからの外国研究

　日本では，「少子化」の進展に伴って，各国の出生率の動向や児童手当などの子育て支援策への関心が高まりつつある。今後も社会福祉の研究において「外国研究」が占める役割は変わらないようである。

　これまで紹介してきたような手法は，制度の構造や水準を見定めるうえで参考となるものである。その際には，上記で紹介したようなデータの比較だけではなく，その制度の意味自体についてもう一度，外国研究を通じて再確認する必要があるだろう。たとえばイギ

リスでは,「子どもの貧困対策」の観点から経済的支援が拡大されている。子どもがいる世帯への支援策が検討される理由は,子ども時代の貧困が将来の貧困へとつながり,社会における貧困の再生産をもたらすことへの歯止めにあり,とくに母子世帯の貧困など家族の変化が直接的に生活を脅かすことに総合的な施策が求められている。一方,日本の場合は,児童手当に貧困対策としての役割が与えられているわけではなく,児童扶養手当の改革などのように,離別母子世帯の増加と財政難から低所得母子世帯への給付の削減が進められている。少子化対策とは違った角度,社会保障・生活支援の立場からの子育て支援策の議論が必要といえよう。

同時に,海外でも日本からの情報発信が求められている。介護保険など日本の高齢化の取り組みは,先駆的なものとして海外からも注目されている。日本的な社会福祉の概念をそのまま英語にしても,相手に伝わらない場合が多い。外国研究を通じて得る知識や,各国で用いられている概念や言語を用いて,相手に説明し,議論する姿勢が,これからの社会福祉の研究者には求められる。外国研究は,外から内への一方通行であってはならないことに,この分野での研究に取り組む人たちは注意しなければならないだろう。

また,アジア諸国を視野に入れた外国研究も重要である。これまでの外国研究・国際比較研究は欧米諸国に偏りがちであった。これからはアジア諸国のそれぞれの特徴,共通性,差異を明らかにすることが国際的に求められている。今後,海外の研究者と共同で研究するような機会が増えるものと考えられる。そもそも,海外の事例を取り扱うのに,すべて個人の力で研究を行うことにはおのずと限界がある。これからは,海外の研究者とのネットワークの構築が重要な課題となるだろう。

この章は「外国研究・国際比較研究」についての章であるが,実

際には，そのための研究方法自体は確立しておらず，新たな取り組みが続いている。今後は，社会学や文化人類学など，幅広い領域から必要な手法を確立していくことが求められている。

読書案内

① 高根正昭『創造の方法学』講談社現代新書，1977 年

　いわゆる社会科学の方法論を論じた名著。出版されたのは今から 30 年ほど前，著者は政治社会学者ですでに故人だが，この本の内容はいまだに輝きをはなっている。仮説や理論，データを用いることの意味，実験法や社会調査法などの特徴と意義がきわめて簡潔に紹介されている。ウエーバーの比較例証法などの説明は，今でもこの本がもっとも優れているように思う。入手が困難な場合には，古本屋の新書コーナーをのぞいてみると格安で見つかることがある。

② 浅井晃『調査の技術』日科技連，1987 年

　サンプリングなどの社会調査に関わる具体的な手続きをわかりやすく説明した教科書は意外に少ないが，本書はそうした中で名著として定評のある教科書。全体は 2 部に分かれていて，前半は「調査の技術」として調査の企画，さまざまな社会調査法，調査票の設計，実査から報告書の作成の過程までを解説する。前半もきわめて情報量が多いが，後半の「標本設計の技術」は標本抽出法の実際を知りたい場合にはぜひ目を通してほしい。

③ 古谷野亘・長田久雄『実証研究の手引き──調査と実験の進め方・まとめ方』ワールドプランニング，1992 年

　社会学と心理学の出身者が共同で著した量的データを取り扱う調査研究の入門書。こういった入門書は数多く出版されているので，みずから適したものを選んで読み進めていけばよい。そのような中で本書は，数式等の使用を最小限度に抑えており，いわゆる文系の人にも読みやすい内容になっている。社会学で主流の調査研究法である社会調査（サーベイ）と，心理学で行われる介入等の効果測定のための実験計画法についての解説が，1 冊の本の中に収められているのも特徴的である。

④ 武田丈『ソーシャルワーカーのためのリサーチ・ワークブック──ニーズ調査から実践評価までのステップ・バイ・ステップガイド』ミ

ネルヴァ書房，2004年

　実際に調査研究を実施する手順を，ワークブック形式にしたものであり，教科書的な解説は含まれていないが，むしろ社会福祉分野向けに最低限に解説されている事項の説明はわかりやすい。本書は，「フィールドワーク」（インタビュー調査），「質問紙調査」「実験計画法」「シングル・システム・デザイン」の4つの研究手法に対応したものとなっている。こういった手法を試みようとする調査研究のビギナーの人は，このワークブックで練習するのがよいかもしれない。

⑤ 古谷野亘『数学が苦手な人のための多変量解析ガイド——調査データのまとめ方』川島書店，1988年

　統計学の多変量解析についての解説書であるが，書名にもあるように，数式等を用いた数学的解説は大幅に省略されている。解説されている解析手法は，重回帰分析，パス解析，分散分析，多重分類分析，判別分析，ロジスティック回帰分析，対数線型モデル，因子分析，クラスター分析，数量化理論Ⅰ・Ⅱ・Ⅲ類といった，社会科学的調査研究での使用頻度が高いものである。こういった手法を使う目的と分析結果の読み方が示されているので，まずは多変量解析にチャレンジしてみたいという人にも最適である。

⑥ レイガン，C. C.『社会科学における比較研究——質的分析と計量的分析の統合にむけて』鹿又伸夫監訳，ミネルヴァ書房，1993年（原著1987年）

　事例研究にはケース数が多すぎるが，計量的研究には少なすぎる，という中規模データの分析法として注目されているブール代数分析の代表的なテキスト。ブール代数分析は政治学や社会学でかなり使われるようになってきており，社会福祉学においても可能性が期待される。ブール代数分析を理解するには，ブール代数の演算規則などを扱う2つの章を読めば十分だが，前半の比較研究の方法論も充実しており，とくに政策を国際比較する場合などの「観察単位」「説明単位」などの概念は傾聴に値する。遺憾なことに翻訳は絶版であるが，内容は非常に明快かつ整理されており，一読を勧める。手に入らない場合には，鹿又伸夫・野宮大志郎・長谷川計二編『質的比較分析』ミネルヴァ書房，2001年が，ブール代数分析の解説書としては有用である。

⑦ 平山尚・武田丈・藤井美和『ソーシャルワーク実践の評価方法——シングル・システム・デザインによる理論と技術』中央法規出版，2002年

　支援や介入の効果を評価する手法の1つであるシングル・システム・デザイン（SSD）の解説書であり，おそらく社会福祉分野では唯一のものであろう。単なるSSDの解説に終わらず，社会福祉分野における評価の必要性から始まり，「測定」の概念および手法の解説が含まれ，最後には評価結果のレポートのまとめ方まで示されている。SSDは，とくに現場での実践においてさまざまな場面で適用できる応用性を備えているので，社会福祉関係者に広く読まれるのが望ましい。

⑧ 樋口美雄・太田清・家計経済研究所編『女性たちの平成不況——デフレで働き方・暮らしはどう変わったか』日本経済新聞社，2004年

　計量的な方法を用いた研究のモデルとして推薦したいのがこの本。日本のパネルデータとしてはもっとも著名な，家計経済研究所の「消費生活に関するパネル調査」のデータを用いて，計量的な方法によって平成不況（デフレ）が人々の生活に与えた影響を分析したもの。2名の編者は経済学者であるが，社会福祉学者や社会学者も参加して分析が行われている。計量的方法をどのように研究に生かすか，という点で参考になるはずだが，それ以上に内容が興味深く，あまり統計学に詳しくなくとも楽しく読める。

⑨ 岩田正美『ホームレス／現代社会／福祉国家——「生きていく場所」をめぐって』明石書店，2000年

　社会福祉学の分野で，事例データを用いつつ，実質的な理論を構築した貴重な業績として，多方面から高い評価をうけているのがこの本。最初の議論はやや難しいが，東京都内のホームレスからの聞き取り調査の結果から見事にその抽象化・一般化がなされ，「ホームレスがホームレスをどのように見ているのか」「自らが排除される論理を，自ら肯定してしまう」といった本質的かつ重要な問題が論じられ，そうした中で社会福祉制度の意義，福祉国家の課題が論じられる。何度でも読んで考えてほしい一冊。

⑩ 木下康仁『分野別実践編グラウンデッド・セオリー・アプローチ』弘文堂，2005年

木下［1999］(*Lesson7* 引用参考文献参照) が提唱する「修正版グラウンデッド・セオリー・アプローチ」(M-GTA) を実際に適用した研究例の報告集である。掲載されているのは，居宅高齢者の生活支援，地域看護，老年看護学，作業療法，臨床心理学，学校保健，障害児をもつ母親の意識変容といったさまざまな分野や内容となっている。本文でも述べたが，グラウンデッド・セオリー・アプローチは，このような実際の適用例を知ることによって，手法としての真価が理解できるように思われる。M-GTA に興味がある人は，解説本よりもむしろこちらを先に読んだほうがいいかもしれない。

引用参考文献

Lesson 3

平岡公一［2005］,「介護保険サービスに関する評価研究の動向と課題」『老年社会科学』27(1), 65-73頁

Hart, C. [1998], *Doing a Literature Review : Releasing the Social Science Research Imagination*, Sage.

Lesson 4

小森陽一監修［2003］,『研究する意味』東京図書

高橋順一・渡辺文夫・大渕憲一編［1998］,『人間科学研究法ハンドブック』ナカニシヤ出版

谷岡一郎［2000］,『「社会調査」のウソ──リサーチ・リテラシーのすすめ』文藝春秋

戸田山和久［2005］,『科学哲学の冒険──サイエンスの目的と方法をさぐる』日本放送出版協会

日本発達心理学会監修［2000］,『心理学・倫理ガイドブック──リサーチと臨床』有斐閣

久田則夫編［2003］,『社会福祉の研究入門』中央法規出版

広田伊蘇夫・暉峻淑子編［1987］,『調査と人権』現代書館

Lesson 5

小林良二［2004］,「介護支え合い相談の推移と相談員の課題」『介護支え合い相談・研究事業報告書2003年度』

小林良二［2004］,「横浜市福祉調整委員会とその活動について」『行政苦情救済とオンブズマン』13

末田千恵［2005］,「在宅高齢者の看取りにおける2つのチームアプローチ」『日本看護学会論文集──地域看護』36, 日本看護協会出版会

調布市高齢者福祉推進協議会［2002-05］,『苦情等の情報収集総括票』

渡辺裕子［1992］,「タイムスタディ調査活用による特別養護老人ホームにおける介護のシミュレーション」『社会福祉学』33 (2)

Lesson 6

石原邦雄編［2004］,『家族のストレスとサポート』放送大学教育振興会

佐藤博樹・池田謙一・石田浩編［1999］,『社会調査の公開データ——2次分析への招待』東京大学出版会

マートン, R. K.［1961］,『社会理論と社会構造』森東吾ほか訳, みすず書房

Link, B. G. and Phelan, J. [1999], Labeling and Mental Illness, C. Aneshensel and J. C. Phelan (eds.) *Handbook of the Sociology of Mental Health*, Kluwer Academic/Plenum Publishers.

Lesson 7

内田治・菅民郎・高橋信［2005］,『文系にもよくわかる多変量解析』(増補改訂版) 東京図書

木下康仁［1999］,『グラウンデッド・セオリー・アプローチ——質的実証研究の再生』弘文堂

木下康仁編［2005］,『分野別実践編グラウンデッド・セオリー・アプローチ』弘文堂

古谷野亘［1988］,『数学が苦手な人のための多変量解析ガイド』川島書店

盛山和夫［2004］,『社会調査法入門』有斐閣

高野陽太郎・岡隆編［2004］,『心理学研究法』有斐閣

田部井明美［2001］,『SPSS完全活用法——共分散構造分析（Amos）によるアンケート処理』東京図書

藤本隆宏・高橋伸夫・新宅純二郎・阿部誠・粕谷誠［2005］,『経営学研究法』有斐閣

堀洋道監修［2001］,『心理測定尺度集Ⅰ, Ⅱ, Ⅲ』サイエンス社

涌井良幸・涌井貞美［2003］,『図解でわかる共分散構造分析』日本実業出版社

Lesson 8

石川久展［2002］,「ケアマネジメントの評価」白澤政和・渡辺裕美・福富昌城編『ケアマネジメント』中央法規出版

石川久展［2005］,「在宅介護サービス提供業者に対する評価」杉澤秀博・中谷陽明・杉原陽子編『介護保険制度の評価』三和書籍

岡田進一［1999］,「評価技法」白澤政和・尾崎新・芝野松次郎編『社会福祉援助方法』有斐閣

菊地和則・山井理恵［2003］,「ケアマネジメント」『厚生労働省科学研究費補助金政策科学推進研究事業の介護サービス供給システムの再編成の成果に関する評価研究』
杉澤秀博・深谷太郎・杉原陽子・石川久展・中谷陽明・金恵京［2002］,「介護保険制度下における在宅介護サービスの過少利用の要因」『日本公衆衛生雑誌』49(5), 425-36頁

Lesson 9

エマーソン,R.=フレッツ,R.=ショウ,L.［1998］,『方法としてのフィールドノート——現地取材から物語作成まで』佐藤郁哉・好井裕明・山田富秋訳, 新曜社

Glaser, B. G. and Strauss, A. L. [1967], *The Discovery of Grounded Theory: Strategies for Qualitative Research*, Aldine de Gruyter.（後藤隆・大出春江・水野節夫訳［1996］,『データ対話型理論の発見』新曜社）

Lesson 10

桑田繁［2003］,『福祉・心理の臨床場面における治療効果に関する研究』関西学院大学出版会
芝野松次郎［2004］,『社会福祉実践モデル開発の理論と実際』有斐閣
武田建・立木茂雄［1981］,『親と子の行動ケースワーク』ミネルヴァ書房
津田耕一［1996］,「知的障害者への自立行動の形成」『行動療法研究』22(2), 43-56頁
津田耕一［2003］,「ソーシャルワークにみる行動療法アプローチの意義」『行動療法研究』29(3), 119-31頁
バイステック, F. P. ［1996］,『ケースワークの原則』尾崎新・福田俊子・原田和幸訳, 誠信書房
三原博光［1985］,「精神薄弱者小規模授産施設への行動変容導入の試み」『大阪府青少年問題研究』34, 65-178頁
三原博光［1988］,「重度精神遅滞者に対する自転車みがきの行動形成」『行動療法研究』14(1), 1-11頁
三原博光［2002］,「行動変容」「効果測定」黒木保博・山辺朗子・倉石哲也編『ソーシャルワーク』中央法規出版
三原博光［2006］,『行動変容アプローチによる問題解決実践事例』学苑社
ローマン, U. H.=ハルトマン, H.［1998］,『自傷行動の理解と治療』三原博光訳,

岩崎学術出版社

Bates, P. [1980], The Effectiveness of Interpersonal Skills Training on the Social Skills Acquisition of Moderately and Mildly Retarded Adults, *Journal of Applied Behavior Analysis*, 13, 237-48.

Cuvo, J. A., Leaf, R. B. and Borakove, L. S. J. [1978], Teaching Janitorial Skills to the Mentally Retarded, Acquisition, Generalization, and Maintenance, *Journal of Applied Behavior Analysis*, 11, 345-55.

Dorsey, M. F., Iwata, B. A. and Davis, P. A. [1982], Proctive Equipment, Continuous and Contigent Application in the Treatment of Self-injurious Behavior, *Journal of Applied Behavior Analysis*, 15, 217-30.

Empey, L. J. [1977], Clinical Group Work with Multi-handicapped Adolescents, *Social Casework*, 58, 593-99.

Hunt, J. G. and Zimmerman, J. [1974], Stimulating Productively in a Sheltered Workshop, *American Journal of Mental Deficiency*, 74, 43-48.

Karen, R. L., Astin-Smith, S. and Creasy, D. [1985], Teaching Telephon-answering Skills to Mentally Retarded Adults, *American Journal of Mental Deficiency*, 89, 595-609.

Kratochvil, M. S. and Devereux, S.A. [1988], Counseling Needs of Parents of Handicapped Children, *Social Casework*, 69, 420-26.

Lee, A. [1977], Groupwork with Mentally Retarded Foster Adolescents, *Social Casework*, 58, 593-99.

Lemieux, C. [2001], The Challenge of Empowerment in Child Protective Service: A Case Study of a Mother with Mental Retardation, *Families in Society*, 82(2) 175-85.

Lovaas, O. L. I. and Simons, J. Q. [1969], Manipulation of Self-destruction in Three Retarded Children, *Journal of Applied Behavior Analysis*, 2, 143-57.

Murphy, A., Pueschel, S. M. and Schneider [1973], Groupwork with Parents of Children with Down's Syndrome, *Social Casework*, 58, 593-99.

Nurse, J. [1972], Retarded Infants and Their Parents: A Group for Fathers and Mothers, *British Journal of Social Work*, 2, 159-74.

Polansky, N. A. , Boone, D. R., Desax and Sharalin, S. A. [1971], Pseudosticism in Mothers of the Retarded, *Social Casework*, 52, 643-50.

Proctor, E. K. [1976], New Directions for Work with Parents of Retarded Children, *Social Casework*, 57, 259-64.

Risley, T. R. [1968], The Effects and Side Effects of Punishing the Autistic Behavior of Deviant Child, *Journal of Applied Behavior Analysis*, 1, 21-34.

Scalon, P. L. [1978], Social Work with the Mentally Retarded Client, *Social Casework*, 59, 161-66.

Vuklich, R. and Hake, D. F. [1971], Reduction of Dangerously Aggressive Behavior in a Severely Retarded Resident through a Combination of Positive Reinforcement Procedure, *Journal of Applied Behavior Analysis*, 4, 215-25.

Lesson 11

高山恵理子 [1999],「医療機関における『枠組みとしてのチーム』の形成とその意義」『社会福祉学』39(2), 291-307頁

高山恵理子 [2000],「医療機関におけるソーシャルワーク業務の実証的検証――特定機能病院における『退院計画』援助の定着」『社会福祉学』41(1) 99-107頁

Lesson 12

荒川孝之・伊藤美樹・平野隆之 [2002],「住民参加による計画活動実践におけるプロセス研究――高浜市地域福祉計画策定モデル事業の事例から」『日本の地域福祉』16, 日本地域福祉学会

今村都南雄編 [2002],『日本の政府体系――改革の過程と方向』成文堂

右田紀久恵 [2005],『自治型地域福祉の理論』ミネルヴァ書房

岡村重夫 [1987],「地域福祉研究課題の回顧と展望」『日本の地域福祉』1, 日本地域福祉学会

坂田周一 [1996],「社会福祉計画論の系譜」定藤丈弘・坂田周一・小林良二編『社会福祉計画』有斐閣

坂野達郎 [1996],「計画の実施とモニタリング」定藤丈弘・坂田周一・小林良二編『社会福祉計画』有斐閣

武川正吾編 [2005],『地域福祉計画――ガバナンス時代の社会福祉計画』有斐閣

平野隆之 [1993],「コミュニティワークとしての『計画化』」右田紀久恵編『自治型地域福祉の展開』法律文化社

平野隆之 [2002a],「コミュニティワークの援助技術」松永俊文・野上文夫・渡辺武男編『新版・現代コミュニティワーク論』中央法規出版

平野隆之［2002b］,「コミュニティと福祉資源」平野隆之・宮城孝・山口稔編『コミュニティとソーシャルワーク』有斐閣

平野隆之［2002c］,「地域福祉計画をどう『編集』するか」『社会福祉研究』84, 鉄道弘済会

平野隆之［2003a］,「計画策定委員会の運営」高森敬久・高田眞治・加納恵子・平野隆之『地域福祉援助技術論』相川書房

平野隆之［2003b］,「実践プロセスからみた地域福祉援助技術」高森敬久・高田眞治・加納恵子・平野隆之『地域福祉援助技術論』相川書房

Lesson 13

岩田正美［2001］,「社会福祉における対象論研究の到達水準と展望――対象論研究の視角」『社会福祉研究』80, 27-33頁

岩田正美［2004］,「貧困になるリスク・貧困であることのリスク」橘木俊詔編『リスク社会を生きる』岩波書店

ウイリス, P.［1985］,『ハマータウンの野郎ども』熊沢誠・山田潤訳, 筑摩書房

都市生活研究会［2000］,『路上生活者生活実態調査』

Wright, T.［1997］, *Out of Place*, State University of New York Press.

Lesson 14

阿部志郎・井岡勉編［2000］,『社会福祉の国際比較――研究の視点・方法と検証』有斐閣

埋橋孝文［1997］,『現代福祉国家の国際比較――日本モデルの位置づけと展望』日本評論社

所道彦［2003］,「比較の中の家族政策」埋橋孝文編『比較のなかの福祉国家』ミネルヴァ書房

所道彦［2005］,「少子化社会対策と経済的支援――国際比較からみた日本的特徴」『少子化・家族・社会政策』社会政策学会学会誌第14号, 法律文化社, 52-74頁。

Bradshaw, J., Kennedy, S., Kilkey, M., Hutton, S., Cordon, A., Eardley, T., Holmes, H.and Neale, J.［1996］, *Policy and the Employment of Lone Parents in 20 Countries*, York, SPRU.

Bradshaw, J. and Finch, N.［2002］, A Comparison of Child Benefit Packages in 22 Countries, Department for Work and Pensions, *Research Report* No.174.

Ditch, J., Barnes, H., Bradshaw, J., Cammille, J. and Eardley, T. [1995], A Synthesis of National Family Policies in 1994, European Observatory on National Family Policies, European Commission / Social Policy Research Unit, York.

Ditch, J., Barnes, H. and Bradshaw, J. [1996], A Synthesis of National Family Policies in 1995, York, EU Observatory on National Family Policies, CEC.

Ditch, J., Barnes, H., Bradshaw, J. and Kilkey, M. [1998], A Synthesis of National Family Policies in 1996, York, EU Observatory on National Family Policies, CEC.

Esping-Andersen, G. [1990], *The Three Worlds of Welfare Capitalism*, Polity Press.

Esping-Andersen, G. (ed.) [1995], *Welfare State in Transition : National Adaptions in Global Economies*, Sage.

Esping-Andersen, G. [1999], *Social Foundations of Postindustrial Economies*, Oxford University Press.

Lewis, J. (ed.) [1997], *Lone Mothers in European Welfare Regimes: Shifting Policy Logics*, J. Kingsley Publishers.

UNICEF [2000], A League Table of Child Poverty in Rich Nations, Unicef Innocenti Research Centre, Florence, Innocenti Report Card No. 1.

索 引

●アルファベット

AB デザイン　215, 222, 228
ABAB デザイン　→反転実験計画法
ABCX モデル　125, 167
Social Artifact　150
SPSS　159

●あ 行

アカデミック・ハラスメント　70
アクション・リサーチ　100
アセスメント・データ　109, 110
アフター・コーディング　158, 166
アリストテレス　118
一元配置の分散分析　178, 181, 185, 189
一次資料　100, 142, 143
一次データ　201
一般仮説　118, 119
一般理論　123
因果関係　83
因果的説明　85, 117
因子分析　165
　確認的——　165
インターグループワーク　276
インターネット　24, 129, 150, 313
インタビュー　66, 100, 142, 146, 153, 243, 244, 299–301
　構造化された——　152
　自由な——　152
　半構造化された——　152, 153
インタビュー調査　64, 156, 159, 283, 295–98, 303, 304
インタビュー・データ　66
インタビュー・ノーツ　198–203
インフォーマント　197–203, 210
ウイリス，P.　303
エクセル　158
江口英一　293
エスピン-アンデルセン，G.　311
エディティング　157–59
演繹（法）　118, 119
横断型（的）データ　129, 130
汚染データ　66
オッズ比　187
オペラント技法　227
オリジナリティ　→研究のオリジナリティ

●か 行

外延的定義　80
回帰分析　163
外国研究　307–09, 311, 312, 315, 317, 326
介護保険サービスに関する評価研究　51
介護保険事業計画　110
介護保険制度　52

341

——の評価（調査）　178, 190
解釈　98–100, 102
解釈的アプローチ　98
解釈命題　113
回収標本　133
回収率　133
カイ二乗（χ^2）検定　161
介入期　221–23, 229
介入効果　217, 219, 222, 228
介入効果測定　220
介入方法　217
概念　79–81, 90, 96, 102–04,
　　117, 203, 205, 206, 209, 210, 212,
　　242, 286, 290, 292, 296, 301, 327
概念定義　80–82
科学　59, 62
科学的方法　115, 116, 118
学術研究　47
仮説　23, 80, 83, 90, 99, 101, 115
　　–19, 121, 133, 172, 246
　　演繹的——　122
　　記述的——　83
　　帰納的——　122
　　説明的——　83
　　操作的——　131
　　転想的——　122
　　統制的——　85
仮説検証　99, 133–35, 138, 172,
　　244
仮説探索　134
価値　13, 15, 85, 103
価値自由（価値中立性）　85
価値判断　69, 98, 284
価値命題　69

学会誌　43, 140
カテゴライズ　253
カテゴリー　203, 207, 209, 210,
　　212, 255
　　——の定義　103, 104
カテゴリー化　205, 209
ガバナンス　263, 264, 266, 270
間隔尺度　143, 144
観察　156, 157, 203
観察調査　159
観察データ　66
観察法　100
間主観的　77
関連係数　162
棄却　118
疑似効果　138, 139
擬似的関係　138
既存データの分析　291
帰納（法）　119, 120, 272
規範　11
基本統計　95
帰無仮説　136
客観的データ　299
キャリーオーバー効果　155
京大式カード　159
共同研究　70
共分散構造分析　164, 165
業務統計　108
記録　105, 291
　　——の作成　105
　　現場の——　252
グラウンデッド・セオリー　167,
　　168, 212
クラマーの V 係数　162

繰り返しデータ　129
グループ・インタビュー　154
グループフォーカス・インタビュー　281
グレイザー，B.　167
クロス集計　161, 174, 252
クロス集計表　161
クーン，T.　117
ケアプラン　178
　——に対する評価　182, 184
ケアマネジャー　178
　——に対する評価　182, 183
経過記録　111
計画空間　269-79, 281
計画研究　261, 263-65, 267, 274, 277, 279
計画策定　263, 268
計画策定現場　269, 270
計画の評価作業　268
経験的一般化　23, 120
経験的研究　119
経験的検証　118
経験的実在　78, 79
経験的妥当性　116-18
計量的研究　131, 139
計量的方法　118
ケース記録　291-94
欠損値　160
欠票分析　134
見解　69
研究　6, 22, 24, 25, 28, 76, 80, 249, 250
　——における価値関係性　59
　——における権利侵害　58

　——のオリジナリティ　35, 37, 46, 49, 55, 65, 69
　——の課題設定　103
　——の客観性　65, 67
　——の社会性　105
　——の評価　45, 49
　横断的——　191
　仮説演繹型——　119
　仮説検証型——　90
　仮説生成的——　90, 99
　縦断的——　191
研究課題　86-88, 93-95, 97, 99, 100, 142, 169, 171, 172, 243
研究計画　37, 49, 63, 65, 105, 107
研究計画書　172
研究計画審査　68
研究史　95, 97
研究書　95
研究単位　146, 149-52
研究データ　69
　——の開示　67
研究テーマ　38, 53
研究（調査）報告書　168
研究方法　97, 99, 141, 171
研究倫理　62, 70, 71
研究倫理委員会　71
研究レビュー　32-37, 55, 56, 169
言語　77
現実世界　6, 9-12, 15, 28, 91, 96, 98, 102, 268
検証可能性　123
現場　13, 20-22, 25, 26, 86, 105, 108, 113, 240, 243, 249, 250, 256, 257, 261-63, 267, 268, 272

言明　79
効果測定　11, 67
公共利用データ　129, 130
考察　65, 100, 232
構成概念　132
行動療法　215–19, 224, 225, 227, 236, 237
　　——による介入効果測定　220
　　障害者援助実践としての——　218
高齢者保健福祉計画　110
国際比較研究　307, 311, 317, 327
個人情報保護法　64, 70, 107
コーディング　93, 157, 158, 166, 167
コード　166, 291
コード化　108, 203, 205
コード・ノート　204, 206, 208
コード番号　202
個別訪問面接　202
個別面接記録　202
個別面接調査　212
コミュニティワーク　272
　　——実践研究　271, 277
コントロール変数　180

● さ　行

作業仮説　203
査読　41, 46, 48, 62, 68, 169
サービス担当者会議　111
差別用語　71
サンプリング　146, 167
　　理論的——　148
サンプルサイズ　133, 146, 147

参与観察　145, 157, 244
事業報告書　94, 95
事実　69
施設研究　289
自然科学　98
悉皆データ　293
実験計画　63
実験計画法　215, 220, 228
実験研究　64
実験的観察　157
実証研究　15, 16, 35
実証主義　100
　　——アプローチ　98
実施レベル　91
実践　6, 7
実践科学　85
実体概念　246, 247, 249, 258
実態調査　93, 100
質的研究　145, 147, 148, 172, 194, 199
質的研究手法　165–68
質的調査　17, 298
質的データ　143, 145, 157, 159, 160, 165, 166, 173, 185
質問紙　152, 154, 155, 158
質問紙調査　68, 146, 156, 158
指標　103, 244, 311
社会科学　98, 115
社会調査　63, 65, 66, 297
社会調査法　100, 118
社会的諸問題　212
社会的排除　121
社会福祉　10
社会福祉学　117

社会福祉研究　5, 7, 9-11, 285, 298
社会問題　117, 284
尺度　132, 133, 143, 312
　――の水準　144
重回帰分析　163
集計（アグリゲーション）　279
集合調査　155
修正ラベリング理論　121
従属変数　179, 185, 186
縦断型データ　129
住民参加　265
主観的世界　77
主観的な認識　79
樹状図（デンドログラム）　293
順序尺度　143, 144
障害者の直接処遇　217
情　報　99
情報カード　159
資　料　99
資料収集　146, 150-52, 294
事例研究　94, 148, 173, 295
事例調査　63, 65, 120
真偽の判断基準　116
審査つきの雑誌　212
進歩史観　117
信頼性　132, 229
ストラウス, A.　167
生活史調査　100
制御科学　85, 98
政　策　48, 50
政策科学　85
政策・実践と研究　54
政策対象論　294
政策評価　91

政策レベル　91
生態学的誤謬　149
制度研究　309
制度比較　295
政府文書　41
設定標本　133
説　明　83, 84, 100
先行研究　40, 44, 47, 55, 65, 68, 76, 80, 94, 95, 97, 103, 132, 179, 190
全米ソーシャルワーカー協会倫理綱領　59
相関係数　161
操作化　131
操作的定義　82, 83
相対主義史観　117
遡及的データ　130
ソーシャルワーク　16

●た　行

第 1 種の過誤　136
対象研究　294
対象論　286, 295
対人的な援助レベル　91
ダイナミック分析　293
第 2 種の過誤　137
タイムアウト　222
武田建　236
多重共線性　163
多層ベースライン実験計画法　220, 223
妥当性　133
多変量解析　146, 160, 162, 164, 174, 178, 180, 186
単一被験者計画法　67

単純集計　160, 178, 181, 184, 189
単純集計表　169
地域福祉計画　261, 262, 265, 270–74, 277–79, 281
　　　──のニーズ把握　279
地域福祉計画研究　266, 282
地域福祉実践の集計　281
中央値　161
中範囲の理論　123
調査　63
調査計画　63, 65
調査票　154, 169
調査報告書　41, 169
調整変数　180, 187
テクスト　145
データ　23, 26, 27, 64, 105, 113, 142, 203, 246
　　　──の作成　105, 106, 244
　　　──の正確性　157
　　　現場の──　256
データ加工　292
データクリーニング　159
データ収集　112, 199, 212
データセット　158
データ分析　109, 110, 212
データベース　108–10, 112, 289
　　　電子化された文献──　41, 42
テープによる録音　200
テーマ　86
転想　121
電話調査　156
問いの倫理性　61
統計　314
統計学　118, 139, 173, 174

統計的検定　136
統計的手法　168
統計的統制　138, 139
統計的に有意　136
統計データ　94
ドキュメント　145
特殊仮説　118–20
独立変数　180, 185, 187
図書館　24, 40–42, 150
度数分布　160
トピック　86
留置調査　155

●な　行

内包的定義　80, 81
2項ロジスティック回帰分析　178, 181, 187–89
二次資料　100, 142, 143
二次分析　151, 158
二重盲検（無作為割付）法　67
ニーズ　108–10
ニーズ把握・推計　277, 278
日本学術会議　170
日本社会福祉士会の倫理綱領　60

●は　行

媒介効果　139
媒介変数　119
媒介要因　84
パス解析　163, 165
パス図　164
パネル調査　17
パネルデータ　129, 130
『ハマータウンの野郎ども』　303

パラダイム　117
パラダイム転換　117
ハワード，J.　157
半構造（化）面接　201, 203, 298
反転実験計画法（ABABデザイン）
　　215, 220, 222, 228, 234
ピアソンの積率相関係数（γ）
　　161
比　較　14
比較研究　312, 314, 315
比較例証法　295
必要サービス量の将来推計　110
批　判　99, 100, 102
ヒヤリング　289, 291, 294
評　価　8, 11, 15, 52, 91, 99
評価調査　189
標　準　13
標準偏差　160
標　本　133
標本抽出　133, 134
比率尺度　143, 144
貧困概念　290
φ（ファイ）係数　162
ファイヤア　ベント，P. K.　117
フィールド（現場）　198, 199, 213
フィールド・データ　198
フィールドワーク　272
フォーカス・グループ・インタビュー
　　154
フォーマット　321
複眼的視点　12
福祉課題　91
福祉問題　48
不定住的貧困　286–88, 290, 292–
　　95, 301
プリ・コーディング　158
文　79, 80
文　献　23, 32, 38, 44, 46, 48, 52,
　　94, 96, 97
　英語の——　39, 40
文献研究　199, 312
文献探しのツール　51
文献・資料調査　63
文献目録　43
文献レビュー　95, 96
分析概念　246, 247, 249, 250, 258
分析基準　291
分析視角　37
分析モデル　36, 124
分析枠組み　100, 103, 252, 258
分　類　126
分類カテゴリー　126
　——の相互排他性　126
　——の包括性　126
分類コード　291
平均値　160, 161
ベースライン期　221–23, 228
変　数　131
母集団　118, 133, 134, 147, 300
ポパー，K.　117
ホームレス　296

●ま　行

マーケティング調査　156
マートン，R.　123
無作為抽出　133, 146, 147, 179
名義尺度　143, 144, 160
命　題　80, 117

記述的―― 123
　　説明的―― 123
命題化　115
メゾ研究　266
メゾレベルの調査　257
面接相談記録　107
面接調査　64, 198
面接データ　195, 205
面接内容　204, 206, 208
目標行動　225
モデル　23, 124, 125, 292
モデル化　272
森岡清美　82
問　題　7, 15
問題研究　283, 294
問題行動　225
問題＝対象論　285
問題論　284-86, 294, 295

● や　行

有意水準　136
有意（有為）抽出　134, 136
郵送調査　154, 155
予言の自己成就的行為　121
世論調査　156, 160

● ら　行

ライト，T.　302

リサーチ・クエスチョン　86
理念型　127
量的研究　143, 147, 172
量的調査　17, 100, 178, 181, 250, 298, 304
量的調査データ　177
量的データ　143, 157, 160
理　論　123
理論研究　15, 16, 35
理論構築　119
理論的分析メモ　205, 207, 208
理論モデル　124, 164, 168
理論枠組み　102, 179
倫　理　11
倫理的自己統制　63
倫理的配慮　198
類　型　126, 127
類型化　288
歴　史　16
歴史研究　293, 294, 297, 309
歴史的検討　286, 287
レビュー　76
レビュー論文　32-34, 43, 47-50, 52-54
論理整合性　116-20, 122

● わ　行

ワーディング　63, 155

● 編者紹介

岩田正美（いわた まさみ）
日本女子大学名誉教授

小林良二（こばやし りょうじ）
東京都立大学名誉教授

中谷陽明（なかたに ようめい）
松山大学人文学部教授

稲葉昭英（いなば あきひで）
慶應義塾大学文学部教授

社会福祉研究法
―― 現実世界に迫る 14 レッスン
*Research Methods for Social Welfare Studies:
14 Lessons for Approaching Real World*

ARMA
有斐閣アルマ

2006 年 11 月 15 日　初版第 1 刷発行
2022 年 1 月 25 日　初版第 6 刷発行

編　者	岩田正美 小林良二 中谷陽明 稲葉昭英
発行者	江草貞治
発行所	株式会社　有斐閣 東京都千代田区神田神保町 2-17 郵便番号　101-0051 http://www.yuhikaku.co.jp/

印刷　(株)理想社・製本　牧製本印刷(株)・文字情報・レイアウト　田中あゆみ
© 2006, IWATA Masami, KOBAYASHI Ryoji, NAKATANI Youmei,
INABA Akihide. Printed in Japan
落丁・乱丁本はお取替えいたします。

★定価はカバーに表示してあります。
ISBN4-641-12301-2

Ⓡ 本書の全部または一部を無断で複写複製(コピー)することは、著作権法上での例外を除き、禁じられています。本書からの複写を希望される場合は、日本複製権センター(03-3401-2382)にご連絡ください。